高职高专艺术设计类规划教材建设单位
（按照汉语拼音排序）

北京电子科技职业学院	北京联合大学
东北大学东软信息学院	海口经济学院
河南财政税务高等专科学校	河南工程学院
河南经贸职业学校	河南艺术职业学院
鹤壁职业技术学院	金华职业技术学院
辽宁大学	辽宁经济职业技术学院
辽宁省交通高等专科学校	洛阳理工学院
漯河职业技术学院	濮阳职业技术学院
山东英才学院	沈阳现代美术学校
沈阳新华印刷厂	四川烹饪高等专科学校
武汉工业职业技术学院	西安机电信息学院
郑州电子职业技术学院	郑州航空工业管理学院
郑州轻工业学院轻工职业学院	

高职高专艺术设计类规划教材

广告文案写作

GUANGGAO
WENAN
XIEZUO

柴鹏举 主 编
乔英久 副主编

化学工业出版社
·北京·

本书为高职高专艺术设计类规划教材，内容全面阐述了广告文案写作的基本概念、原理、方法和技巧以及不同媒体类别、商品类别和行业类别广告文案的写作技巧和方法，构建起广告文案写作的理论与方法框架。本书共十二章，分别为：广告文案写作概论，广告文案执行广告策略，广告文案的创作与表现，广告文案的结构构成与写作，报刊媒体的广告文案写作，广播媒体的广告文案写作，电视媒体的广告文案写作，网络媒体的广告文案写作，其他媒体的广告文案写作，不同信息内容的广告文案写作，不同行业内容的广告文案写作，软文广告文案写作。

本书主要作为高职高专教材，也可以作为中等专业学校教材，也可供经济、营销、广告、传播、中文、新闻、艺术设计、行政管理、工商管理、公共管理等专业学生作基础课或专业课、选修课教材。

图书在版编目（CIP）数据

广告文案写作/柴鹏举主编．—北京：化学工业出版社，2010.5（2020.11 重印）
高职高专艺术设计类规划教材
ISBN 978-7-122-08174-2

Ⅰ.广… Ⅱ.柴… Ⅲ.广告-写作-高等学校：技术学院-教材 Ⅳ.F713.8

中国版本图书馆CIP数据核字（2010）第060881号

责任编辑：李彦玲　　　　　　　　　　　　文字编辑：李　曦
责任校对：蒋　宇　　　　　　　　　　　　装帧设计：尹琳琳

出版发行：化学工业出版社（北京市东城区青年湖南街 13 号　邮政编码 100011）
印　　刷：北京京华铭诚工贸有限公司
装　　订：三河市振勇印装有限公司
787mm×1092mm　1/16　印张 16　字数 400 千字　2020 年 11 月北京第 1 版第 5 次印刷

购书咨询：010-64518888　　　　　　　　　　售后服务：010-64518899
网　　址：http://www.cip.com.cn
凡购买本书，如有缺损质量问题，本社销售中心负责调换。

定　　价：36.00 元　　　　　　　　　　　　　　　　　　　　　版权所有　违者必究

序

时代的发展和变革无疑影响并深化着我们对于艺术设计的理解和认识,学习艺术设计必须从设计的本质和时代的特征等深层面去进行解读。设计是一种"有目的的创作行为",是人的本质力量的显现;同时,艺术设计也是一种文化,体现了人文思想和人文情怀,闪烁着人类智慧的光芒;然而,设计也是一种对自我行为的标示和肯定,是一种把计划、规划、设想通过视觉的形式或物化的形态传达出来的创造性活动,在这个活动过程中我们建立起自己的生活方式。人类最基础、最重要的创造是造物,我们可以把任何造物活动的预想、计划和实施过程理解为设计,而在目前全球经济一体化的背景下,艺术设计作为一种文化产业无疑是推动社会经济发展的主要增长点之一。

随着艺术设计在中国的发展,设计作为一门独立的艺术学科已成为向社会生产和社会生活各领域全面渗透的开放性体系。艺术设计也是一门综合性极强的学科,它涉及社会、经济、历史、文化、科学、技术等诸多方面的因素,其审美标准也随着这诸多因素的变化而改变。实践证明:艺术设计贵在创新,艺术设计的成果实际上也是设计者自身综合素质的体现。虽然各个专业对设计者的知识结构要求不尽相同,但不论是平面的还是立体的设计,我们首先要面对的是一个对所设计对象的理解——即与设计对象相关的文化背景、地理环境、历史沿革、材料技术、风俗习惯的理解。基于此,艺术设计这个命题在当前具有很强的文化学意义。近几年来,艺术学科的建设,特别是艺术设计教育越来越引起人们的广泛关注与重视。各艺术教育院校都在积极推进教学改革和加强教材建设,这对我国的艺术设计学科建设必将产生重要影响。

综上所述,化学工业出版社审时度势推出艺术设计专业平面类职业教育规划教材,无疑是对于艺术设计职业教育的一种推动,并将对艺术设计学科的建设和发展带来新的气息。出版社对此项系列教材的开发和各个环节都进行了认真充分的准备,各位编委及作者都是国内各相关院校教学一线的骨干;全套教材特色显著,首先是高等职业教育的特色定位准确,突出了高职教育的特点;其次是内容精炼并有机的结合了各位作者自身的优势;图文并茂而不失严谨,可读性强容易理解,加强了对教材的设计、装帧、印刷等环节的质量要求,做到了形式与内容并重,体现出高等职业教育艺术设计类教材的新面貌。

可以预见本系列教材的实用性和适用性将会使教材具有很好的推广价值,对于广大专业人士和艺术设计爱好者来说也具有借鉴和指导意义。我们期待着这套教材能为我国高等职业教育的发展和改革提供参考,也希望这部教材能够在艺术设计教育界同仁们的教学中不断得到修正、丰富和完善。

是为序。

孙建君
2009年5月于北京

前言

"不作总统，就作广告人"——美国前总统罗斯福说。如今，越来越多的中国人能领会这句话的含义了：广告业，实在是个有巨大吸引力、巨大挑战性、巨大经济和社会效益的行业。随着我国改革开放的深入发展和经济时代的到来，广告日益发挥出巨大的积极作用。我们可以断言：21世纪上半叶，中国在成为亚太地区乃至全世界最大的广告市场的同时，其自身的广告业务能力也在向世界广告业最先进水平奋力赶起。将会有更多的中外投资商、更多的广告从业人员和更多的受众来参与关注中国广告业的再一次腾飞。广告文案写作是一个创意实现的过程，又是一个运用语言文字与目标受众沟通的过程，在整个广告活动中起着非常重要的作用。对广告文案写作方法和技巧的把握，成为衡量广告公司、广告专业人员能力和水平的一项重要指标。

近年来，随着我国教育改革的不断深入，我国高等职业艺术设计类教育发展迅速，进入到一个新的阶段。学校的规模之大，数量之众，艺术设计专业设置之广，办学条件之好和招生人数之多，都大大超过了历史上任何一个时期。然而，作为高等院校基本建设之一的艺术设计类教材建设，却远远滞后于高等职业教育发展的步伐，以至于许多高职院校的学生缺乏适用的艺术设计类教材，这势必影响高职院校的教育质量，也不利于高职教育的进一步发展。

本书在严格按照高职高专艺术设计类规划教材建设要求的基础上，根据艺术设计类高职高专学生学习广告文案写作的需要，以先进的教育理念为立足点，以培养学生就业技能、职业素质、可持续发展能力为目标，充分体现新的课程观、教材观、教学观和学习观；以全面提高学生综合素质为宗旨，以培养学生的创新精神和实践能力为重点，以促进学生转变学习方式，变被动接受式学习为主动研究式学习为突破口，并促进教学方法的合理化和多元化，与传统学科式人才培养方式有较大的区别，顺应社会的要求和时代的潮流，为高职学生的终身学习、生活和发展奠定良好的科学基础。

全书以广告学、写作学理论为基础，结合传播学、心理学、市场营销学理论，从市场经济的性质和我国的国情出发，吸收与借鉴国内外广告文案写作经典理论和最新研究成果，探讨广告文案写作活动的特点及其规律性。本教材在内容和体系上有明显的特色，力求更实用；在体例和风格方面，力求可视性、可读性，并且将可读性与理论性、实践性与指导性综合起来，以求最佳组合，是针对高职高专教学对象编写出的较适用、较实用的教材。其教学目的是使学生掌握广告文案写作活动的基本特点和基本原理，着重培养和提高他们广告文案的写作能力。

本书根据高职高专广告专业学生学习的目标和广告行业的能力要求，首先在系统、完整讲述广告文案写作基本知识和理论基础上力图提高教学内容的实用性和趣味性，通俗易懂、简单有序。其次根据专业广告公司、媒体广告部门和企业广告部门的不同应用特点，采用任务驱动式的原理安排章节体制，提出了具体的能力标准。每章先有教学目标"知识要求、技能要求"的指引，再由"开篇案例"导入教学内容，后有"思考与讨论、实践与实训"，促进教学方法的合理化和多元化，力求从单向的知识传授型教学转变到双向的体验式教学，精心组织和安排实践、实训这一环节。最后强调案例引导，理论释疑的理念。尽量选取时下广告界创作的一些优秀作品，以增强教材的可读性和时代性，使本书具备更大的参考价值。

本书由河南职业技术学院柴鹏举担任主编，辽宁省交通高等专科学校乔英久任副主编，东北林业大学官立明、河南省鹤壁职业技术学院李国民也参加了编写。其中，第一章、第二章由官立明编写，第三章、第四章由李国民编写，第五至七章、第八章、第九章由柴鹏举编写，第十至十二章由乔英久编写。

由于广告行业发展的日新月异，加上编者水平有限，疏漏之处、在所难免，希望专家、学者和专业教师不吝赐教、斧正是幸。

编者
2010 年 4 月

目录

第一章　广告文案写作概论
- 002　第一节　广告文案写作的概念
- 002　　一、关于广告
- 003　　二、广告文案的发展历程
- 004　　三、广告文案的科学含义
- 004　第二节　广告文案写作的基本特性与目的
- 004　　一、广告文案写作的基本特性
- 006　　二、广告文案写作的目的
- 009　第三节　广告文案写作的原则
- 009　　一、简洁性原则
- 009　　二、真实性原则
- 010　　三、原创性原则
- 011　　四、有效传播原则
- 012　第四节　广告文案撰稿人的相关素质要求
- 012　　一、广告文案撰稿人的职责与素质要求
- 014　　二、广告文案撰稿人的思维方式
- 017　　三、广告文案撰稿人的创造力和沟通力
- 018　　四、广告文案撰稿人的思辨力和表现力
- 020　[思考与讨论]
- 020　[实践与实训]

第二章　广告文案执行广告策略
- 022　第一节　广告文案与广告创意策略
- 022　　一、广告创意策略及其作用
- 025　　二、制定广告创意策略的整体要求
- 026　　三、从广告创意到文案表现
- 027　第二节　广告文案与目标市场策略
- 027　　一、目标市场策略
- 028　　二、广告文案以目标市场策略为基础
- 031　第三节　广告文案与定位策略
- 031　　一、定位策略
- 035　　二、在文案中贯彻定位策略
- 036　第四节　广告文案与诉求对象策略
- 036　　一、诉求对象策略
- 037　　二、广告文案执行诉求对象策略
- 041　第五节　广告文案表现内容的选择与确定
- 041　　一、广告文案表现的内容
- 043　　二、广告表现内容选择和确定的依据
- 045　[思考与讨论]
- 045　[实践与实训]

第三章　广告文案的创作与表现
- 047　第一节　广告文案写作的程序
- 047　　一、广告文案写作的准备、构思、撰写和修改
- 051　　二、广告文案的测试
- 052　第二节　广告文案写作分类
- 052　　一、根据不同的广告目的分类
- 053　　二、根据不同的广告发布媒介分类
- 053　　三、根据不同的信息因素分类
- 054　　四、根据广告文案不同的自身结构分类
- 055　　五、根据不同的诉求方式分类

055	第三节　广告文案写作的语言与修辞	090	三、系列广告文案的写作过程与写作要求
055	一、广告文案写作的语言形式		
058	二、广告文案写作语言的修辞技巧	091	[思考与讨论]
060	三、广告文案语言的特殊要求	091	[实践与实训]
061	第四节　广告文案写作的诉求方式		
061	一、广告文案的感性诉求方式		第五章　报刊媒体的广告文案写作
063	二、广告文案的理性诉求方式	094	第一节　报纸媒体的广告文案写作
065	三、广告文案的情理结合诉求方式	094	一、报纸广告的种类
065	[思考与讨论]	097	二、报纸广告的特点
067	[实践与实训]	099	三、报纸广告文案的媒体特征与表现
		102	四、报纸广告文案的写作技巧
	第四章　广告文案的结构构成与写作	108	第二节　杂志媒体的广告文案写作
068	第一节　广告文案的结构构成	108	一、杂志广告概说
069	一、广告文案结构的发展和新变化	110	二、杂志广告文案的特点
069	二、广告文案结构与传播媒介的关系	113	三、杂志广告文案的写作技巧
070	第二节　广告标题	115	[思考与讨论]
070	一、广告标题的概念及其功能	115	[实践与实训]
071	二、广告标题的结构类型		
072	三、广告标题的表现形式与写法		第六章　广播媒体的广告文案写作
074	四、广告标题的写作原则	117	第一节　广播广告概述
075	第三节　广告正文与附文	117	一、广播广告的种类
075	一、广告正文的概念与表现内容	122	二、广播广告的特点
076	二、广告附文的概念、存在意义与表现内容	123	三、广播广告的构成要素
077	三、广告正文的结构	124	第二节　广播广告文案的媒体配合与表现
078	四、广告正文的类型	124	一、广播媒体的优势和劣势
080	五、广告正文写作的要求	125	二、广播广告文案的媒体特性与表现
080	六、广告附文的主要类型及写作要求	127	第三节　广播广告文案的写作技巧
081	第四节　广告口号与广告准口号	127	一、广播广告文案的写作原则
081	一、广告口号的概念、作用与特征	128	二、广播广告文案的创作要求
082	二、广告准口号的概念和特殊作用	130	[思考与讨论]
082	三、广告口号与广告标题的区别	130	[实践与实训]
083	四、广告口号写作的类型与技巧		
086	第五节　系列广告文案		第七章　电视媒体的广告文案写作
086	一、系列广告的表现特色与写作特征	132	第一节　电视广告概述
089	二、系列广告文案的构思方式与表现类型	133	一、电视广告的种类

140	二、电视广告的特点
142	第二节 电视广告文案的媒体配合与表现
142	一、电视媒体的优势和劣势
142	二、电视广告文案的媒体特性与表现
147	第三节 电视广告文案的写作技巧
147	一、电视广告文案的写作原则
149	二、电视广告文案写作的注意事项
155	[思考与讨论]
155	[实践与实训]

第八章 网络媒体的广告文案写作

156	第一节 网络广告概述
157	一、网络广告的形成与发展
158	二、网络广告的特点
162	三、网络媒体广告及其文案的类型
171	第二节 网络广告文案的写作技巧
171	一、网络广告文案的策划与创意
173	二、网络广告文案写作的注意事项
175	[思考与讨论]
175	[实践与实训]

第九章 其他媒体的广告文案写作

177	第一节 直邮广告文案的写作
177	一、直邮广告概述
180	二、直邮广告文案的写作技巧
181	第三节 户外广告文案的写作
182	一、户外广告概述
185	二、户外广告文案的写作技巧
187	[思考与讨论]
187	[实践与实训]

第十章 不同信息内容广告文案写作

188	第一节 以企业为信息内容的广告文案写作
188	一、企业广告的概念
189	二、企业广告的种类
189	三、企业广告的作用与写法
192	第二节 以产品为信息内容的广告文案写作
192	一、以产品为信息内容广告文案写作的特点
193	二、以产品为信息内容广告文案写作的表现策略
195	三、产品处于生命周期不同阶段的广告文案写作
195	四、以产品为信息内容广告需要遵循的原则
196	第三节 以服务为信息内容的广告文案写作
196	一、服务和服务业广告
197	二、服务广告常见的诉求点
197	三、服务业广告的文案创意
199	四、服务业文案创意的常规要点
200	第四节 以公益为信息内容的广告文案写作
200-	一、公益广告概述
201	二、公益广告的类型
202	三、公益广告文案的写作
204	[思考与讨论]
204	[实践与实训]

第十一章 不同行业内容的文案写作

205	第一节 药品和保健品行业的广告文案
206	一、药品业广告文案的特点
208	二、药品业广告文案的写作要求
208	第二节 金融行业的广告文案
208	一、金融广告文案的含义
209	二、金融广告文案的发展阶段
209	三、金融广告的作用
210	四、金融广告的种类
211	五、金融广告创作中应注意的问题

212	第三节 食品行业的广告文案	228	[思考与讨论]
212	一、食品与食品行业	228	[实践与实训]
213	二、食品业广告文案的表现方法		
215	第四节 化妆品行业的广告文案		第十二章 软文广告文案
215	一、化妆品和化妆品广告	230	第一节 软文广告出现的背景与定义
216	二、化妆品广告竞争艺术	230	一、软文广告出现的社会背景
217	三、化妆品广告的创作方法	231	二、软文广告的内涵
218	四、化妆品广告写作应注意的问题	233	第二节 软文广告的种类与特点
219	第五节 零售行业的广告文案	233	一、软文广告的分类
219	一、零售与零售业	237	二、软文广告的特点
220	二、零售业的发展历程和现状	238	第三节 软文广告文案写作
220	三、零售业广告文案的特点	238	一、软文广告的创作要求
221	四、零售业广告文案的表现方法	239	二、软文广告撰写的方法
223	第六节 房地产行业的广告文案	242	[思考与讨论]
223	一、房地产行业的产生与发展	242	[实践与实训]
223	二、房地产文案写作与创意的要点		
226	三、房地产文案写作的语言技巧	243	参考文献
226	四、房地产业广告文案的表现方法		
227	五、房地产广告文案写作与创意的注意事项		

第一章 广告文案写作概论

知识要求：掌握广告文案写作的内涵、特点；掌握广告文案写作的基本特性和目的；掌握广告文案的写作原则。

技能要求：区别广告文案与其他实用文体的不同；能够按照写作原则进行广告文案写作；进行创造性思维训练；广告文案撰稿人相关素质要求。

开篇案例：

广告文案撰稿人的"构思装置"

日本D广告公司的一位撰稿人曾为旭化成、丰田、日清食品等品牌写过许多出色的广告。在谈到自己的创作经验时，她说：广告要让客户满意，要让消费者满意，要让自己满意。

优秀的创意人与好的老师、代写情书的人、翻译是一样的，要具备让人回头看、传达、使人喜欢三种技术。

创意的第一个步骤就像打蜡一样，要冷静而专注地跟踪猎物所有的动作，然后才会知道从什么角度出击，攻击猎物的哪一部分。创意的第二步骤就是画出各种各样的设计图。一般的书上都说构思无限制，实际上很难做到随便去想，冲破常识性的感念很难。这时，就需要运用"构思装置"。

每个文案都有自己的方向，也就是"制造构思装置"，拥有自己的智慧库和解决各种问题的工具箱。优秀的创意人员都有自己独特的抽屉，都是在生活中不断总结经验，自己积累起来的。有突然吸引自己的东西，为什么？按自己的方式分析后，就成为自己的抽屉。从别人做的广告中也可以发现自己的抽屉。这种抽屉的格子可以不断增多。

以辣椒的"辣"为例,我的抽屉是:直截了当(一句话,辣!)、谦逊(10分钟麻婆豆腐,用三分辣椒,不好意思)、比喻(《专题报道》:辣!让全世界热泪盈眶)、夸张(汗水淹没了房屋,形成大河——历史长河)、耀武扬威(那美国的辣椒油算什么)、诙谐(这尖嘴猴腮的家伙)、从诉求对象的立场出发(真辣,辣死辣)、从商品的立场出发(别小看我,到时候连哭都来不及哟)、打破常识与前提(品种齐全,都是饭后辣点心)、时代意识(和平时代的日本,需要良好的刺激)、在虚构的世界里畅游(蔬菜王国里的红脸关公)。

第一节 广告文案写作的概念

广告文案写作本质上是广告创意与广告策略的表达。

世界著名的广告文案大师大卫·奥格威曾经指出:"广告是文字性的行业……在奥美公司,通常写作越好,提升越快。"著名广告学者H.史载平斯也强调,"文案是广告的核心"。广告文案在整个广告中所处的重要地位,可以从两个方面来认识:一是几乎所有媒体形式的广告都离不开语言文字,传统媒体、新兴媒体等都需要运用语言文字突出广告创意和广告策略;二是调查机构经过科学的测试得到的数据,认为广告效果的50%~75%来自于广告文案。

一、关于广告

现代生活中,广告已经成为了一种司空见惯的现象了。"广告"这个词对很多人来讲都非常熟悉,几乎每一个人都可以对广告活动、广告作品评头论足。广告的产生和发展具有悠久的历史,它是商品生产和商品交换的必然产物,是人类社会发展的结果。现代社会中,广告无处不在,人们的衣食住行、休闲娱乐,处处都受到了广告所传播的商品或观念的影响。可以说,现代人无时无刻、无处不在广告的包围之中。美国人曾经这样调侃:"我们呼吸的空气是由氧气、氮气和广告组成的。""信息时代"的今天,作为信息传播的重要载体,广告在经济活动和社会生活中显示出无可替代的重要作用,"一则广告救活了一个工厂"、"一则广告成就了一个百年品牌"、"一则广告诱发了一种生活潮流"的事例屡见不鲜,广告业也在社会经济发展的推动下持续增长,被喻为"世界上最大的无烟工业"。

据有关资料介绍,广告一词最早源于拉丁语的"Adverture",意思是"唤起大众对某种事物的注意,同时诱导于一定方向所使用的一种手段"。大约在公元1300~1475年间的中古时期演变为"Advertise",意思是"引起人们的注意、告知某人某事"。由于英国工业革命的兴起和发展,"Advertise"一词开始被广泛运用,并把广告的动词词性演变成名词"广告"。当时的报纸上经常出现"Advertisement"的字样作为标题,表示通告、告示的意思,以引起读者的注意。这与汉语"广告"的字面意义——"广而告之"意义极为接近。在我国早期的一些广告概念的解释中,特别强调广告的"广而告之"的特点。如在蓟世勋1923年出版的《广告ABC》一书中从字面解释了"广告"的内涵:"广字是广大普遍的意思,告是告诉,广告就是告诉大众,使大众知道的意思。"在蒋裕泉1925年出版的《实用广告学》一书中认为:"广告二字,其义即为广告于众,欲使广众咸知之意。"这些广告的定义并没有突出广告作为社会经济现象的本质,在现代广告活动中广告被赋予了更为丰富的内涵。

我国1980年出版的《辞海》认为广告是"向公众介绍商品，报道服务内容和文艺节目等的一种宣传方式，一般通过报纸、电台、电视台、招贴画报、电影、幻灯、橱窗布置、商品陈列的形式来进行。"在1994年颁布的《中华人民共和国广告法》中，称商品广告"是指商品经营者或服务提供者承担费用，通过一定媒介和形式直接或间接地介绍自己所推销的商品或者所提供的服务。"

关于广告概念的界定还有许许多多。目前学术界、理论界和广告业界，较有倾向性和较为权威的定义是1948年美国市场营销协会（American Marketing Association, AMM）下的概念。

"Advertising is the nonpersonal communication of information usually paid for and usually persuasive in nature about products, service or ideas by identified sponsors through the various media."（广告是一种非人际传播的方式，由身份明确的广告主以付费的形式通过各种传播媒介对产品、服务或观念进行劝服性的介绍。）

广告的定义虽有不同，但广告作品是由语言文字和非语言文字两部分组成是共识。语言文字部分包括标题、正文、标语口号、随文、解说词、商标、商品名称、价格、企业地址等内容。这就是人们常说的广告文案或文稿。

二、广告文案的发展历程

"广告文案"一词来自英文advertising copy，"文案撰稿人"的称呼，来自英文copywriter。

广告文案伴随着广告的诞生而诞生，在古代的经济交往中，人们自觉地使用语言、文字来传播商品交换的信息，也就是说在古代初始形态的广告中即有文案的存在。但是真正意义上的广告文案还是在印刷术发明以后出现的。

① 约翰·鲍尔斯：美国第一位专业文案撰稿人。17世纪上中叶定期印刷的报刊陆续出现在德国、英国、美国、法国等国家，这些早期报刊出版不久就开始刊登广告，advertising copy、copy writer的说法可能在当时出现。美国广告史学家认为美国"专业"的文案撰稿人于1880年出现，这位撰稿人就是约翰·鲍尔斯。

② 美洲已知的第一份付费广告出现。1904年，美洲第一份定期印刷的报纸《波士顿新闻信札》出版。在报纸的第三期上，刊登了美洲第一份已知的付费广告。有三条通告出现在这起报纸的背面版面上，所冠标题为"广告"。在三条通告中包括一则出卖房地产的广告。

"在纽约长岛的奥伊斯特湾，有座完好宽大的作坊欲出售，还有一座种植园，园内有座大砖房，旁边有一座完好的房子可用作厨房或工作间，建有仓库、畜圈，还有一座尚未结果的小苹果园及20亩裸地。作坊可与种植园一并或单独租赁，欲知详情询问纽约印刷商威廉·布莱德福先生。"

③ 20世纪初广告文案撰稿人成为广告公司不可或缺的角色。20世纪初期，一般的广告词还是由广告代理机构的负责人撰写，较为重要的描述则聘用著名的具有独立身份的广告撰稿人来完成。这些撰稿人经常会协助设计商标、广告口号和其他广告节目。

④ 20世纪30年代广播媒体出现，增添了新的传播符号和表现手段。20世纪30年代，广播作为广告媒体开始有了飞速的发展。在威廉·本顿的倡导和实践下，广播开始脱离印刷广告的风格，并设法用听觉语言弥补视觉形象的不足。

⑤ 20世纪50年代，电视以其声画俱备的优势开始成为发达国家最重要的广告载体，为

文案写作人员提供了更丰富的视听表现空间。

⑥20世纪90年代，互联网作为一种新型媒体开始崛起，其超大容量和即时互动的特点，拓展了广告文案写作的领域。

三、广告文案的科学含义

什么是广告文案（advertising copy）？在国外，advertising copy既是指广告的语言文字，又泛指广告作品的全部，包括广告的文字、图片、编排等内容。

关于广告文案的定义，国内外一直众说纷纭，目前还没有一个公认的定义。一般将"广告文案"概念作广义和狭义进行阐述。广义的广告文案泛指广告作品的全部，包括广告的文字、图片、编排等内容，这主要适用于平面广告作品中。狭义的广告文案是指广告作品中的语言文字部分，包括平面广告中的文字、广播电视网络广告的字幕、旁白、人物对话、商标、商品名称、价格、企业地址等内容。可以试着给广告文案下这样一个定义：广告文案是每一广告作品为传达广告信息而使用的全部语言符号。

这一概念包含以下五层含义。

①广告文案是依附于广告作品而存在的。广告公司提供给广告主的策划文本、企业内部的相关提案等，广告运作过程中其他应用型文稿不能称为广告文案。

②广告作品必须已经完成，能直接面对受众。草案或提案稿都不是广告文案。

③广告文案涵盖广告正文。广告正文也叫做"主体文案"，是广告作品中详细叙述产品或者服务的文字。广告正文只是广告文案的一部分。

④广告文案包括广告作品全部的语言文字，不只是广告语。广告作品中，除作品本身包含的文字外，所有语言文字都是广告文案。通常包括标题、广告语、正文、附文等。

⑤广告文案包括"语言"和"文字"。在平面广告和广播电视广告中，文案的体现形式是不同的。报刊等平面广告的文案直接体现为文字；而广播电视广告的文案主要是人物的话语或旁白，其次才是文字形式的字幕。

第二节 广告文案写作的基本特性与目的

一、广告文案写作的基本特性

（一）思维层面的特性

1. 广告文案写作是科学与艺术的结晶

成功的广告活动、优秀的广告文案是科学与艺术的结晶。广告文案写作过程中，科学与艺术是相互影响、相互渗透、共同服务于广告目标的。一般而言，在策略思考层面科学性要素较强，在主题表现时艺术才能和直觉更为突出。

广告文案写作的科学性体现着理性思维。广告文案写作要以科学调查为基础，了解相关的自然、人文科学知识，瑞夫斯在《实效的广告——USP》中力主广告必须以科学原则去"创造世界"。瑞夫斯在该书中强调："实效"并不等于"有效"。只要广告信息被人看到了、引起人们的注意，就可以判定为"有效"。但只有最终吸引人们来购买广告商品才算是"实效"。而广告"实效"的取得有赖于商品市场数据的调查、分析、评估。广告的科学性还体现在对相关新科技的了解，学习和运用相关的科技成果。

广告文案写作的艺术性体现着感性思维。任何一件有生命力的广告佳作，都必然具有某种触动人心、给受众带来美感或愉悦的艺术魅力，让广告具有感染消费者的魅力而达到有效沟通的写作思维。广告文案写作的艺术思维与中国传统文化的"为人生而艺术"一脉相通。广告是艺术，是人性、人心、人情的巧妙结合，如"孔府家酒"的广告、"南方黑芝麻糊"的广告无不体现了广告艺术性。

2. 广告文案写作始终伴随着创造性想象

在广告文案写作的思维活动中始终有创造性想象的参与，因而能够结合以往的知识和经验在头脑里形成创造性的新形象。把抽象的概念形象化是文案写作活动能够顺利展开并取得良好反响的关键。一个文案撰稿人，尽管他查阅了大量的资料，拥有丰富的人生阅历，但如果缺乏创造性想象，就走不出模式化的圈子，根本谈不上创新。在文案写作过程中借助想象，把相似的、相连的、相关的或者某一点上有相同之处的事物，选取其沟通点加以联结，以激发创造性思维。比如从特定的时间和空间上的接近而进行想象，从形状、性质和内容上相似而进行想象，从性质上或特点上相反的事物而进行想象，还可以由事物之间的因果关系而进行的想象。

3. 广告文案是逻辑思维与非逻辑思维的结合

广告文案写作过程中的创造性思维既包含逻辑思维，又包含非逻辑思维活动。新观念的出现、新主题的提出、新问题的解决，往往表现为从"逻辑的中断"到"思想的飞跃"。古人所说的"山重水复疑无路，柳暗花明又一村"指的就是由逻辑思维到非逻辑思维的跳跃，这也是广告文案写作过程中需要的一种境界。广告文案在写作过程中通常都伴随着知觉、顿悟、灵感等非逻辑性思维。直觉思维、灵感思维等非逻辑思维是创造性思维活跃的一种表现。

（二）主题层面的特性

1. 广告文案写作是主题策略限定的创造性表达

优秀的文案撰稿人员可以充分发挥想象力和创造性，跳出"广告套话"的藩篱，写出新鲜、独特，让诉求对象耳目一新，而又深具吸引力的文案主题。但想象力和创造性的发挥，并不是漫无边际的。文案写作不是"独立"的创意工作，而只是将创意从概念变为具象作品过程中的一个环节，文案的传达方式及内容由主题策略限定，而不是由文案人员自主选择。文案人员的任务是将创意概念融入文案之中，并充分借助语言文字的力量，让广告所找到的创造性的传达方式以最大限度地发挥效用。

2. 广告文案文本最直接地与受众产生联系

在广告活动中，广告文案与广告作品中的其他要素一起，作为广告活动的"代言人"与广告受众进行直接对话。人们通过广告文案的介绍和推荐来认识企业、产品和服务，并对广告宣传的产品产生正面或负面对应情绪，对是否接受某种服务形成选择意向。广告语言文字的真实与否，在很大程度上决定着受众是否能得到真实、准确的信息，能否产生符合真实状态的对应情绪，能否产生广告主所需要的消费意向。因此，在广告文案文本直接与受众对话的过程中，要求广告文案人员必须真实地表现广告信息，为广告受众提供最好的服务内容和服务方式。

3. 广告文案写作的最终目的是为了说服和诱导消费者产生消费行为

这个目的以广告文案等组成的广告作品的发布为中介。广告主借助广告作品宣传产品或服务的功能、特点、优势，期望得到广告受众的认可和消费。这个目的的实现使得广告文案的写作具有较强的功利性。而一旦广告主为了功利目的而放弃了对消费者的道德责任，虚假欺骗的广告文案便会充斥广告作品中，为了达到一己目的而让众多的消费者遭殃。这对于经济的真正发展、对繁荣广告市场、对满足消费者的身心需要，都是十分有害的。从这个意义上讲，广告最终目的的实现需要广告文案最真实的表达，需要遏制虚假广告的出现和泛滥。

（三）执行层面的特性

1. 具备完善的表现结构但不拘于结构的完整

广告文案文本在结构上体现出自身的独特和完备。与一般文本相比，广告文案文本具备标题、正文、口号、附文以至准口号等内容，表现结构独特而完善。但在广告文案写作过程中，是从广告的传播目的或销售目的合理地对结构进行安排和取舍。在实际的广告文案文本中，经常看到只采用了结构中的某一部分的文案文本，例如无标题文案、唯标题文案等。通常情况下，打破完整结构的文案文本，以独特的结构、独特的诉求方式，会形成更为有效的传达力、说服力、销售力。

2. 借助多种表现手法达成广告目的

广告文案的表现方式、表现手法是多种多样的。广告文案人员接到任务后的最大的兴奋点就是，可以选择多种文案表现手法将广告信息传达出来。例如在广告文案写作过程中，可以考虑用长文案或者短文案，用陈述句还是设问句作标题，用哪种修辞格创作广告口号等。但文案文本形成过程中的表现手法的创造、选择和运用，其目的只是为了借助表现达成有效传播，实现广告目的。

3. 传达信息但更注重针对受众的说服和劝诱

广告文案的文本形式可以有多种多样，但广告文案必须在传达广告信息的活动中才能得以存在，广告文案的写作活动也只有在传达广告信息的过程中才能得以展开。并且，广告文案写作的根本任务是如何在传达信息的同时说服和劝诱广告受众。

二、广告文案写作的目的

美国波立兹调查公司总经理阿弗莱德·波立兹在《怎样创作广告》一书中谈到："文案的使命是去形成动机与欲望，建立信任感，给消费者找一个在众多品牌中一定要选择某一品牌之原因，它在广告的信息中是最具有弹性的部分……在广告制作上，文案的功能是需要最大的技巧、创意与智慧去完成的。"

广告文案写作的目的，实际上是广告运作的目的。广告文案人员须从广告主的目的出发，从宏观、微观两方面考察。

1. 广告文案写作的宏观目的

（1）树立企业形象与建构企业个性　在社会环境、公众心目和市场环境中，为企业树立一个能够体现企业自身特点的新形象，建构属于企业本身"类"的特性。例如华数企业形象广告《描绘梦想篇》中在"华数万花筒"形成的彩色数字漩涡视觉表现的同时，旁白文案向人们全方位展示了华数企业现有业务以及与用户应急息息相关的内容，让受众真实可感和理解。"旁白：这一刻你打开了一扇能看到世界的窗口，看到你的梦想天地异彩纷呈，华数正在为你描绘一个缤纷舞台,你可以自由挥洒,创意无穷。灵感触发你的想象,令你博古通今,一览中西。城市蓝图为你展开,家的感觉更加温暖。这一刻,你和你的团队扬帆起航,开始开拓新的疆界。因为有你,快乐体验,四处传递。我们渴望分享你的精彩,和你的家人一起送上掌声和鼓励,正是他,启发了我们所有的灵感。沟通城市,连接世界,令无限创想成为可能,华数,有你更精彩。字幕:华数,有你更精彩。"

（2）塑造品牌形象和建构品牌个性　品牌形象和品牌个性的塑造与建构基于产品本身。广告主借助广告活动及广告作品的传播,使品牌形成鲜明的形象与个性,形成良好的品牌效应和强大的品牌规模。例如容川酒业的"将就酒"以其个性化的品牌形象,倡导了积极向上的生活态度和人生哲学。《将就酒·文化篇》广告文案的写作将品牌形象、品牌个性表现得淋漓尽致。"旁白:懂得生活,才懂得将就。有时候将就是一种宽容;而有时候,将就是一种和谐。将就酒,上好鲜姜酿造,既健康又享受。女:喝酒,就要将就!"

（3）提高产品知名度　产品知名度是人们进行消费活动的重要前提条件。在市场导入期广告的主要目的就是要提高产品知名度,使之妇孺皆知。例如杭州祐康食品有限公司在推出新品"功夫豆"雪糕时,通过朗朗上口的"豆诀"将产品的工艺及所花的功夫悉数表达,打开了"功夫豆"雪糕的知名度,强化了"功夫豆"雪糕的品质感。"旁白:江湖上传闻出了个功夫豆。功夫豆?歌词:十成功夫九成豆,芸豆板栗加红豆,绝世工艺十八道,世间豆是大英雄。女:嗯,好豆。旁白:功夫豆雪糕,祐康国际。"

（4）增强产品的美誉度　知名度提高不等于好感度和美誉度增强。众所周知的产品并不一定能得到受众的广泛好评。只有通过广告活动和广告作品的传播,使受众对产品形成好感,建立较高的产品好感度和美誉度,才能产生品牌忠诚或重复购买。"学虎都西裤《刚柔篇》旁白、字幕:水之刚,锐利,不变型;水之柔,平滑,不怕皱。刚柔并济,男人与西裤的共同标准。西裤标准,虎都打造,虎都西裤。"

（5）配合促销活动　扩大促销活动的影响力,掀起人们的消费热潮,最终扩大产品的销售业绩。例如伊利早餐奶的促销广告,字幕文案以促销活动信息为主,利用草浪叠化成海浪的创新在视觉上达到了广告传播的效果。"广告字幕:整箱购买伊利促销装产品,就有1000个机会获得'太平洋海岛五日个人游'（巴厘岛、长滩岛、塞班岛任选其一），还有7000万包早餐奶等你拿。活动时间:××××年×月××日—××××年××月××日,详情请关注店内海报。"

2. 广告文案写作的微观目的

（1）传达和表现广告创意　广告文案是对广告创意的传达和表现。广告文案写作要运用语言文字对广告创意进行传达和表现、深化和发展。例如,中兴百货的《中国不见了》的广告文案用令人惊愕的标题及富有个性的文案,很好地表现了广告创意,能够引起目标受众的注意和兴趣。

标题:中国不见了

正文:

在世界创意的版图,中国消失了;

在国际流行的舞台,中国缺席了;

在民族生活的美学,中国不见了;

中国的文化自尊,已经沉睡百年;

在文学、音乐、美术、建筑上杰作稀少;

在流行文化的领域，国际上完全没有；
属于中国人创意的伸展台，
中国不见了，多么令人忧心。
值此之际，我们提出"中国创意文化"的理念，
不只是新古典的改造传统，
不只是后现代的勇于瓦解，
而是根本我们要建立
属于中国视野的世界观：
中国人的创意、中国人的品位、中国人的自信。
在可预期的未来，世界重心将移向亚洲，
我们的雄心是重新规划世界流行的蓝图，
使中兴百货成为全球风潮的新焦点。
1989年10月下旬，中兴百货台北店重新改装
敬请期待，寻找中国。

（2）表现广告策略主题　广告文案通过语言文字和其他要素一起对广告策略主题进行表现和突出。广告主题在文案文本的字里行间得到传达和体现，便能够说明广告文案的写作是成功的。伯恩巴克的著名电视广告《送葬车队》通过"遗嘱者"的旁白将大众汽车实惠的主题很自然的表达出来。

广告画面：豪华的送葬车队

解说：迎面驶来的是一个豪华型车送葬车队，每辆车的乘客都是以下遗嘱的受益人。

"遗嘱"者的旁白：我，麦克斯韦尔·E·斯内弗列，趁健在清醒时发布以下遗嘱：给我那花钱如流水的妻子留下100美元和一本日历；我的儿子罗德内和维克多把我的每一枚5分币都花在时髦车和女人身上，我给他们留下50美元的5分币；我的生意合伙人朱尔斯的座右铭是："花！花！花！"我什么也"不给！不给！不给！"。我的其他朋友和亲属从未理解1美元的价值，我留给他们1美元；最后是我的侄子哈罗德，他常说"省一分钱等于挣一分钱"，还说"麦克斯叔叔，买一辆大众车肯定很值"。我呀，把我所有的1000亿美元财产留给他。

（3）体现广告作品表现风格　广告作品表现风格的体现和确定，需要文案人员用符合表现风格的语言文字和结构，甚至于不同的语气、语音、语韵、语感来表达广告作品所具备的风格。例如迪赛尔牛仔裤广告体现了理性美，以客观真实为准则，不需要华丽的辞藻，用朴素的语言将卓越的产品信息表达的非常到位。

牛仔裤广告文案正文

超出10种的裤型，8种不同的质地，24种磨制方法，从条纹到打磨，都是全新制作。它们也许不会成为您的第一条牛仔裤，但一定是您的最后选择，您将拥有最完美的体型。

100%纯棉制作。不但穿着舒适，而且结实耐磨。我们的仔裤用料精良，全部选自最好的斜纹粗棉布，并由迪赛尔的员工精心缝制，只做最好的牛仔裤是我们的任务与目标。

放弃那些诱人的巧克力奶油冰淇淋，扔下那些夹肉馅饼，减掉多余的脂肪。那么，你就能穿上我们最新的苗条仔装。苗条仔装紧贴身体，袖子超长设计。请您记住：没有痛苦就没有收获。

只有质量最好的12′2盎司重的粗棉线才可以被用来制作迪赛尔牛仔裤。这种棉布要经过超强染色、漂洗，最终才制成了独特的旧款斜纹布料。它看上去饱经风霜，年代久远，您能由此感受到您祖母那个时代的种种风情。

第三节 广告文案写作的原则

一、简洁性原则

广告文案写作的第一要点就是必须简洁、单纯、准确、明晰，而不是把简单问题复杂化。简洁的最高阶段是单一，必须以最少的词汇传递出最多的真实信息，做到"言出意达"、"言简意赅"，即不能用有之不多、无之不少的堆砌辞藻，也不能用模棱两可、含糊不清的虚拟语气，更不能用子虚乌有、言过其实的溢美之词。

古人在写诗做文章时，非常讲究造词炼句的准确、简洁。唐代大诗人李白流传至今脍炙人口的《客中作》诗云："南陵美酒郁金香，玉碗盛来琥珀光。但使主人能醉客，不知何处是他乡。"诗中只字未提酒的质量，却用"酒香"、"客醉"四字，把兰陵美酒的色香味描绘得淋漓尽致，令人不饮自醉。

广告文案的诉求要尽可能的单一、明晰，也是因为当代人生活节奏加快，消费者所能接触到的每个广告的时间、注意力和耐心都十分有限。优秀的广告往往都很简单，可以最大限度地利用受众的接受机会，传达最能使消费者留下深刻印象并为其所接受的信息。消费者浏览报纸上的一则广告只有几秒钟的时间，接触到网络上的一条广告同样只有几秒钟的时间，对一则电视广告的注意也不超过10秒钟的时间。如果广告文案写作忽略了简洁性原则，消耗掉大量时间与精力诉求众多次要的特点，就会欲多则寡，削弱广告的说服力。

例如蓝色创意（中国）广告有限公司代理坤和建设"亲亲家园"项目"在众多豪华诉求的房地产中独辟蹊径，用富含人情味'亲亲家园'为杭州地产广告定位，以'亲善美，永相随'作为80万平方米的新街坊式的完全功能社区的品牌形象定位，以建立在产品基础上的情感诉求作为与消费者沟通的主要方式。"在"微笑"、"认识"、"问候"、"聊天"系列作品中可以看出"亲亲家园"的广告作品从策略主题、语言表述到视觉表现都遵循着简洁性原则。

二、真实性原则

真实性原则是指在文案的撰写过程中保持对消费者的尊重，对企业和品牌形象的维护，对广告人职业道德的珍视。广告大师李奥·贝纳对广告的真实性这样说："当你们已经不再是所谓有良知的公司时，当你们开始把你们的诚实打折扣时……而诚实才是我们这一行的生命，是一点不能妥协的……到那个时候，我会坚持从门上把我的名字拿掉。"广告大师奥格威对广告的真实性也提出过许多看法，他说："广告必须提供真实……切忌夸大和不实之词"，"绝对不要制作不愿意让自己的太太和儿子看的广告"，"诸位大概不会有欺骗自己家人的念头，当然也不能欺骗我的家人，己所不欲，勿施于人"。

真实性是广告文案的生命力所在。广告文案以代表企业、产品、服务宣传其特点、功能，说服和劝诱消费者产生对应性消费为己任。如果在广告文案撰写和宣传过程中违背了真实性原则，其广告文案会因为失真而丧失原本的可信度。丧失了可信度的广告文案将毫无生命力、毫无价值，也就毫无销售力可言。

广告文案应该真实客观地传播有关产品或服务的信息，对其功能、价值、特点、效果的宣传不能吹嘘夸大，不能弄虚作假。国家工商总局关于虚假广告的认定有两点依据：一是广告所宣传的产品和服务本身是否客观、真实；二是广告所宣传的产品和服务的主要内容是否真实。

欺骗和误导是广告传递不真实信息的两种典型。欺骗广告最突出的表现是提供关于产品质量、成分、功能的虚假信息。例如"某品牌前列舒虚假广告案"中某医疗保健品公司为宣传、销售消毒剂产品"××前列舒"，将有关部门在《广告审批表》中核定的内容擅自变造加工，将这个消毒剂产品变成治疗急慢性前列腺疾病和其他泌尿性疾病的药品。这家公司变造广告审查证明文件，在广告中将非药品宣传成对疾病有治疗作用，编造虚假事实，欺骗消费者，工商部门依法予以行政处罚。误导性广告则更具隐蔽性，它并不直接提供虚假信息，但是利用消费者的心理弱点，通过语言或者形象的模棱两可之处，有意诱导消费者对产品产生不实际的希望，或者相信产品根本不存在的优势。例如"富硒灵芝宝违法广告案"中北京某保健品经销公司为推销保健食品"富硒灵芝宝"，在天津举办所谓义诊活动，并在活动场所散发这个产品印刷品广告。广告中的内容严重超出卫生部门批准的保健食品功能，大肆宣传疗效，使用医疗用语及与药品相混淆的用语，严重误导消费者，且这个印刷品广告未依法办理工商登记。工商部门依法予以行政处罚。

为了保持广告文案的真实性，文案撰写人员应该坚持：不直接提供关于产品或者服务的虚假信息；不使用未经证明的权威证言；不使用虚假的消费者证言；不以令消费者产生不符合产品或者服务实际情况的语言文字；不能承诺无法兑现的物质和精神承诺。

在广告文案写作中，坚持真实性原则问题，就是坚持广告科学的、真正的为社会服务的问题，坚持正向发展我国广告业的问题。因此，真实性原则应该是广告文案写作行为的重要原则。

三、原创性原则

原创性又称原创力、独创性，即广告文案表述的创意应与众不同。其思维特征就是要刻意"求异"，想人之所未想，发人之所未发。原创性是广告人在广告运作过程中赋予广告运动和广告作品以独特的吸引力和生命力的与众不同的力量。广告人将旧有事物的要素重新加以排列组合，用新颖而独特的方式来传达，在人们习以为常的事物中发现新意义。

广告如果没有关联性，就失去了目的；如果不够原创，吸引不了注意力。现代社会同类产品越来越多、同质化倾向愈演愈烈，信息社会的信息发布铺天盖地，常规的表现方式很难引起目标受众注意等状况的存在，广告人都将原创性作为一个重要的原则来遵循。

原创的意义并不仅仅在于形式上的"想人所未想，发人所未发"，而是包括表现手法上的独创和信息内容的独创两方面的内容。

1. 表现手法上的独创

表现手法上的独创即形式上的独创。表现手法上的独创可以使广告文案产生新奇感，能更吸引受众注意，在众多的广告文案中脱颖而出；使文案形式成为品牌的一种独特的标记，在众多的品牌中富于个性。广告文案写作需要在形式上体现原创，这个原创可以是创造出一种新的表现形式，也可以是借鉴前人创造出来的有意味的形式，然后运用现代的形式、现代的理解和认知去进行重新组合以获得新的形式、赋予新的含义。比如在今野拉面《美味无国界》影视广告中,利用今野拉面赞助第23届世界大学生运动会的平台,提升了品牌的国际形象。在广告表现中,采用青少年喜欢的充满激情活力的广告歌的形式来表现,抓住了消费者跃动的脉搏。

《美味无国界》广告歌词:我们的心腾空而起,像阳光冲出地平线,心与心在交汇,让真情相连。海会分享满天的蓝,让梦想卷起澎湃的帆,迎风呼啸,爆发全部动力。只要有你,力量永不停息;只要有你,让我们成就奇迹。

2. 信息内容的独创

广告文案寻找到独特的信息内容进行表现,寻找到能让产品在同类中脱颖而出的新信息,这就是信息的独创。信息的独创,不仅表现其他同类商品无法替代的消费利益点、产品生产背景以及产品的附加价值,同时也表现在能诉求别人没有诉求的产品特点。信息的独创,更表现在能发现同一产品和服务中的不同的特点和借助心理作用形成或创造出的不同价值。

雀巢企业形象广告文案

标题:我们认为我们的成功应该归于许多小事情

正文:

许多好主意是从某人想到一个小事情开始的。

如果你把每片小巧克力饼稍微做大一点点,请想想它们的滋味如何。

或者随着唤醒服务送上免费晨报和一杯热咖啡,对宾馆的客人会有多大影响。

对雀巢来说,那些小想法,已经带来了一些大的成功。

像雀巢新的"收款台之宝"——超大的巧克力小饼。它正在烘焙类产品中取得应有的地位。

或者像我们的Stouffer度假宾馆。它由于豪华、舒适,并且有提供良好的个人服务的声誉,已经成美国最受人尊敬的好客的公司之一。

每一项成功的事例都印证着雀巢只做最好的事情的承诺。并且每一项都证明了,有时,多想些小事情是获得大成功的最好办法。

原创性原则不仅仅要求形式上的原创,它同时也要求所传达的信息的原创;不仅仅要求是首创,更要求是在传递广告信息基础上的首创;形式和信息共同造就的原创,发掘形式中的内在力量的原创才是真正的原创。

四、有效传播原则

广告的有效传播,指的是广告经由表达、传播达到广告目的的过程。作为一种有目的、有责任、以说服和诱导目标消费者产生消费行为的信息传播活动,广告以销售的获得作为自己的最终目的。

广告是一种营销手段,其本质是推销。美国著名的广告人拉斯克尔认为,作一个推销员是广告公司的本分,它应该成为能创作有销售能力的文案的推销员,他认为1908年立克舒的广告是第一次在广告中运用高级销售术。

立克舒广告文案

标题:裁决

副标题:我们声明,钱由我们出

正文：我们担保，如果你把这份优惠券拿到离你最近的药店里，他就会把它当作50美分收下，那是一瓶立克舒的价格，他会送你一瓶立克舒，而我们将把那50美分还给他（尽管在事实上，他们用商品偿还）。因此，我们是为你买了一瓶，以此向您证明，我们对自己的承诺充满信心。

在有效传播问题上，广告界持有不同的观点，具代表性的是以下几种。

① 广告文案的有效性在于改变目标消费者的态度。

② 广告文案的最终作用是销售。

③ 好的广告文案能够有助于创立持久的品牌。要衡量广告的优劣，不仅要视其销售产品的能力，或是对产品过渡时期的协助，最重要的，是取决于其能否树立一个持久的品牌，成为消费者生活的一部分，拥有他们的忠诚和信心。

④ 有效传播，是通过沟通，建立与目标消费者之间的独特关系。给品牌一个生命和灵魂，能让消费者轻易地与竞争品牌区别开来。它能给消费者一种既熟悉又亲密、朋友般的感觉。

第四节　广告文案撰稿人的相关素质要求

一、广告文案撰稿人的职责与素质要求

文案写作并非纯粹的文字工作，文案人员也不是纯粹的文字工作者。文案人员的职业定位是"广告专业人员"，文案撰稿人需要用严谨的思维做策略性的思考，并以创造力寻求最有效的信息传达方式。文案撰稿人唯一的任务就是运用有效的语言文字促进广告目标的达成。并不是所有具备娴熟语言能力的人都能胜任文案工作，但文案人员必须具备娴熟驾驭各种文体和多种风格语言文字的能力。

1. 文案撰稿人的职责

文案撰稿人就是广告文案写作人员，有时也称为"文案"或"撰文"。在广告公司内部，广告文案写作人员一般都属于创意部门。创意部门一般包括创意和制作两部分人员，广告公司规模越大，创意部人员的分工就越细致。

① 创意总监（creative director/creative supervisor）。创意总监是广告公司创意工作的最高主管，也是创意专业人员中的最高职位，主要任务是创意管理，即控制公司的创意品质。

② 创意指导（creative director，简称CD）。创意指导是广告创意的实际指导者，由资深优秀艺术指导或文案撰稿人担任。

③ 艺术指导（art director，简称AD）。也叫美术指导，通常和文案撰稿人结成创意小组，共同发想创意概念，并具体负责广告创意视觉化工作。艺术指导还要与文案撰稿人一起负责广告创意作品提案工作。

④ 文案撰稿人（copy writer，简称CW）。与艺术设计人员共同构思创意概念，并具体负责文案写作工作，文案撰稿人一般是完稿前所有文字的撰写者。

在广告创作流程中，文案撰稿人承担的主要任务是"说什么"与"怎么说"，也就是创

意策略的制定和广告表现。

文案写作是创意符号化环节的一部分，文案撰稿人主要承担的任务如下。

① 对广告信息进行合理、有效的组织。

② 将广告信息按照创意所规定的"创造性传达方式"以语言文字传达出来。

③ 使创意所包含的"创造性"在文案中得到完整体现。

④ 使文案符合创意所限定的形象、调性、氛围。

⑤ 提供完整的、与其他视觉要素和谐统一的广告文案文本。

由此可见，文案撰稿人并不是消极等待创意成型，再由自己添上几句广告词，而是要参与创意的整个过程。一个优秀的文案撰稿人应该既能想出好点子，又可以把它用精准、生动、形象的语言文字表达出来，有时还要指导设计人员配上适当的插图，以提高广告的吸引力、诱惑力和说服力。

2. 文案撰稿人的素质

优秀的广告文案撰稿人必须拥有多种素质。奥美广告公司总经理宋轶铭认为广告创作人才必须有："敏锐的观察力、不凡的陈述力、聪明、抽象力、想象力和活力"，再加上"对人感兴趣、对不同的人有极强的好奇心、常识、知识丰富、好学、对各种艺术形式感兴趣"。同时他还强调："基本上，创作人才的创作资源来自于自己的生活经验，所以，他必须是认真生活的人。"詹姆斯·韦伯·扬认为每一位真正有好创意的广告人士，通常具有两种显著的特性：第一，天底下没有他不感兴趣的话题；第二，他广泛浏览各个门类的书籍。

文案撰稿人在专业上能达到什么样的高度，就个人来看，取决于两个方面的素质：一是专业素质，二是创造力和创造精神。创造力是创意人的必备条件，而能否将他们导入自己的专业并充分发挥，则取决于文案人员的专业素质。

（1）广博的社会文化知识　广告是一种文化现象，广告在追求商业利益的同时还体现着某种文化观念和文化价值。这些文化观念和文化价值一方面迎合受众的价值和观念，另外一方面它对人起着潜移默化的教化作用。所以能否把握整个社会或者民族的文化特征以及社会动向对一个文案撰稿人来讲十分重要。首先要对一个民族的历史和性格有较深入的了解，其次要留意社会动向和热门话题。另外，还需要广告文案撰稿人对所服务行业的相关知识有大致的熟悉和了解。

（2）良好的理论知识结构　广告是多学科交叉的综合性学科，文案撰稿人除了要进行广告学的系统学习外，还应具备市场营销、消费行为学、传播学、心理学、社会学等方面的知识。良好的知识结构为文案撰稿人提供广告专业思考应有的广度，也为提升专业素质提供明晰的路径。

（3）深入了解目标消费者　目标消费者是社会的人，消费心理、消费动机、消费行为与复杂的社会因素、文化因素、家庭因素、个性因素相关，文案撰稿人员对消费者人是不能停留在消费行为学简单描述的层面上，而应该能对每一个广告的诉求对象的消费行为及背后的因素作敏锐、准确的分析和判断。深入思考如何与"人"沟通：他们是什么样的人？他们生活在哪儿？他们有什么爱好？他们讨厌什么？他们的生活是什么样子的？他们的情感世界是什么样的？……只有深刻理解目标消费者和普遍人性，才能做到有效沟通与说服。

（4）善于敏锐把握创意概念　广告文案说什么、怎么说、要用什么风格来表现，都必须完全符合创意概念的要求。准确把握创意概念，是文案工作的基础，文案人员不能只看到广告的版面、色彩、故事、人物这些表面化的东西，而更应该培养自己在第一时间把握"创意概念"的敏感。

（5）善于对语言文字作多样化运用　文案使用什么样的语言，使用什么样的语气，这是文案写作的最基础的层面。这里指的善用语言强调的不是纯粹的文字功底，而是为了适应不同产品、不同策略、不同诉求对象、不同媒介，使用多样化的文体、丰富的词汇和千变万化的风格。能将语言和文字作高度多样化的运用，是文案人员的必备素质。

二、广告文案撰稿人的思维方式

广告文案写作是一种创造性思维活动，思维的方式与习惯直接影响着创意的形成和发展。人类的思维大致可以归纳为抽象思维与形象思维、发散思维与聚合思维、顺向思维与逆向思维、垂直思维与水平思维。

1. 抽象思维与形象思维

（1）抽象思维　又称逻辑思维。著名科学家钱学森将其称为"线型思维"。它是借助概念、判断、推理、比较、分类、综合、概括、归纳、演绎等抽象的形式来反映现象的一种概括性、论证性的思维活动。抽象思维不必涉及具体事物的形象，而是按一定的顺序由一点到另一点进行的。

抽象思维贯穿于广告文案写作的全过程。广告文案写作的起始阶段首先运用抽象思维对资料进行分析、综合、归纳、比较、评估、取舍、推理、演绎等方面的工作，为创作构思奠定基础。在广告文案酝酿、沉思阶段，为了使目标受众能够从心理上接受广告信息，也需要运用抽象思维，比如农夫果园的"三道关"，乐百氏的"27层过滤"为产品的纯净、健康作保证，从而使目标受众认同广告内容。在文案的写作评估阶段，要运用抽象思维进行条理化、理论化、系统化的逻辑表述。

（2）形象思维　又称艺术思维。它是一种借助于具体形象进行思考的思维活动，是由感性阶段发展到理性阶段，达到对事物本质的认识。形象思维与抽象思维互相并不排斥，而是相辅相成的。

形象思维以直觉为基础，通过某一具体事物引发想象，从而产生创意。形象思维选取并凭借具体的感性材料，通过想象、联想、幻想，伴随着强烈的情感和鲜明态度，运用集中概括的方法，塑造完整而富有意义的艺术形象。像牛顿看到苹果落地发现万有引力，阿基米德看见洗澡水溢出而想出检验金冠真假的办法等都是形象思维的作用。比如在啤酒广告中，画面上的酒杯装的不是啤酒而是黄灿灿的麦子和蓝天白云，这一视觉表现让受众真切的体会到了啤酒的原材料是纯天然的，啤酒的品质是优良的。

在广告创意过程中，抽象思维与形象思维难以割离使用，它们常常有机地融合在创意过程。形象思维是对"形"的不断积累、筛选、组合、重构、变异的过程，最终创造出一个与广告主题相吻合的完美艺术形象，这些都是建立在抽象思维基础上的结果。

1976年10月，美国加州兰丽公司的"兰丽绵羊露"广告通过想象杜撰了厨师和羊的故事。

标题：很久以前，一双手展开了一个美丽的传奇故事！

正文：在很久很久以前，一个很遥远的地方，有一位很讲究美食的国王。在皇家的御厨房中，有一位烹饪技术高超的厨师。他所做的大餐小点极受国王的喜爱。有一天，国王忽然发现餐点差了，将厨师叫来一问，原来厨师的手忽然变得又红又肿，当然做不出好的餐点来。国王立即让御医治疗，可惜无效，逼得厨师不得不离去。

厨师流浪到森林里的一个村落，帮一位老人牧羊。他常常用手摸羊身上的毛，渐渐发觉手不痛了。后来，他帮老人剪羊毛，手上的红肿也渐渐消失了。他欣喜地发现自己的手痊愈了。

他离开老人再返王宫，正遇上皇家贴出告示征求厨师，于是他蓄须前往应征，所做的大小餐点极受国王的欣赏。他知道自己的手已经恢复了过去的灵巧。当他被录用后，剃了胡须，大家才发现他就是过去的大厨师。

国王召见他，问他的手是如何治好的。他想了想说，大概是用手不断整理羊毛，获得无意中的治疗。

根据这点线索，国王让科学家们详细研究。结果发现，羊毛中含有一种自然的油脂，提炼出来，有治疗皮肤病的功能。国王将该油脂命名为"兰丽"。

2. 发散思维与聚合思维

（1）发散思维　又称扩散思维、辐散思维、开放思维等。发散思维是围绕一个主题进行广泛的遐想，不受任何限制，可以天马行空地想到各种各样的事情，充分发挥想象力，具有流畅性、变通性、独创性等特点。发散思维是一种求异思维。

在广告文案写作中，发散思维以广告策略的主题为基点，进行创意思考之后获得大量相关联的概念，从中选取一个适合广告主题、有创造性、有诉求力的创意，然后将其用艺术的语言表述出来。例如某品牌的女性化妆品，创作人员运用发散思维可以将女人与月亮、女人与天鹅、女人与音符、女人与珍珠联系在一起，然后撰写出一条条具有说服力的标题："有变化才会完善"、"有变化才会高贵"、"有变化才会灿烂"、"有变化才会细润"。广告标题所体现出来的意境简洁、贴切，易于目标受众理解和接受。

（2）聚合思维　又称收敛思维、集中思维等。相对于发散思维，聚合思维是一种异中求同、量中求度的思维方法。如果说发散思维是放飞想象的话，聚合思维则是回收想象，它以某个问题为中心，运用各种知识、方法、手段、观念等，从不同方向、不同角度指向中心点，对已有的信息进行筛选、比较、概括、归纳、整合等，具有较强的方向性、限定性和条理性等特点。

作为两种思维方式，发散思维与聚合思维有着明显的区隔。发散性思维有利于思维的开放，有利于在时空上的拓展和延伸。聚合性思维有利于思维的集中，有利于进行全面、系统、深入的比较。但同时发散思维存在容易偏离目标的缺点，聚合思维存在因循守旧的缺点。发散思维和聚合思维是广告人常用的思维方式，二者可以各自单用，但更多时候是将发散思维与聚合思维结合来用的。基本的思维过程是发散—聚合—再发散—再聚合的循环往复、层层深入，直到创意正式诞生的那一刻。

3. 顺向思维与逆向思维

（1）顺向思维　顺向思维是按照传统顺序从上到下、从前到后、从小到大、从低到高的常规序列方向所进行的思维方法。顺向思维是一种习惯性思维，它符合常规，有条理、有秩序，对问题思考有顺理成章的引导作用。但是顺向思维的常规性容易形成思维定式，从而影响创造性思维的开发。

（2）逆向思维　逆向思维是反常规、反传统、反序列的一种思维方法。逆向思维是打破原有思维的固定模式，反其道而行之，用探索精神去思考问题、解决问题，从而走出一条新路。也就是"反过来想一想"，"唱唱反调"。

在进行广告创意时，创意者常常从正面着眼，只想"说自己的产品好"，如何有实惠。

此时如果能转换一个方向，从事情的反面思考，也许可以构想出一个出人意料的好创意。

逆向思维在广告文案写作中运用的方法主要有两种：一种是大胆地暴露自己产品的缺点，当然这个缺点是细枝末节的，不是消费者选择商品时所看重的因素，比如吉利刀片在广告中介绍了锋利、舒适等优点后，很坦率地承认"本刀片容易生锈，请使用后擦干存放"；另外一种是"正话反说"，比如某密码保险柜的广告"记性不好的人，请不要买本牌保险柜，免得麻烦"。在"名粤花园"的广告文案中我们也看到了逆向思维的运用，用讲缺点的形式做广告，实际上是宣传优点。

"名粤花园，广州真正的花园"广告文案

在众多的楼宇中，我为什么选择了名粤花园？因为她……

唯一感到不便的是紧贴广州大道、离地铁出口太近，因为亲朋好友会轻易找上门来。

唯一需要承受的心理压力是意想不到的升值，因为她坐落在广州市重点发展区中心。

唯一缺少的东西是污染，孩子认识的第一种颜色将是绿色，因为数百亩受重点保护的果树园林环绕周边，叫人不看也难。……

这就是名粤花园，令人神往的花园！

集别墅、住宅、写字楼、商场于一体，宝石蓝玻璃幕墙、快速电梯、自动扶梯、送IDD电话、空调器、抽油烟机；每平方英尺近357元起，一次性付款8.5折优惠（15天内有效），每10套房设大奖一份。免一切代理费和转证费。

我是生意人，打惯了算盘，算来算去，还是这里最划算。

顺向思维容易得到普遍性的认同，但容易陷入被动，不易发挥撰稿者的主观能动性，构想和方案往往流于一般、难以出奇。逆向思维敢于挑战权威，在思维过程中把握主动权，往往会取得意想不到的效果，出现令人惊奇不已的想法，但过于反常的话，则会让人无法接受和难以理解。

4. 垂直思维与水平思维

（1）垂直思维　垂直思维，又称竖向思维，它是由中心点沿垂直线向上下两个方向展开的一种思维方法。垂直思维是以显存的理论知识和经验以及传统观念，对某一问题从垂直角度深入分析研究的一种思维方法，是一种惯常的思维方式，偏重于以往的经验、模式的重组和构建。垂直思维是顺着"下一步又会怎样？"，"接下来会发生什么？"这一垂直思路来进行思考的。

例如，广州致诚广告有限公司海尔品牌小组在2001年12月底受海尔的正式委托，全面策划海尔007系列冰箱的上市方案。在双方的沟通会议上，一致同意为007冰箱做出科学的产品定位：独有-7℃保鲜技术，目前最精确的中高档冰箱。

这样，产品的销售概念非常明确，那就是新鲜。接下来用什么样的形象元素来表现这一概念成为最让创意人头疼的问题。最后，广告人员来了一次垂直思考。很快一个创意表现元素找到了——弹簧。广告主题和创作表现也就水到渠成，用肉片、苹果形成弹簧的形状，配以文案"－7℃弹簧，当然弹性十足"。

垂直思考的思路为新鲜是什么？是天然，是原汁原味⟶原汁原味是什么？是鲜活力⟶鲜活力想到什么？想到活蹦乱跳⟶活蹦乱跳想到什么？有弹性⟶有弹性想到什么？具有标识性：弹簧⟶弹簧创意诞生。

（2）水平思维　水平思维是由一个中心点沿水平线向左右两个方向扩展的思维方法。在条件接近的情况下，对相似事物的发展情况进行比较，从中找出差距，发现问题，然后再提出解决问题办法的一种思维活动。如果说垂直思维是在一个既有观念的基础上去深入思考，那么水平思维就是要改变既有观念，"突破"是水平思维的灵魂。由于水平思维方式改变了解决问题的一般思维，试图从别的方面、方向入手，从而使思维高度得到提升，有可能从其他领域获得解决问题的启示。

20世纪70年代初，日本本田公司在美国市场推销本田摩托车，广告策略仍然沿用其在日本本土的广告策略，即一味诉求本田摩托车的品质、功能如何优异。但过了两年后，本田摩托车在美国市场上却无人问津。基于此，本田公司更换了广告代理公司。新任广告代理公司在接受本田公司的广告代理委托之后，首先运用水平思维方式，努力寻找出本田摩托车在美国市场销售不佳的原因。经过调查分析，广告公司的创意人员发现消费者对本田摩托车本身并没有什么不满的，而是因为他们长期被警匪片中的反面人物均是骑摩托车的场面影响，形成了一种凡是骑摩托车的人都是坏人的形象，这直接阻碍了对摩托车的购买欲望。问题找到了，在广告创意上自然就可以对症下药。创意思维有了明确目标，其广告创意的主题由过去的产品品质诉求转变为摩托车使用者身份的宣传："骑本田摩托车的都是好人。"广告表现也很简单，请在美国深受人们尊重的律师、教授、医生等有着正当职业和身份的人作本田摩托车的广告模特，从而在心理上逐步消除人们对摩托车的负面消费心理，一举扭转了本田摩托车在美国市场上的不景气的销售状况。

三、广告文案撰稿人的创造力和沟通力

1. 创造力

心理学家对创造力进行了广泛深入的研究，美国知名教育心理学家G.A.戴维斯和S.B.里姆归纳说"创造型的人，在自信心、独立性、冒险、有能量、热情、大胆、好奇心、好玩、幽默、富于理想和反映能力方面，高于一般人。他们具有艺术和美学兴趣，易于被复杂和神奇的事物所吸引。"

创造力除了天赋，还在于后天的培养和良好的创造氛围。台湾地区广告学者杨朝阳认为，创意只有30%来自幻想、灵感、偶然，另外70%则来自科学、思考和系统。创意人员可以经过科学化的思考训练、想象力引导训练、幻想刺激训练，不断提高自己的创造力水平。大卫·奥格威也曾经说过："要创造愉快的工作环境，因为当人们觉得不愉快时，他们很少会创作出好的作品。"美国FCB广告公司著名创意人Jack Foster说："充满欢乐气氛的小组总会产生最棒的作品，愁眉不展的人很少会想出好的创意。经常嬉笑或者互相戏谑的总是表现突出。"

广告文案人员必须具有较强的创造力，因为：
① 广告文案写作过程是广告创意过程的继续；
② 广告文案文本形式是广告创意的物化和深化；
③ 创造力塑造出具有独特个性的品牌印记。

在产品同质化和企业形象同质化越来越严重的情况下，品牌个性的塑造就显得尤为重要了。在品牌个性的塑造上更需要广告文案人员具备较强的创造力。广告作品的独创性表现可以给予产品以人性的附加值、表现的特别形象印记以及品牌的个性形象。

美国知名教育心理学家G.A.戴维斯和S.B.里姆归纳了创造型人才在思维方式上的主要特点如下。

① 流畅性。在回答一个开放式问题时能产生大量设想。
② 灵活性。对一个问题能提出不同解决办法。
③ 独创性。能提出不同的、独到的设想，不墨守成规。
④ 精细性。能发展和修饰设想。
⑤ 对问题的敏感性。能发现问题、觉察缺少信息和提出恰当问题。
⑥ 准确定义问题。包括能鉴别"实际"问题、找到问题的重要方面、明确和简化问题、找出子问题、提出其他形式问题意义、广义定义问题。其中后两种能力，能够帮助他们对问题提出更多解决办法。
⑦ 想象力。善于进行心理构图和驾驭设想。
⑧ 回归能力。他们的头脑不受习惯、传统、规则、规范和"应该怎样做"、"我们总是怎样做"这样的固定知识的干扰，能够像小孩那样思考。
⑨ 变通。能从一种设想和方案转换为另一种设想和方案。
⑩ 评价。善于估计方案的适应性。
⑪ 分析。善于分析细节。
⑫ 综合。善于重组事物间关系，能够将独立的部分结合成可能具有创造性的整体。
⑬ 扩展边界。能超越"通常"，用新的方式使用物品。
⑭ 直觉。能进行"直觉飞跃"，或根据不充分的信息看待关系。
⑮ 防止草率收场。考虑多种方案和对策，对一个似乎可行的设想不过早下断言。
⑯ 预测结果。能预测采用不同方法和行动的结果。

2. 沟通力

（1）沟通力是广告作品和目标受众的交流　每个人都会面临至关重要的沟通问题，即便是生活在孤岛上的罗宾逊也要和仆人"星期五"打交道。广告文案撰稿人所具备的沟通力是指文案撰稿人通过广告作品与目标消费者进行有效沟通的能力。这种沟通能力通过他们所写作的广告文案在广告作品中得到表现。但是沟通力并不等同于创意力。文案的沟通力主要体现在广告作品与目标受众的交流中，无论是老年人或青年人，穷人或者富人，中国人或美国人，广告文案着重于双方之间是否能达到同一含义的交流。广告是一种信息传播活动，而传播的核心就在于信息发送者的信息能否被信息接受者有效的接受。

（2）沟通需要有的放矢　广告文案撰稿人在与目标消费者沟通的过程中要坚守平等原则，即广告文案不能凌驾于消费者之上，也不能为了达成购买而委曲求全。要在同一层面、同一含义上得到有效沟通，需要广告文案撰稿人具备目标消费者的需求认知、特殊的风俗文化和文化素养认知、生活方式和生活态度认知、特殊的语言表达和接受方式等方面的认知。

（3）沟通力是销售力的前提　广告文案是否具备较高的销售力主要体现在两个方面：一方面广告文案撰稿人能否与广告主进行有效的沟通，把握广告商品的鲜明特征和内在精神；另外一方面广告文案撰稿人要具备用语言文字与目标受众沟通的能力，使用有效的语言打动目标受众，促进购买行动的产生。

四、广告文案撰稿人的思辨力和表现力

1. 思辨力

思辨力，是指思考、分析、判断的能力。思辨力是一种逻辑思维。人类思维活动能够

将感性的认识（感觉、知觉、表象）进行抽象和概括，从而形成概念，并运用概念进行判断和推理，上升为理性认识，抽象出关于客观事物的本质规律和内在联系。在广告文案的写作过程中需要对广告产品背景材料、目标受众以及市场状况进行判断，找到广告创意的源泉所在。

（1）从商品本身寻找创意源泉　世界上许多伟大的广告创意都是以广告商品名称或商标为创意原点进行创作的。商品的名称或者商标作为广告创意的一部分，其最大的优势就是再不担心品牌不突出的问题。直接使用品牌名称，自然品牌会深入人心。

另外，从商品本身寻找创意还可以以广告商品的包装或者广告商品的制作流程作为创意的源泉。

（2）从目标受众及市场寻找创意源泉　有些商品本身没有特殊之处，但是其悠久的历史，某些名人曾经使用过该商品……元素都可以作为广告商品创意的来源。同时还可以以无法获得广告商品的后果以及广告所要刊发的媒介作为创意点。

2. 表现力

表现力，是指写作者对经过广告创意过程的信息内容进行表现的能力。表现力是一种艺术思维。

表现力不仅仅是传达，而是通过表现如何有效地传达和说服。德国广告人玄特纳在《广告奏效的奥秘》中写道"今天广告人才首先不是撰稿人和美术师，而是策划师。这是一批既能思考图画又能推敲语言的人……他们必须同时具备从画面上和文字上开发一个广告攻势的能力，其间撰稿人仍负责文字修饰，美术师仍负责画面美化。问题的关键在于，美术师和撰稿人不能把自己降格为'工匠'的地位，他们是思想家。换言之，他们不再只是写字、画图，而是对广告内容进行解释。只有这样才能产生创意，才能实现图文并茂。"

广告文案撰稿人具备什么样的专业素质和操作技能才适合广告公司的要求，让我们来看一下从招聘网站上摘录的对于文案撰稿人素质能力要求。

摘录一：
① 思路敏捷开阔，洞察力强，文笔犀利独到，具备将创意发展为策略的能力。
② 善于归纳、提炼、发散及转化，有敏锐的创作嗅觉和较强的逻辑推理能力。
③ 有良好的广告文案撰写能力与沟通表达能力，具备独立服务全案的能力。
④ 具有高度的工作热情、积极性和创新能力，有团队合作精神。

摘录二：
① 擅长广告语撰写及软文。极佳的文字驾驭和创作能力，深厚的文学功底，较强的策划创意能力、扎实的市场营销知识。
② 善于表达与说服，富团队合作精神，对文案创作充满激情。
③ 能独立组织和完成整体策划项目，包括制定项目策略、撰写策划方案等。
④ 较好的语言表达和沟通能力，丰富的管理经验，并具较强的提案能力。
⑤ 熟练使用各种办公软件。
⑥ 良好工作态度、高度的责任心，较强的压力承受能力。

摘录三：
① 头脑清醒，策略思维清晰准确。
② 工作态度严谨，有耐心、能统筹，善沟通，擅长表达。
③ 能根据策略想出绝妙的概念，而根据概念能衍生出精妙的创意。

④ 拥有良好的文字功底及出色驾驭文字的能力，触觉敏锐，领悟精准，有创新突破思维，能够独立完成项目企划书的撰写与提案，具备成功的广告传播案例者优先考虑。

⑤ 具有较强的沟通能力、表达能力和团队合作能力，英文流利者优先。

[思考与讨论]

1. 什么是广告文案写作？广告文案写作人员在广告公司中具体从事什么样的工作？
2. 创造性思维有哪些？如何利用创造性思维进行广告文案写作？
3. 什么是广告文案写作的真实性原则？如何看待当前泛滥的虚假广告？
4. 广告文案撰稿人的素质和要求都能够达到要求吗？还有哪些需要加强？

[实践与实训]

把你对广告文案撰稿人的相关素质要求做成目录。用一张小纸片写出你生命中发生的、曾展示你这些素质的实践经验。不需要与广告或学业方面相关。

知识要求：广告创意策略的内涵及基本策略；目标市场策略概念及分类；定位策略及其定位方式；诉求对象策略及其文案执行；广告文案表现内容的选择和确定依据。

技能要求：广告文案表现广告创意策略的能力；广告文案执行诉求对象策略的能力；选择和确定广告文案表现内容的能力。

开篇案例：

文案撰稿人的"智慧"

四川舍得酒业以"智慧"为核心品牌价值，将目标市场锁定在具有"东方智慧"的消费群体，以触动消费者内心的诉求方式达成了情感共鸣，在上市初期就迅速建立了较高的知名度，创造了市场佳绩。

突围：提炼品牌核心价值

舍得酒作为高档白酒的后起之秀，如何提炼品牌核心价值、提炼怎样的品牌核心价值成为在竞争激烈的市场环境中突围的关键。舍得酒业的智囊团在第一时间意识到，高档酒作为奢侈消费品，精神享受是最主要的消费要求。在蕴含着东方智慧的品牌名称的启发下，舍得"大智慧"品牌核心价值诞生。

"品舍得酒，感悟智慧人生"广告语以及创意策略的确立，打造了舍得独具魅力的品牌个性：尊贵、高雅、气度恢宏、执著进取、文明精髓、精英之选。这时符合品牌个性的目标消费群体清晰地进入人们的视野：他们具有丰富的人生阅历、渊博的知识、高尚的品位、恢宏的气度……

成功：富于智慧的广告文案

在品牌核心价值以及目标消费群体确立之后，以"舍得—智慧—成功"为创意核心，用富于智慧的广告文案扣紧了消费者心弦，触动了消费者的脉搏。

电视广告的"智慧"引发了情感共鸣：

为了梦想舍得和心爱的人分离／成就伟业就得舍弃安逸浮华／商界精英懂得舍得短暂得长远／舍车得帅是一种大智慧／品舍得酒，感悟智慧人生

平面广告的广告标题都体现着文案撰稿人的"智慧"：

知"舍得"者谓之智；成就至尊，惟有"舍得"；恢宏气度，舍"舍得"其谁……

第一节　广告文案与广告创意策略

一、广告创意策略及其作用

广告是一种传播过程，这个过程的核心就是"说什么"和"怎么说"。前者涉及策略，后者涉及表现。

（一）创意策略

创意首先必须说对。说什么才是说的对，这就是必须明白创意的策略。创意策略就是将原本漫无节制的创意过程加以窄化，让创意人员在一个既定方向之下，打破常规，任意发挥想象力，更有利于创造出更优秀杰出的广告构想。

创意策略（creative strategy）是广告策略的延伸，是在明确广告目标的前提下，分析目标竞争者和产品的特征，针对目标消费者做出利益承诺，并进行全方位的传播，尽最大可能实现广告创意的全部内涵。

由此可见，创意策略是对产品或服务所能提供的利益或解决目标消费者问题的办法，进行整理和分析，从而确定广告所要传达的主张的过程。

（二）广告创意的基本策略

从20世纪50年代至今，广告创意策略理论一直在不断地发展和演变，形成了各具特色的理论流派。在这个过程中，许多杰出的广告专家和学者根据自己多年的创意经验和体会，总结了诸多有益于后来者学习和借鉴的广告创意策略。

1. USP理论

USP的英文全称是"unique selling proposition"，译为"独特的销售主张"，其创始人是美国极具传奇色彩的广告大师R.瑞夫斯，他也是世界十大广告公司之一的达彼斯广告公司的董事长，美国杰出广告文案撰文家的第一得主，在国际广告界享有崇高的地位。

USP理论的核心即：明确的概念、独特的主张、实效的销售。

所谓明确的概念是指在广告创意过程中，努力寻找并提炼出产品本身可以给消费者带来的特定利益，而独特的主张是指其他竞争者无法提供或不提供的方法主张。例如，瑞夫斯给高露洁牙膏提出的广告创意"高露洁清洁您的牙齿，也清新您的口气"，虽然使人口气清新并清洁牙齿是许多牙膏都有的共性，但是以前从来没有人提出过这个主张，而高露洁最先提出这种主张，在消费者心目中形成了独特的认知。

瑞夫斯执掌的达彼斯广告公司一旦为客户找到了USP诉求点，就不会轻易改变。他曾经说过"在加勒比海那边我有一位客户与我一起泛舟。他开玩笑地对我说'你的办公室有700人，而你在过去的17年里一直为我刊登同样的一则广告，我想知道那700人在做些什么？'

我告诉他：'他们正在全力防堵你的广告部更换广告。'"

USP理论直到当代依然产生着巨大的作用，仍然被广告界奉为广告创意策略的瑰宝。日本家电进入中国市场时，多数广告采用的都是USP策略。美国宝洁公司的"海飞丝"、"潘婷"、"飘柔"等也沿用着USP理论。M&m's奶油巧克力糖果的电视广告，一句"只溶于口，不溶于手"使用了40多年，而且在进入中国市场时，除了广告模特换成了中国女孩之外，原封不动。

2. BI理论

BI理论的英文全称是"brand identify"，译为"品牌形象论"，是20世纪60年代由大卫·奥格威提出来的广告创意策略理论。奥格威是奥美广告的创始人，被称为"广告怪杰"，在全球广告界负有盛名。他被列为20世纪60年代美国广告创意革命的三大旗手之一，"最伟大的广告撰稿人"。

品牌形象论的基本观点如下。

（1）广告最主要的目标是为塑造品牌服务，力图塑造并且维持一个高知名度的品牌形象　奥格威认为，产品就像人一样，也要有个性。不同的产品其个性不一样。产品的个性由许多因素混合而成，包括产品的名称、价格、包装以及广告的风格。因此，每一条广告都应该认真考虑广告创意是否对产品的形象有利。

（2）任何一个广告都是对广告品牌的长期投资　广告的诉求重点应具有长远性，为了维护一个良好的品牌形象，可以牺牲短期的经济效益以获取长远的发展。奥格威认为，努力塑造产品的品质形象是极其有效的方法，这种方法一旦得以贯彻执行，就等于获得了一张通往高档品牌的通行证，例如感性色彩浓厚的啤酒、饮料等产品。

（3）描绘品牌形象比强调产品的具体功能重要得多　随着同类商品的同质化趋势，同类产品的差异性日渐缩小，消费者往往凭借对品牌的好恶来选择购买产品。以方便面来说，为什么有人愿意买"统一"，而有的人愿意买"康师傅"或者"今麦郎"？其实，这三种方便面在品质及口感上并没有太大不同，只不过三种品牌各自塑造并长期坚持维护的品牌形象不同而已。所以消费者在选择方便面本身，是他们选择与心目中的品牌相对应的产品。

（4）广告创意应运用"实质利益+心理利益"来满足消费者的心理需求　消费者在购买产品时所追求的不仅是量的满足、质的提高，也是感性心理需求的满足。根据马斯洛的需求理论，人的需求可以分为生理需要、安全需要、爱和归属需要、尊重需要、自我实现需要。奥格威认为对某些产品和某些消费者而言，运用广告创意的形象来满足消费者的心理需求是广告活动走向成功的关键。

BI理论的经典广告是奥格威创作的"戴眼罩的穿哈撒韦衬衫的男人"，该广告只用3万美元就使得在过去116年里默默无闻的衬衫在短期内成为一个具有全国影响的服装品牌。

3. CI理论

CI理论的全称是"corporate identify"，译为"企业识别或企业形象"。20世纪70年代，CI作为企业系统形象战略被广泛地运用到企业的经营发展中去，并掀起了一场风起云涌的"形象革命"。CI理论是指一系列符号的组合，这一符号的组合标示着一个企业希望公众对如何认识它。理念识别（MI）、行为识别（BI）和视觉识别（VI）三个部分共同组成CIs。CI理论对广告"说什么"提出了新的要求和主张，形成了基本观点。

① 广告内容要与CI战略所规定的整体形象保持统一性，广告应注重沟通过程的延续性，应注重持续为品牌增值。

② 广告应着眼塑造公司品牌形象，而不仅仅是某一品牌形象，这是比BI理论进步的地方。

4. ROI理论

ROI理论是20世纪60年代由广告大师威廉·伯恩巴克根据自身的创作积累总结出来的一套创意理论。该理论的基本主张是：优秀的广告必须具备三个基本特征，即关联性（relevance）、原创性（originality）、震撼性（impact）。

5. ESP理论

ESP理论的英文全称是"emotion selling proposition"，译为"情感销售主张"。现代社会商品极为丰富，产品也渐渐趋于同质化，所以人们对产品功能的需求在逐步减少，转而追求情感层面的满足。ESP理论不从具体的产品出发，而是诉诸产品带来的独特消费体验，以及消费者形象，从情感层面与目标消费者进行深度有效的沟通。

运用ESP理论需要注意产品特性要与品牌个性相契合，要符合目标受众的心理，创意要经过时间考验，不能随波逐流。例如，"孔府家酒，叫人想家"、"喝杯青酒，交个朋友"等广告作品传递的情感历久弥新。

6. IMC理论

IMC理论的英文全称是"integrated marketing communications"，译为"整合营销传播"。整合营销传播是美国西北大学著名教授唐.E.舒尔茨在20世纪80年代提出的，他认为"广告业、广告企划、广告思考已经发生了重大的变革……并购、全球化、新媒体的诞生，以及对整合营销传播的需求，已经颠覆了我们以往所知的广告活动策划及执行方式"。中国传媒大学丁俊杰教授这样定义整合营销传播："整合营销传播是指将广告、促销活动、现场广告活动、公关、企业形象认同、直接营销等所有宣传手段进行战略性组合，以谋求最佳宣传效果并拟定市场营销战略方案。"整合营销传播对广告创意提出了新的要求，"以消费者为中心"、"以资料库为基础"、"以建立品牌与消费者之间的关系为目的"、"以一种声音为内在支持点"、"以各种传播媒体的整合运用为手段"。在这种情况下，广告创意已经不再是单纯的某一则广告作品的创意，而是贯穿于整个广告运作过程中的大创意。

（三）创意策略的作用

在很多初识广告文案的人眼里，广告文案写作只需要把产品特点或者服务信息传达给消费者就可以了，但目前市场上绝大部分品牌与竞争品牌相比，品质上并没有明显的特点，很多消费者对广告又存在普遍的抵触情绪，所以想让消费者能够接受广告信息，并能信服且实施购买行动却是件很难的事情。

我国台湾地区资深创意人沈吕百先生在《创意策略的发展》一文中提出广告创意策略具有以下管理功能。

（1）提示了创意工作的任务　包括广告目标、广告对象、消费者对我们产品和竞争品牌的看法。

（2）刺激创作力　创意策略中的要素可以提供产生创意的火花，特别是广告主张和广告主张的支持点。

（3）管理创意品质　广告里要放入哪些信息，由于创意表现中许多属于抽象、感性的部分，有必要事先与客户达成共识。

（4）强化创意思考周延性　创意策略是由营销策略发展而来的，在思考上具有周延客观性，而不能由创意人员随意发想和改动。

创意策略一旦确定下来，不仅可以在较长时间内使用，还可以延续和发展。"一个老的主题，特别是当它可以倾诉情感的时候，会在人们的心中回荡。"

二、制定广告创意策略的整体要求

1. 广告创意必须与产品个性、企业形象相关联

创意策略制订的过程是对商品信息编码的过程。受众接受广告信息后，要经自己的译码产生联想和会意，使自己的经验、体会与商品信息结合在一起，才能达成有效的沟通。广告传递的信息，必须与商品或企业相关，让人一看（或听）就知道是某商品或者某企业的信息，而不能含混不清或是喧宾夺主。

广告创意必须与诉求主体具有高度的关联性，诉求主题可能是产品、服务、企业等。广告创意策略要在产品个性、企业形象之间建立有效的联系，两者之间的关联性越紧密，消费者越能很好地领会利益所在。

2. 广告创意必须与消费者相关联

广告创意必须与消费者特别是商品或服务的目标消费群体相关联，如果广告创意与消费者的消费需求、消费行为、消费习惯、消费心理等关联紧密，就会在广告的传达过程中引起消费者的共鸣。

值得拥有的好创意就是要找到产品特性与消费者需求之间的相交点，并将其放大作艺术化的表现，使消费者能够更加真切的感受到自己的需要得到了满足。消费者从广告创意中得出"这就是我所需要的"，是与他的生活息息相关，那就是一个好创意。例如，奥迪A4商务车平面创意，将商务车的车门部分换成高档公文包的提手，这形象鲜明地表达了这款商务车是给商人使用的车，是商务活动中必需的。

3. 广告创意必须给消费者提供利益或解决问题

广告创意必须给消费者承诺，这承诺可能是给消费者提供精神或物质利益，也可以是承诺给消费者提供解决问题的途径。一般来说，每种产品或服务不止有一个利益点，这就要求我们在自己产品或服务所能提供的利益中，进行比较和选择。广告大师奥格威曾经指出，两百年前约翰逊博士在卖铁锚酒厂设施的时候，说："我们不是来卖煮酒锅、酒坛子的，是来卖能获得连做梦都想不到那么多财富的潜力的。"

4. 创意策略要单纯，不要包含太多的想法或销售重点

"策略制订者应该避免列出一大堆的利益。如果有些利益适合一个以上的目标市场，则应该为这些市场分别发展单独的策略，以及单独的广告执行计划。就一些广告策略而论，通常更多不见得会更好，它只能使人困惑"。所以最好的广告策略是由对单一目标市场的一种清晰、实用的利益，或者是一个解决问题的方法所构成。如果广告主题过于纷杂，就使得消费者分不清主次，甚至对所有卖点都产生怀疑。下面我们看一下R. 瑞夫斯在《实效的广告》一书中举的例子。

美国最大的包装制造商之一，沿用一个USP多年之后，决定在一个广告攻势中"应战"其所有对手的所有说法。自然，这位广告主提出了不止1个而是7个互不相干的说法。

第一种说法先是自吹其产品配料；第二种说法着重产品的第二种用途；第三种是产品的另外一种用途；第四种说法则围绕与前三种毫不相关的杀菌功能；第五种说法强调产品的品位；第六种说法强调其精良的包装；第七种说法更胜过前六种——盛赞其产品的流行。

其结果是，原本一则单纯、清晰的广告被一些微不足道的杂音取代，成了一个混乱的广告词杂烩。对这则电视广告的记忆之能事斑斑驳驳，星星点点——没有一种说法记忆率超过17%，多为可怜的4%、7%和9%。

5. 不可忽略产品或服务的固有物质属性

在强调产品或服务的附加利益同时，应该关注产品或服务固有的物质利益，也就是说最基础的物质属性。例如，方便面是填饱肚子的，汽车是交通工具，饮料是解渴的，洗衣粉是清洁衣物的。

在广告创意策略思考的过程中，我们要把握固有物质属性和附加利益的结合。在瓦尔特·玄特纳的《广告奏效的奥秘》一书中引用了以下成功的案例。

金阳直邮公司素来经营顶级质量的苹果，苹果均采自加利福尼亚州山区。几年前却出了个小岔子：采摘前老天变脸、雨雹交加！结果苹果表皮结满深色斑点，销售前景顿显黯淡。但上百个订单早已接受，这该如何是好？

经过前后思量，金阳公司决定履行订单，其做法是在寄出的每一箱苹果中附上一封信，信中写道："谨此提醒您注意苹果表皮上的黑斑。黑斑表明这些苹果长在高山上。山上天气反复无常，时有寒流侵袭。苹果因此形成爽脆的果肉和自然的果糖，并散发出一种无与伦比的清香。请您立即尝一个苹果。如果口感与我们所说的不符，您可以把苹果寄还回来。"

结果没有一箱苹果被退回来。许多人在第二年的订单中特别注明："如果可能，请寄带黑斑的苹果。"

三、从广告创意到文案表现

广告创意到文案表现的过程，就是将广告创意中包含的主题因素、形象因素、创新因素进行物化的过程。广告文案写作就是在创意活动的基础上，通过语言和文字来体现创意。

创意的主题因素将转化为文案中实际的诉求重点，形象因素将转化为文案的具象化表现形式，创新因素将转化成文案的沟通调性。

1. 寻找核心创意

创意是广告的灵魂，创意常常是鲜明的、令人兴奋的，而且通常可以用一句话或者一个词就可以概括出来。虽然文案写作需要完成很多工作，如怎样写标题？正文如何去写？广告信息如何组织？但是从广告创意到文案表现的关键环节是找到核心创意。

要使文案写作的内容指向核心创意，文案人员必须首先学会去寻找广告活动的核心创意所在，并且能够将抽象的创意核心加以形象化的描述。对核心创意了解得越多，在广告文案执行中就会获得更大的自由。

2. 解析创意要素

在找到核心创意之后，文案人员需要全面完整地把握创意核心和执行点子，深入解析创意中所包含的每一个具体要素，将广告核心创意落实为具体的文案。在对核心创意解析的过程中，主要深入了解的要素包括广告创意诉求重点、诉求重点和表现方式巧妙的联系、广告作品基本形象和基本内涵、广告创意与消费者沟通的调性等。

3. 探索文案表现创意的途径

在解析创意要素之后，文案与画面在将创意转化为具体作品时，应该做到准确把握诉求主题、准确阐释巧妙联系、准确体现创意限定的形象因素、准确体现创意所限定的沟通调性。

精彩的创意执行可以赋予创意鲜活的生命力,让创意的力量充分发挥。

(1) 文案表现创意主题　广告主题是广告的中心思想,它在于向消费者传达销售信息,告知产品知识和品牌特点,以引起消费者的兴趣和好感,说服消费者改变或建立消费观念,激发其购买欲望,进而促成购买行为。

(2) 文案表现广告形象　广告文案对广告作品中的形象表现,是指广告作品中出现的人、事物及其活动。消费者主要通过广告所提供的信息、形象、风格形成对产品的印象,突出广告作品中的形象要素,是广告文案抓住消费者的关键之一。广告创意要将广告主题的抽象意图,构思成具体生动可感的艺术形象,以使消费者能够欣赏和接受它。

(3) 文案表现沟通调性　广告的沟通调性是指广告作品在内容和形式的统一中所体现出来的整体特色、风貌。不同的广告创意会赋予不同的风格,广告文案要完美表现与创意相联系的广告风格。

第二节　广告文案与目标市场策略

一、目标市场策略

1. 目标市场策略的概念

目标市场是根据市场细分标准选择一个或一个以上细分市场作为企业为之服务和营销的对象。广告目标市场策略是指在广告创意及表现中根据不同目标市场的特点,采取相应的宣传手段和方法。针对产品或服务的目标消费群,依据其不同的生活习惯和工作环境及个性特点等,制订不同的诉求主题和广告表现形式,力求更全面地向目标市场传递广告信息。

企业选择目标市场,是建立在市场细分的基础上的。任何企业在市场细分的基础上,都要从众多的细分子市场中选择那些有营销价值的、符合企业经营目标的子市场作为企业的目标市场,然后实施企业的营销战略和策略。

2. 目标市场策略的分类

目标市场广告策略可以分为无差别性市场广告策略、差别性市场广告策略、密集性市场广告策略。

(1) 无差别性市场广告策略　无差别性市场广告策略,就是企业把整个市场作为目标市场,只考虑市场需求的共性,而不考虑其差异,运用一种产品、一种价格、一种推销方法,吸引尽可能多的消费者。例如美国可口可乐公司从1886年问世以来,一直采用无差别市场策略,生产一种口味、一种配方、一种包装的产品满足世界156个国家和地区的需要,称作"世界性的清凉饮料"。直到1985年4月百事可乐加入了饮料市场的竞争后,可口可乐公司宣布要改变配方的决定,不料遭到了很多消费者的不满和反对,很多消费者甚至打电话到公司进行质问,表达对可口可乐改变配方的行为表示强烈不满和极力的反对,可口可乐公司在这种情况下不得不继续坚持无差别性的市场策略,继续大批量生产传统配方的可口可乐。由此可见,采用无差别市场策略,产品在内在质量和外在形体上必须有独特风格,才能得到多数消费者的认可，从而保持相对的稳定性。

无差别市场广告策略，就是面对整个市场，通过各种媒介所做同一主题内容的广告宣传。一般说来，企业在某产品的引入期或成长期的初期，或者是产品供不应求、无强大竞争对手之时，常采取这种广告策略。

（2）差别性市场策略　差别性市场策略就是把整个市场细分为若干子市场，针对不同的子市场，设计不同的产品，制订不同的营销策略，满足不同的消费需求。以海尔集团的冰箱产品为例，海尔冰箱针对欧洲、亚洲和美洲消费者的需求差异设计了三种不同风格的款式。亚洲风格以淡雅为主，用圆弧门、圆角门、彩色花纹、钢板来体现；欧洲风格是用严谨、方门、白色来表现；美洲风格则突出华贵，以宽体流线造型出现。又比如有的服装企业，按生活方式把妇女分成三种类型：时髦型、男子气型、朴素型。时髦型妇女喜欢把自己打扮得华贵艳丽，引人注目；男子气型妇女喜欢打扮的超凡脱俗，卓尔不群；朴素型妇女购买服装讲求经济实惠，价格适中。公司根据不同类妇女的不同偏好，有针对性地设计出不同风格的服装，使产品对各类消费者更具有吸引力。

差别市场广告策略，就是在市场细分的基础上，企业根据不同细分市场的特点，运用不同的媒体组合，做不同主题的广告。这种广告无论在满足消费者的需求上，还是在产品品质与外观特点的宣传上，在广告形式上都具有很强的针对性。也就是说，是针对特定的一批消费者而制作的。一般来说，在广告产品成长期的后期，成熟期或遇到同行激烈竞争的时候，就需要运用差别性市场广告策略了。

（3）密集性市场策略　实行差异性营销策略和无差异营销策略，企业均是以整体市场作为营销目标，试图满足所有消费者在某一方面的需要。而密集性市场，是指把目标市场细分成若干个子市场，企业针对这若干子市场中的一个或几个作为自己的目标市场，中、小型企业的目标市场，往往就是这种集中市场。与此相应的广告策略具体体现为，更具针对性，以满足一部分人的特殊需要为宗旨。一般说来，这类广告不在价格昂贵的传播媒体上出现，而是在一些地方性的、行业性的报刊、杂志上刊登。

例如日本尼西奇公司起初是一个生产雨衣、尿布、游泳帽、卫生带等多种橡胶制品的小厂，由于订货不足，公司面临破产。总经理多川博偶然在一份人口普查表中看到日本每年约出生250万个婴儿的信息。于是他想如果每个日本婴儿用两条尿布，一年就需要500万条。于是，他们决定放弃尿布以外的产品，实行尿布专业化生产。一炮打响后，又不断研制新材料、开发新的尿布品种，不仅垄断了日本尿布市场，还远销世界70多个国家和地区，成为闻名于世的"尿布大王"。

二、广告文案以目标市场策略为基础

1. 目标市场的选择

企业目标市场的选择一般呈现出两步式战略：首先，在较大的消费者用品市场或企业市场中识别出具有某些共同需求和特征的人群，然后根据他们对产品效用的共同兴趣，将这些人聚合成稍大的细分市场。广告人将消费者的特征按地理、人口、行为和消费心理、消费行为等分类，以此来识别可能会对广告信息作出反应的人。同时对这些人进行充分的描述，更好地了解他们，针对他们形成营销组合，最终将广告信息有效的传播给他们。

一般根据以下变数标准对市场进行细分，如表2-1所示。

表2-1　变数标准

变　量	典　型　分　类
地理变量	
●地区	亚洲东北部；东南亚；西亚；东欧；西欧；南美；北美；南非；北非等
●城市规模	10000人以下；10000～19999人；…1000000～3999999人；4000000人以上
●密度	城市；郊区；农村
●气候	热带；亚热带；温带
人口变量	
●年龄	6岁以下；6～11岁；12～20岁；21～30岁；31～40岁；41～50岁；51～60岁；60岁以上
●性别	男；女
●家庭规模	1～2人；3～4人；5～7人；8人或更多
●家庭类型	中等家庭；小型扩展家庭；大型扩展家庭
●家庭生命周期	青年，单身；青年，已婚，无子女；青年，已婚，有6岁以下的子女；青年，已婚，子女在6岁以上；老年，单身；老年，已婚，无子女；老年，已婚，子女均在18岁以上
●家庭月收入	1000元以下；1001～2500元；2501～4000元；4001～5500元；5501～7000元；7001～10000元；10001～19999元；20000元以上
●职业	专业技术人员；经理、政府官员和企业主；农民；普通职员；学生；军人；家庭主妇；离退休者；失业者等
●教育	小学以下；初中；高中或中专；职业技术学校；专科学校；大学本科；研究生及以上
●宗教	佛教；天主教；基督教；印度教；伊斯兰教；道教；其他；不信教
●种族	黄种人；白种人；黑种人等
●国籍	中国；印度；日本；法国；美国；等
心理变量	
●社会阶层	下层；中下层；中层；中上层；上层
●生活方式	变化型；参与型；自由型；稳定型
●个性	冲动型；进攻型；交际型；权利主义型；自负型
行为变量	
●时机	一般时机；特殊时机
●追求的利益	便利；经济；昂贵；易于购买
●受众身份	专一品牌用户；半专一品牌用户；折扣用户；知晓而未尝试用户；尝试而拒绝用户；泛产品用户
●使用率	重度使用者；中度使用者；轻度使用者
●忠诚度	无；中等；强烈；绝对
●准备阶段	不了解；了解；熟知；感兴趣；想买；打算购买
●对产品的态度	热情；肯定；不关心；否定；敌视

虽然以上细分方法都各有其优缺点，但重要的是通过细分有助于企业选择正确的目标市场，有利于广告人人情并确定消费者具有共同特点的产品大类市场。

曲线牛仔："贴"近目标市场

在美国，第一大牛仔品牌Levis的目标消费群是男性。使得问世百年以来，牛仔服也一直被公认为是男性服装，所以女性市场被大大忽略。晚于它诞生近40年的Lee's能迅速成为第二品牌，制胜法宝之一，就是正确的定位。Lee's抓住女性市场这一主体——对25～44岁的女性定性研究表明，牛仔是她们青春的见证，而"贴身"是她们最关心的。多数女性需要的是腰部和臀部都很合身且活动自如的牛仔服，据测，她们平均要试穿16件牛仔裤才能找到一件称心如意的。于是，Lee's聪明地定位于此。在设计上一改传统的直线裁剪，突出女性的身材和线条，并专为这些女性开发出一种五兜夹克服，其代表产品是"休闲骑士"牌（RelaxedRider）。曲线的牛仔迎合了女性的审美心理，这一创新可以说是服装业的一次革命，而这一创意也为Lee's的成功奠定了基础。

2. 广告文案执行目标市场策略

广告文案的目标市场策略的提出，是企业产品在细分市场的基础上对其中的部分或全部目标市场实施整合营销的产物。即对不同的消费对象极其特殊的需求予以有针对性的诉求与引导，以达到有效地吸引受众进入细分市场，产生购买欲望和购买行为的效果。广告文案的目标市场策略的提出，是广告文案创作走向成熟的重要标志，它是企业产品在细分市场的基础上对其中的部分或全部目标市场实施整合营销的产物。

广告文案的目标市场策略是依据企业的产品特性（功能、类别、效用、价格等）和目标市场的特性（性别、年龄、经济收入、文化信仰、家庭结构、购买态度、购买方式、所在地域等）以及消费者的需求（满足日常生活、工作的基本需求，或满足"享乐型"和"超前型"消费需求以及其他满足内在精神、情趣的需求）等因素制订的。由此，在广告的市场策略上必然产生相应的广告文案的目标市场策略，即不同的目标群体及其特殊的需求予以有针对性的诉求与引导。

（1）针对产品特性的广告文案写作　大部分的广告主要目的在于促进产品销售。产品能否对消费者产生吸引力，主要在于产品的个性与特色所产生的魅力。李奥·贝纳认为成功的广告文案就是说出产品本身固有的刺激和与生俱来的特性，他说"每件商品都有戏剧化的一面，我们的当务之急，就是要替商品发掘出其特点。"

《天喔瓜子·煮的考验篇》影视广告文案

瓜子：精英们！想要成为入味十分的天喔煮瓜子，你们必须经受煮的考验。

瓜子甲：是真的吗？

瓜子乙：是煮的。

瓜子：以下几种情况将被淘汰，①半路浮起来的；②不肯入味的。

瓜子甲：啊，是真的啊！

瓜子乙：都说了是煮的！

瓜子：不要吵！现在，我们的目标是……

瓜子们：入味十分！入味十分！

瓜子：出发！

旁白：入味十分，才是天喔煮瓜子！

（2）针对目标市场特性的广告文案写作　以特定的目标市场为目标进行文案写作，越来越成为广告与目标消费者沟通的重要前提。具体来说，文案写作所传递的信息是针对什么样的目标消费者，这些目标消费者有什么特性。他们接触文案后是否可以理解和接受，能否产生购买欲望和购买行为。

《东三福方便面·振兴东北篇》广告歌文案

推开窗时长白山，爷爷的三宝，爸妈的二人转，支援全国咱东北冲在了前。活雷锋也当了几十年，我绕着地球转了一个圈儿，还是咱东北的姑娘笑得最甜。咱东北歌星最火，小品乐翻了天；咱东北福气豪气财气，样样聚得最全。生在这儿，福分不浅，东北有福，要敢闯敢干。根在这儿，这东北更有新的改变。东北有福，东三福在你身边。

（3）针对消费者需求的广告文案写作　世界上没有任何两个消费者的需求是完全相同的，就如同天底下没有完全相同的叶子。所以文案撰稿人必须与企业一起去发现和挖掘不同个性消费者的共性需求，将其分类并寻找其追求的利益，从而用有针对性的广告文案将产品或服务推销给目标消费者。例如清嘴茶香含片的广告针对的可能是每个人都会有的一种心理需求"有口气的时候，恨不得每时每刻都刷牙"，将清嘴茶香含片的功能与消费者的心理需求做有效沟通，"两粒绿茶新清嘴，清新口气两小时，清嘴是一种美德"。

第三节 广告文案与定位策略

一、定位策略

Positioning理论又称为"定位论",其创始人是美国两位行销大师J.屈特和A.里斯。1969年在《工业营销》杂志上提出了"定位理论",当时在美国引起了轰动。1996年,屈特整理了多年来的工作经验,写出《新定位》一书,更与时代贴近,但其核心思想仍源于早年提出的定位论。

(一)定位理论含义及消费者思考模式

定位理论的先驱者A.里斯和J.屈特认为:"定位是在我们传播信息过多的社会中,认真处理怎样使他人听到信息等种种问题的主要思考部分"。定位是针对现有产品的创造性思维活动:定位始于产品,可以是一件商品、一项服务、一家公司、一个机构,甚至于一个人,也许可能就是你自己。但定位并不是要你对产品做什么事,定位是你对未来的潜在顾客的心智所下的工夫,也就是把产品定位在你未来顾客的心中。

里斯和屈特认为,定位的基本方法,不是去创作某种新奇或与众不同的事项,而是去操纵已经存在于心中的东西,去重新结合已存在的连接关系。目的是在消费者心目中占据有利的位置。定位的重点不在于产品,而是洞悉消费者内心的真实想法。

在屈特1996年撰写的《新定位》一书中列举了当前消费者的五大思考模式:

模式一:消费者只能接受有限的信息。在信息爆炸的今天,消费者会按着个人的喜好、经验或者情绪,选择接受相关信息。能够引起兴趣的产品种类,就具备进入消费者记忆的先天优势。

模式二:消费者好简烦杂。消费者比较喜欢简明扼要的信息,信息简化可以集中力量将一个诉求重点打入消费者心目中。

模式三:消费者缺乏安全感。消费者为了免除花冤枉钱或被朋友批评的危险,被迫买跟别人一样的东西,这是缺乏安全感的表现。

模式四:消费者对品牌的印象不会轻易改变。虽然一般认为新品牌有新鲜感能够触动消费者,但是消费者脑子里记忆的信息,还是耳熟能详的东西。

模式五:消费者的想法容易失去焦点。产品多元化增加了品牌多元化,但却是消费者对原有品牌的印象模糊了。

大卫·奥格威在他20世纪80年代初出版的《奥格威谈广告》中写到:"'定位'是行销专业的热门话题,但是对于这个名词的定义却没有一个定论,我自己的定义则是'这个产品要做什么,是给谁用的'"。他列出了28项创造具有销售力的广告方法,其中排在第一位的就是"定位"。他把定位作为广告创意的原点,认为一旦定位失准,创意就会走弯路甚至迷失方向。

(二)定位策略要点

发现消费者的需要并满足消费者的需要,真正了解消费者,从消费者的角度看产品和广告。"定位理论"的核心就是主张在广告策略中运用一种新的沟通方法,创造更有效的传播效果。其基本要点有以下四个方面。

1. 广告活动的目标是使某一品牌在目标受众的心目中占有一席之地

定位既是针对产品，又是针对某项服务、某家公司、某个组织或者某个个人，但定位并不是要求你对产品本身做什么改变，而是对那些有可能成为某个品牌的消费者或潜在消费者的心目中对该品牌的看法予以改善或强化。因此，定位的目的是在潜在消费者心目中为品牌占据一个有利的位置。

在传播资讯过剩的社会里唯一能够取得效果的方法就是把火力集中在准确的目标市场，也就是"定位"。广告创意要解决的问题并不全在产品之内，也不在创作者的主观认识，而是如何尽可能用简洁明确的信息向消费者传播他们乐于接受的信息，只有这样才能使广告品牌的信息占据潜在消费者大脑中的一个位置，从而达到切实有效的理想的传播目标。

2. 广告要为产品创造出独特的位置

广告策略要尽力表达"第一"的概念，尤其是"第一说法、第一事件、第一位置"等。因为人们大都对第一的事物有兴趣，在消费者心目中形成难以忘怀的、不易混淆的优势效果。比如，大部分人都知道世界第一高峰是喜马拉雅山的珠穆朗玛峰，第一位在月球漫步的是阿姆斯特朗，第一位获诺贝尔奖的华人是杨振宁。但是很少有人能够知道世界第二高峰叫什么名字，第二位在月球漫步的是谁，第二位获得诺贝尔奖的华人是谁。

所以，在广告策略的思考过程中，如果能够为产品建立第一的位置无疑会具有巨大的市场优势。广告活动最为理想的传播目标是使广告产品在潜在消费者心目中占据第一的位置。

3. 广告要显示和突出品牌之间的类的区别

广告表现出的差异性，并不是指出产品的具体特殊的功能利益，而是要显示和突出品牌之间的类的区别。由于消费者每天都要接触大量的广告资讯，尤其是同类产品的广告资讯，广告效果会大打折扣。因此广告策略必须另辟蹊径，努力在广告中表现出广告品牌与同类品种在类别上的差别。例如，定位理论的经典之作七喜汽水的"非可乐"定位就是在可乐市场无法进入的情况下提出的新的产品类别。

4. 定位要取得"先入为主"的效果

产品的"定位"不一定是同类产品所没有，而是竞争产品所没有说、没有注意，但对消费者却具有巨大吸引力的内容。独特的定位是品牌重要的市场优势，或者是品牌获得市场优势的重要手段。这样的定位一旦建立，无论何时何地，只要消费者产生了相关的需求，就会自动地首先想到广告中的这种品牌或这家公司的产品，达到"先入为主"的效果。

（三）主要定位策略

广告主在广告宣传中，为了实现广告本身的目的，以品牌、包装、价格、服务、品质等为诉求点，使广告信息有效地传达给消费者，并把确定产品在消费者心中的位置作为广告的主要内容。下面分别从实体定位和观念定位两个方面来讲述主要定位策略。

1. 实体定位策略

（1）产品功效定位策略　产品功效定位是指在广告宣传中，突出商品的特有功效，使该商品在同类产品中有明显的区别以增强竞争力。

功效定位策略以同类产品定位为基础，选择有别于同类产品的优异性能为宣传点，直接从可以满足消费者需求的产品功效出发进行广告创意和文案撰写。例如海飞丝洗发水的定位是："止头痒，去头皮屑"（去屑功效）；潘婷的广告定位是"从发根到发梢营养头发"（滋养功效）；飘柔的广告定位是："洗发护发，双效合一"（洗护双效）。宝洁公司的这三个洗发水品牌以不同的功效定位，满足了不同需求的消费者，赢得了消费者的好感，扩大了市场份额。理光R_2数码相机在上市时强调广角光学的优点，运用恐怖片的调性为素材，在传递产品功效的同时加强了与消费者的沟通。

《理光相机R_2数位相机·灵异篇》影视广告文案

女孩甲：理光，为什么？这相片多了一个人？这风景，别的相片没有？！

女孩乙：就光学角度，理光R_2拍一般相机拍不到的，28mm超广角，拍更大画面。

旁白，字幕：恒隆行

（2）价格定位策略　当产品在功效等方面与同类产品相似，在这种情况下，广告宣传便可以用价格进行定位，使产品在价格上具备竞争优势，从而吸引更多的消费者，挖掘出更多的潜在消费者，从而在市场上占有一席之地。某药业在推出胃康灵药品时，面对市场上强大的竞争对手时提出"五块八，就卖五块八"的价格定位，在一定市场内取得了好的销售成绩。在美国汽车市场上，雪佛莱汽车凭借其在价格上的优势与日本汽车展开竞争，它的价格不但比日系车便宜，而且还可以有银行担保和分期付款的优惠，从而使美国汽车在本国市场上的销售量进入增长期。

（3）质量定位策略　在广告宣传中，通过强调产品的性能，耐用性、可靠性、经济性等使用价值的指标而进行的一种广告策略。这种广告策略在具体实施过程中应注意产品的质量要过硬，广告不能浮夸，要运用生动形象的语言，给消费者真实的承诺。农夫果园"三道关"的理性诉求，让受众从更理性的角度对产品产生好感。以理服人，不但体现了产品的高品质、好营养，更体现出企业一贯以来坚持精益求精的态度。

（4）市场定位策略　市场定位策略是指市场细分策略在广告中的具体运用，将产品特有的目标市场作为广告宣传所针对的市场。如优卡丹是感冒药，但是为了在众多感冒药中突出自己的特色，它着眼于市场限定，把自己的目标瞄向了儿童，"家有儿女，常备优卡丹"。江中健胃消食片也推出了"儿童装"，从而使自己成为特定市场中受欢迎的药品。

（5）造型定位策略　在广告宣传中，利用消费者的视觉与知觉等心理特征，以产品外观、图案、橱窗商标等作为广告的诉求点，向消费者传递情感和产品信息。这种定位策略不仅包括形状、色彩、光线和空间的深度等视觉信息，还包括温度、味道、声音等知觉信息。通过视觉与知觉的刺激，引起消费者心理上不同的反应，激发其购买欲望。

（6）色彩定位策略　在广告宣传中，利用不同地区、不同民族的消费者对色彩的认识的差异，来促进消费者的购买行为的广告策略。这种策略必须要明确色彩在不同目标市场所具有的寓意，以及色彩在消费者心目中产生的联想。例如三精药业葡萄糖酸钙口服液"蓝瓶的"概念是运用色彩定位比较成功的案例之一，通过蓝色的色彩联想，智慧、纯净、充足、好喝等概念深入人心，蓝瓶的定位形成了明显的品牌区隔，其独特的诉求和创意表现具有很强的说服力，使受众对品牌产生认知和认同，实现了广告的功利性目的和传播价值。

（7）历史定位策略　在广告宣传中，以产品或企业的历史优势为定位，将企业或产品沉淀的历史底蕴挖掘出来作为广告形象独特的要素来加以彰显。历史定位在目前的很多城市的推广宣传中运用的比较广泛，比如河北邯郸在宣传时运用"游名城邯郸，品古赵文化"的口号将城市的历史文化表现得十分到位。在产品的宣传中，很多产品也采用了历史定位策略，如泸州老窖依托"1573国宝窖池"推出的"国窖1573"品牌是运用历史定位策略的成功范例。

（8）服务定位策略　强调公司及产品完善的服务措施和周详的服务保证，以解除消费者的后顾之忧。例如在家电产品竞争激烈的情况下，海尔家电强调的"真诚服务到永远"就是以自己优质的服务保证产品价格的稳定和良好的品牌形象。LEXUS-RX330汽车《指路》篇的文案"无论你想去哪，一路都有完美指引，全新搭载原厂卫星导航"体现的就是产品的优质服务带给消费者的利益。

2. 观念定位策略

观念定位旨在突出产品的新意义，以改变消费者的习惯心理，树立新的产品观念。具体的观念定位策略包括三种方法：逆向定位、比附定位和是非定位。

（1）逆向定位　逆向定位是逆向思维的运用，是颠覆传统观念的定位方法。通常大多数企业的产品定位都是以突出产品的优异性能的正向定位为方向的，而逆向定位是与之相悖的方向，表示自己的产品或者企业不如别人的好。逆向定位利用社会上人们普遍存在的同情弱者和信任诚实的人的心理，反而能够使广告获得意外的收获。逆向定位在操作层面分为产品逆向定位、目标人群逆向定位、概念逆向定位、形象逆向定位四种定位方式。

产品逆向定位是指产品研发出与众不同的卖点，比如"泰宁诺"定位于"非阿斯匹林的止痛药"，显示药物成分与以往的止痛药有本质的差异。目标人群逆向定位是指对市场重新细分，将目标群体定位于竞争对手的不同的市场，比如奔驰定位于追求体面、讲求排场的大富豪，而宝马则定位于有经济实力但却自由奔放的"BOBO族"。概念逆向定位是指在广告推广中提出与主流不同的概念，比如纯净水、天然水、矿物质水、苏打水等概念的提出。形象逆向定位是指以叛逆的形象出现在大众面前，TOUS in Heaven广告形象的个性、自由、奔放针对叛逆的青年人。

（2）比附定位　比附定位是指通过与竞争品牌的比较来确定自身市场地位的一种定位策略。比附定位的实质是一种借势定位或反应式定位。比附定位策略的运用有利于品牌的迅速成长，使品牌避免受到攻击。比附定位策略并非真正的谦虚而是体现了实在风格。比附定位在操作层面分为甘居第二、攀龙附凤、进入高级俱乐部三种形式。

"甘居第二"是明确承认同类产品中另有最负盛名的品牌，自己只不过是第二而已。例如美国第二大出租汽车公司——埃维斯出租车公司在其"第二位宣言"中公开宣称"本公司与哈兹公司相比是第二位的，因此我们要在充实服务上全力以赴"。埃维斯出租汽车公司采用甘居第二的比附定位取得了成功。"攀龙附凤"在承认同类产品中已卓有成就的品牌的基础上强调本品牌在某一地区或在某一方面还可以与这些最受消费者欢迎和信赖的品牌并驾齐驱，平分秋色。内蒙古宁城老窖打出的广告语"宁城老窖，塞外茅台"，就属于这一策略。"进入高级俱乐部"利用模糊数学的手法，借助群体的声望，把自己归入高级俱乐部式的品牌群体中，从而提高自己的形象和地位。

（3）是非定位　是非定位是从观念上人为地把产品市场加以区分的定位方法。运用是非定位时需要注意挖掘产品的品牌内涵，树立独树一帜的品牌形象，同时要找准目标市场做有针对性的媒介传播。

运用是非定位最成功的案例是美国的七喜汽水。在美国甚至世界饮料市场上都是可口可乐和百事可乐的天下。但七喜采用是非定位方法，提出"七喜，非可乐"的广告口号。这一定位方法的使用，更新了消费者的观念，创造了喝"非可乐"的新消费潮流。这种"非可乐型"的构想，在人们的心目中确立了七喜汽水非可乐市场"第一"的位置，数年后七喜跃居美国市场的三大饮料之一。

运用是非定位成功的另外一个案例是星巴克"爱的第三空间"主题概念的提出，"人有两个空间，第一个是办公室，第二个是家，如果你厌倦了你的办公室，烦透了你的家，快请到星巴克第三空间，去享受你的生活"。"爱的第三空间"的提出深深地吸引了消费者，成为"非办公室"、"非家庭"的爱的空间。

二、在文案中贯彻定位策略

1. 将定位作为诉求重点

定位策略要依靠有效的广告传播才能成功。采取鲜明的定位策略的品牌，要将"定位"作为广告长期坚持的诉求重点。写作文案是要准确了解品牌定位，然后明确传达关于定位的信息。例如，阿勒斯特抗过敏药的广告文案将产品的功能作为诉求的重点，向消费者全面展示了药品针对治疗的感冒症状及药品的疗效。

阿勒斯特抗过敏药广告文案

标题：过敏证患者，您不必一面呼吸一面打喷嚏

正文：新制剂阿勒斯特专治咳嗽、流鼻涕、淌眼泪等过敏症和过敏性感冒的症状。同时，使枯草热患者不再喷嚏连天。阿勒斯特专为治疗过敏症而制造，没有任何感冒制剂或胶囊能相比。

您患了枯草热吗？您为过敏所苦吗？试试阿勒斯特，您的药剂师会为您解说的更为详细。24粒装，1.25美元；48粒装，2.25美元。

……

阿勒斯特专治过敏症和过敏性感冒。

2. 用广告语展现定位

广告语是将品牌定位用通俗易懂的语言进行清晰的描述和表达，使品牌的定位在消费者的心智中建立起清晰的品牌认知。成功的定位要长期坚持，并且不断向消费者传达，广告语正是传达这种长期不变观念的最有效的工具。采取鲜明定位策略的品牌，可以用广告语展现定位的精髓。如王老吉饮料"怕上火，喝王老吉"，表述的是基于产品功效的品牌定位。Intel奔腾处理器"给电脑一颗奔腾的'芯'"，表述的是基于技术的品牌定位。

3. 配合定位要求的风格

定位的本质是以产品本身某种有别于他人的特质、针对特定的目标市场进行营销。这种特质，常常与特定的风格相联系。广告文案应该体现定位所代表的个性和风格因素。例如，高级品——高雅、气派、尊贵；实惠的大众化品牌——经济的、生活的、实际的；历史定位——悠远、厚重的历史感；服务定位——亲切自然的态度……

每一定位策略下的广告创意都可以挖掘出这样的风格要素，写作文案首先是要将他们理解到位，然后配合准确。例如，广东增城荔枝文化村的广告宣传以"缤纷娱乐"为主题，那么运用夸张的色彩和明快的节奏的文案风格来表现正是符合产品定位的要求。

《增城荔枝文化村·缤纷娱乐篇》影视广告文案

旁白：欢迎进入超乎想象的欢乐缤纷旅程，体验惊心动魄的疯狂冒险。回归田园的惬意生活，梦想中的童话仙境，神秘、缤纷、奇趣、精彩，尽在增城荔枝文化村。缤纷游乐，一起来吧！

字幕：自然山水，风情田园。魔鬼海盗船，神秘刺激。激流勇进，心跳历险。徒手捉鱼，原始的浪漫。策马驰骋，纵情激扬。小猪狗赛跑，奇趣新鲜。急速越野，狂飙追风。蝴蝶剧场，精彩纷呈。

第四节　广告文案与诉求对象策略

广告是针对特定目标消费群体而进行的信息传播活动，其目的是使消费者对企业、产品或服务产生认知，树立消费者对企业、产品或服务的良好态度，促使消费者产生有利于企业的消费行为，加深消费者在购买后的满足。因此，广告能否针对目标消费者进行诉求，决定着广告活动的成败。

一、诉求对象策略

广告诉求对象并不是所有消费者，而是一群特定的受众，即产品的目标消费群体。广告只有针对他们进行诉求，才能达到预期的说服效果。广告诉求对象由三个因素决定：广告主的目标消费群体、产品的定位和产品购买的实际决策者，也就是说，诉求对象是广告主产品的目标消费群体、产品定位所针对的消费者，而且是购买决策的实际做出者。

1. 影响诉求对象决策的因素

作为消费者和广告诉求对象的人，总是处于一定的社会背景中，他们的生活方式、消费行为、如何接受广告诉求，受到诸多社会因素的影响。

（1）人的需求与广告诉求　消费者对产品的需要是产品使用价值与深层次心理需要的叠加。人们会根据对使用价值的需要选择品类，根据心理需要选择品牌。1943年，美国心理学家马斯洛提出的需要层次理论为广告诉求寻找与消费者需要的契合点提供了参考思路。

马斯洛将人的需求依次从低级到高级、从生理性到心理性发展划分为五个层次。

第一层次：生理的需要，包括食物、水、空气、住所、衣服、异性等。

第二层次：安全的需要，包括秩序、稳定、各种保险、避免威胁等。

第三层次：爱与归属的需要，包括追求同人交往、渴望在群体中建立良好关系、接受他人的爱也给他人爱。

第四层次：尊重的需要，包括希望自己有稳定牢固的地位、需要自尊和被他人所尊重。

第五层次：自我实现的需要，包括希望自己的潜能得到实现、希望自己越来越成为所希望的人，以及完成自己能力所及的一切事情。

很多商品或服务可以直接满足消费者的生理需要和安全需要，但很多广告作品通过给予承诺消费者更高层次需要的满足而产生巨大的吸引力。

（2）社会角色与广告诉求　社会角色就是个人在社会系统中所扮演的角色，是一种与社会地位相联系的行为。社会角色是社会地位、社会阶层的动态层面。

社会角色包括三个层次：表明他人或者社会对个人的期望的理想角色；人们自身或者与他们发生联系的人对他们角色的看待的知觉角色；一个人怎样承担自己的扮演角色。消费者的行为常常反映的是人对某种理想角色的追求，是广告中可以利用的规律，比如广告中肯定"好母亲"的角色，肯定"成功男性"的角色，肯定化妆品可以帮助女性更"时尚"、"更美丽"等。

（3）认同群体、崇拜性群体与广告诉求　绝大部分人生活在群体中，如家庭、朋友、邻居、同事等，这是人们的认同群体。许多人还有自己渴望归属的群体，即崇拜性群体。诉求对象至少在3个方面受到认同群体和崇拜群体的影响：观念、行为和生活方式；个人的态度和自我观念；人们对产品和品牌的实际选择。广告可以利用群体影响的规律，例如使用影视明星、体育明星等做代言人，表现与朋友、同事分享使用某个"好"产品的经验等。

（4）家庭观念与广告诉求　　随着家庭的小型化和子女成年后独立生活的增加，现代社会家庭观念也在发生变化。在受教育程度较高、收入良好的城市家庭中，男性不再是绝对的主宰，女性更独立自主，孩子也不再是没有发言权的角色。在部分广告中对良好生活品质的突出、对女性职业角色的肯定、对孩子发言权的尊重都体现了现代家庭观念的转变。因此，广告诉求要打破原有家庭观念的束缚，创造新的个性化的家庭观念。

2. 文案配合诉求对象策略的主要方向

在把握诉求对象的群体特性、消费需求和心理需求的基础上，广告文案的写作必须从以下3个方面配合诉求对象策略。

（1）诉求重点　　诉求对象有特定的需求，广告应该选择他们最关心、最能引起他们兴趣的信息作为诉求重点。

（2）诉求方式　　不同诉求方式对不同的人有不同的效果。一般来说，男性比较偏重于理性，女性比较偏重感性。诉求方式可以分为感性诉求、理性诉求、感性与理性结合诉求三种，后文将进行详细讲解。

（3）广告表现　　为了使广告诉求达到最好的效果，广告创意、广告形象、广告风格、审美情趣应该符合诉求对象的需求。

二、广告文案执行诉求对象策略

广告文案写作追求吸引诉求对象的注意、引起他们的兴趣、降低他们的反感、取得他们对广告信息的认同、对他们做有效说服、促进他们进行购买。广告文案执行诉求对象策略有一些创造性的具体做法。

展现诉求对象"自己"的形象是广告文案常用的诉求对象策略。广告作品通过画面和文案的配合，展现并且指明诉求对象，让诉求对象在广告中看到"自己"。这个自己从性别、年龄、造型、职业、气质、情感、行为等方面与诉求对象的特征精确吻合，给诉求对象以直观的印象。在文案写作方面，有8种方法可以使用。

1. 描述诉求对象典型个性或心理特征

这种方法能够获得诉求对象的认同，可以使诉求对象与广告建立更深层次的联系。这种方法不仅适合高度个性化的产品和高度个性化的诉求对象，而且可以运用于面向其他诉求对象的广告，只要文案可以准确体现诉求对象个性或心理特征，就可以做到有的放矢。

2. 直接点明诉求对象最典型的特征

直接点明诉求对象的典型特征，会使诉求对象觉得广告是为他而做的，从而增加对产品的兴趣和好感。例如，加拿大航空公司提出"华人往返太平洋两岸，首选加航"口号，直接点明了诉求对象是"华人"，有针对性地进行了广告宣传，获得了"华人"消费者的归属感和认同感。

广告文案还可以用创造性的方式指明诉求对象。例如，保时捷汽车一则平面广告的标题是"它就像孩子，你没有就不会理解拥有的感觉"，以巧妙的双关修辞手法吸引那些有孩子的及没孩子的消费者的眼球。

昭和文学大全集《在与你同岁时》广播广告文案

（音乐）

男性：17岁。在与你同岁时，小说家横光利一已是一名棒球少年了。

18岁。在与你同岁时，太宰治沉浸在芥川龙之介自杀报道的痛苦中。

19岁。在与你同岁时，冈本鹿子因为不能如愿地恋爱而焦虑。

20岁。在与你同岁时，川端康成在伊豆邂逅一位舞伎。

与你同岁。

文豪们，度过他们怎样的青春？

（播音员）：昭和文学，集60年成果之大成。

小学馆昭和文学全集，全35卷。

横光利一、太宰治、冈本鹿子、川端康成的处女作，现正畅销发售中。

3. 展示诉求对象熟悉的情境

广告文案的写作也可以不指明人物的特征，而以诉求对象熟悉的情境——场所、氛围、周围人群、事件，将他们拉进广告中。这种情境既可以用画面直观的展现，也可以用文案来体现。在文案写作中可以直接指明诉求对象熟悉的情境，也可以让诉求对象自己体会。

观澜国际花园平面广告文案

标题：观澜国际花园 收藏昆玉河最美一段

正文：从昆明湖顺流而下十里许至曙光码头，一段300米的河道长堤柳荫，为河之最美，天成一个上风上水的居住地——观澜国际花园。

观澜国际花园，居昆玉河左岸，远眺西山，北望43公顷森林公园和鲁艺公园，总建筑面积20万平方米，5栋弧形板楼掩映于一片葱茏中，2.06的低容积率，越多自然，生活越自然；地处三四环之间，依托便捷的交通网，快速连接香格里拉商圈、中关村科技园核心区、金融街商圈；退回归宁静的生活港湾，生活与工作尽在掌握。观澜国际花园，恬静的都市生活港湾。

4. 展现诉求对象的理想状态

诉求对象常常并不满足于他们的现状，很多消费活动都具有"实现理想"的意味。所以在广告中经常勾画出理想状态以期吸引诉求对象采取行动实现理想状态，例如，广告会表现购买化妆品可以使人美丽、买手机可以显示成功、使用好的洗发水可以让人更自信等。广告文案可以直接点明"理想状态"的鲜明特征，或者描述"理想状态"所具有的个性、行为和情感。

大众高尔夫车平面广告文案

广告语：世界经典两厢车

一汽大众：汽车价值的典范

标题：和我一样，贝尼觉得朋友越多越好

副标题：没错，高尔夫，很生活

正文：相信你也一定需要这样一部车

去记载生活中许多值得回味的细节

独具特色的第五门揭背设计

后备空间大有余地

真正符合你、宠物与欢乐，越多越有趣

原来，高尔夫可以很生活，生活可以很高尔夫

杰作天成，一见如故

高尔夫，经典名车

5. 展现诉求对象向往的情境

与人们对理想自我的向往有关，诉求对象常常将自己置身于理想的情景之中：自然的山水、温馨的氛围、摆脱纷扰的自由自在、倾慕、赞赏……这些诉求对象向往的情境在广告中可以通过画面或者以文案的形式描摹。

例如蓝光集团诺丁山国际社区的影视广告用唯美精致的画面配以富有渲染力的心境旁白，营造出受众向往的纯正英伦风情的生活意境。

《蓝光集团·诺丁山风情篇》影视广告文案

旁白：享受阳光中的SPA，感受莎士比亚的浪漫主义，将自己置身于莫奈的画中，我在诺丁山。英伦风尚，国际社区，蓝光·诺丁山。

诉求对象向往的情境还包括对成功人生的向往。在马斯洛的动机理论中，将人的需要划分为"生理需要"、"安全需要"、"爱与归属需要"、"自尊需要"、"自我实现的需要"，其中"自尊需要"和"自我实现"需要用社会价值衡量标准来概括的就是"成功"。未成功者去追求成功，成功者去坚守成功，成功已经成为了大众的普遍需求。

现代广告中通常塑造两种类型的成功者形象：一种是真实具体的成功者，如广告中出现的各种明星名人；第二种是"概念性"的成功，广告中出现某一形象，作为成功者的代表。广告通过文案和画面刻画成功人物外在形象的细节和内在的性格特征，展示这一类人的消费行为模式以及他人对成功者的倾慕。

例如上海桑塔纳2000轿车上市期的广告，可以看成是广告塑造的"成功者"形象的范例。

标题：并非所有的人都能真正懂得它所代表的含义

正文：面对火箭升空，人们更多的是陶醉于它那扶摇直上的雄姿、雷霆万钧的气势，只有少数人从火箭每一米的上升高度，来测量人类创造力的无限，感受科技进步的美妙。24小时之内，作为中德科技多年合作的辉煌结晶的另一种创造力与进步的代表。它就要出现在你的面前了，也许你已经焦急地等待了好几天，那么现在你真的可以暂时放下手边的事，平心静气，拭目以待——一个振奋人心的时刻，它的到来已经进入倒数计时了。

广告语：卓然出众，彰显尊荣。

桑塔纳2000轿车"大众瞩目"的概念，在文案的撰写过程中被赋予了更丰富、更具体的内容。这次广告活动的系列广告标题，让我们看到在广告表现过程中文案的创意力量。

并非所有的人都懂得它所代表的含义。

并非所有的新生事物在它诞生过程中就能成为万众瞩目的焦点。

并非所有的人都能亲自体会成功的荣耀。

并非所有的人都能赢得这样的热烈欢呼。

并非所有的新车在它刚刚面世的时候就能赢得如此的万众瞩目。

不是所有的豪华轿车都能恰如其分地称得上豪华。

不是每一部豪华车都让你觉得物超所值。

6. 提供诉求对象需要搜寻的资讯

诉求对象在做出商品购买决策之前要经过或长或短的资讯搜寻阶段。广告文案撰写可以为诉求对象答疑解惑或者提供新知，为购买决策提供有利支持。

提供资讯的文案写作方法是找到人们对商品有哪些普遍性的疑问，然后明确解答。例如，对于食品人们想听到的不是"更有营养"，而是"有什么营养"。新产品广告文案可以提供新知满足诉求对象的好奇心，建立他们对产品的认知。例如欧米茄手表的报纸广告文案提供了详细的企业及产品资讯，获得了人们对欧米茄这一品牌的认可。

瑞士欧米茄手表报纸广告文案

标题：见证历史 把握未来

正文：全新欧米茄碟飞手动上链机械表，备有18K金或不锈钢型号。瑞士生产，始于1848年。对少数人而言，时间不只是分秒的记录，亦是个人成就的佐证。全新欧米茄碟飞手表系列，将传统装饰手表的神韵重新展现，正是显赫成就的象征。碟飞手表于1967年首度面世，其优美典雅的造型与精密科技设计尽显尊贵气派，瞬即成为殿堂级的名表典范。时至今日，全新碟飞系列更把这份经典魅力一再提升。流行的圆形外壳，同时流露古典美态；金属表圈设计简洁、高雅大方，灯光映照下，绽放耀目光芒。在转动机件上，碟飞更显工艺精湛。机芯仅2.5毫米薄，内里镶有17颗宝石，配上比黄金还贵20倍的铑金属，价值非凡，经典时计，浑然天成。全新欧米茄碟飞手表系列，价格由八万至二十余万元不等，不仅为您昭示时间，同时见证您的杰出风范。备有纯白金、18K金镶钻石、18K金，及上乘不锈钢款式，并有相配衬的金属或鳄鱼皮表带以供选择。

广告语：欧米茄——卓越的标志

7. 针对问题，提出解决之道

有针对性地提出诉求对象正在遭遇或者可能遇到的问题，并且提供恰当的解决之道，能够帮助广告获得消费者的关注。许多广告采用这种方式。如"白加黑"感冒药针对感冒人群服药后白天瞌睡、夜晚难眠的问题，提出"白天服白片，不瞌睡；夜晚服黑片，睡得香"的广告口号。下面的百服宁广告文案，针对现代社会中工作压力大、生活节奏快、头痛问题频发的现实，提出"头痛会影响健康，妨碍事业"的问题，并建议以服用百服宁作为解决之道。

百服宁广播广告文案

社会越进步，生活越忙碌，头痛的人也越多。头痛会影响将来，妨碍事业，所以请您不要忽视。

由美国必治妥大药厂出品的百服宁，是治疗头痛的有效良药，能迅速产生效果，并且不伤胃肠。

当您头痛时，请服百服宁，百服宁保护您！

需要注意的是，广告所提出的问题必须是切合实际的，不能故弄玄虚，否则会引起消费者的反感。提出的解决问题的办法必须是真实有效的，否则会失去消费者的信任。

8. 呈现诉求对象易于接受的视听要素

广告呈现视听要素的风格关乎能否接近和打动特定的诉求对象。如何向特定的诉求对象呈现契合他们心理的视听要素，要靠文案人员对生活的细致观察和细心体验来把握。从年龄层面对诉求对象进行考察，可以概括出特定群体的基本特征。

儿童：喜欢活泼、欢快的广告，尤其是卡通和儿歌的广告形式。

少年：喜欢展现轻松、活力的广告，尤其是劲歌劲舞的广告形式。

青年：喜欢展现自由、个性的广告，尤其是个性明星代言的广告形式。

中年：喜欢展现稳重、成熟、自信的广告，尤其是成功意味的广告内容。

老年：喜欢凝重、富于人情味的广告，尤其是亲情和健康的广告内容。

例如日本寿司饭店三得利酒广告是完全诉诸于听觉的广告，充分借助想象，营造出一种立体的情境：绘声绘色的语言描述、音乐背景和音响效应使SANTORY酒色、声、味融于一体，既给人以听觉享受，又触发视听联觉，启发味觉，视、听、嗅在人们心理感受上互相联系和转化，形成通感和联想效应，达到"余音绕梁、三日不绝"的效果。

日本寿司饭店三得利（SANTORY）酒广播广告

在日本第八届民间广告电台大会上，日本寿司饭店SANTORY酒的广播广告以其独到的创意和效果获得最佳奖。该广告以"百人音乐会"的形式，向听众介绍SANTORY酒。

解说：各位晚安，"百人音乐会"这个节目由具有60年制造洋酒历史的寿司饭店向您提供，欢迎收听。

音乐：肖邦作品，溪流、鸟鸣。

解说：人生短暂，艺术长久，优秀的作品经得起悠久岁月的考验。同样，发挥杰出创造力而生产的优秀威士忌，也经得起岁月的检验。具有60年传统的世界名酒SANTORY，是日本最适宜酿造洋酒的地方——山崎出品的。在木桶内无声透明的东西夜以继日地沉睡着，10年、20年、30年，随着时间的流逝越陈越香。

音响：清脆的开木樽声。

解说：朋友们，酒桶已经开了，满室都飘荡着一股SANTORY酒的芳香。看！一滴滴像琥珀一样发着光芒。陈年的好酒，正像是古典音乐的馥郁。

音响："咕咕"斟酒声，冰块落入杯中的"叮当"撞击声。

音乐：带有田园色彩的舒缓乐曲轻轻飘荡。

解说：您现在最好的伴侣是一杯放冰块的世界名酒SANTORY和一首世界名曲，让自己完全沉浸在美妙的境界里。

第五节　广告文案表现内容的选择与确定

一、广告文案表现的内容

广告文案是语言与艺术的结合体。广告表现是广告创意的承载者，是将广告创意完整而准确地表达出来的重要步骤。大体上来说，广告表现包括两大内容，即文字上的表现——广告文案和艺术上的表现——广告设计。广告文案表现与广告艺术表现在广告表现过程中具备同等的重要性。

广告文案表现的内容是指广告作品中所表现的信息内容和表现方式。主要包括广告信息、诉求方式、沟通调性。

1. 广告信息

广告信息是广告作品必须承载的有关商品或服务的相关信息，主要包括产品或服务信息、竞争对手信息、目标消费者信息等。

（1）关于产品信息　主要包括产品的原料、制造流程、功能特征、产品优势等信息。

例如，Lucky Strike香烟"是烘焙过的烟"、喜立滋啤酒的瓶子都经过"蒸汽消毒"。先行提出了同类产品中的某项与众不同的产品特性或者品质。而达彼斯广告公司创作的"M & m's巧克力只溶于口，不溶于手"、"高露洁使你口气清新，更给你洁白的牙齿"等经典广告文案，影响深远。

（2）关于竞争对手信息　主要包括谁是产品的竞争对手，竞争产品的特点，竞争对手的企业情况、产品销售情况，竞争对手的产品广告的表现内容和表现特点。埃维斯出租汽车公司的广告文案承认了竞争对手的强大，但也表达了自身的不甘示弱。

在汽车出租业中

埃维斯只是第二

如此，为什么仍乘坐我们的汽车？

我们更为努力

我们只是无法忍受肮脏的烟灰缸，或者半空的油箱，或是旧了的拭雨刷，或是未加洗刷的轿车，或是充气不足的轮胎，或是调整座位的调整器，加热的加热器，除霜的除霜器，还有不重要的任何事物。

显然我们在全力以赴地追求完美。让你出发时能有一辆活泼、马力充足的福特新车，以及愉快的微笑。嗯，让你知道在DULUTH的什么地方能买一个又好又热的五香牛肉三明治。为什么？

因为我们无法让你白白地照顾我们，下一次请乘坐我们的车，我们柜台前排的队比较短。

（3）关于目标消费者信息　目标消费者的生活方式和价值体系，目标消费者的生活方式和消费倾向，目标消费者对消费的评价和倾向。下面我们欣赏一下美国当代著名的广告文案撰稿人David Abbott撰写的Chivas Regal威士忌酒广告文案，从中去了解产品目标消费者的信息。

Chivas Regal威士忌酒广告文案

因为我已经认识了你一生。

因为一辆红色的Rudge自行车曾经使我成为街上最幸福的男孩。

因为你允许我在草坪上玩蟋蟀。

因为你总是在厨房里腰上围着茶巾跳舞。

因为你的支票本在我的支持下总是很忙碌。

因为我们的房子里总是充满书和笑声。

因为你付出无数个星期六的早晨来看一个小男孩玩橄榄球。

因为你坐在桌前工作而我躺在床上睡觉的无数个夜晚。

因为你从不谈论鸟类和蜜蜂来使我难看。

因为我知道你的皮夹中有一张褪了色的关于我获得奖学金的剪报。

因为你总是让我把鞋跟擦得和鞋尖一样亮。

因为你已经38次记住了我的生日，甚至比38次更多。

因为我们见面时你依然拥抱我。

因为你依然为妈妈买花。

因为你有比实际年龄更多的白发，而我知道是谁帮助它们生长出来。

因为你是一位了不起的爷爷。

因为你让我的妻子感到她是这个家庭的一员。

因为我上一次请你吃饭时你还是想去麦当劳。

因为在我需要时,你总会在我的身边。

因为你允许我犯自己的错误,而从没有一次说"让我告诉你怎么做"。

因为你依然假装只在阅读时才需要眼镜。

因为我没有像我应该的那样经常说谢谢你。

因为今天是父亲节。

因为假如你不值得送Chivas Regal这样的礼物,还有谁值得?

2. 诉求方式

广告是一种说服活动。说服是通过一定诉求来影响接受者的情感、认知和行为倾向。广告诉求主要有三种诉求方式:一是主要作用于情感的感性诉求;二是主要作用于认知的理性诉求,三是同时作用于诉求对象的认知和情感的情理结合诉求。

采用什么样的诉求方式,主要由产品品类和目标消费者消费行为的典型特征决定的。扩展型决策的消费者适合使用理性诉求,进行实际购买利益的说服。而名义型决策的消费者适合感性诉求,唤起消费者情感上的好感和向往(第四章将针对这一问题进行详细论述)。

3. 沟通调性

广告的沟通调性指的是广告作品综合各种形象符号和语言符号所表现出来的整体氛围、风格和美感。广告沟通调性的确立有两个重要依据:一是诉求对象,二是品牌形象。广告在呈现诉求对象接受而且认同的调性的同时也必须呈现符合品牌形象的调性。

广告诉求对象和产品的品牌形象各不相同,广告的沟通调性也难以做到精准阐述。比如同是日用品,大众化的洗涤剂可能选择"生活化的形象,轻松、温馨的氛围,洁净的感觉",而高档的洗涤剂则可能选择"雅致的形象,有情调的、清新的、舒适的氛围"。下面欣赏一下定位于"爱在(高端)家庭"的梦洁家纺的广告文案,感受温情、华贵的沟通调性。

流苏:价值600支Holland玫瑰;靠枕:价值400块Swiss巧克力;床罩:价值80餐Club烛光晚宴;营造有品位的生活,是要有一点点花费的。

二、广告表现内容选择和确定的依据

1. 符合广告的目的

广告目的是广告表现内容选择和确定的首要依据。广告目的是广告活动的总目的与广告表现目的的和谐统一。

广告目的一般分为产品广告目的和企业广告目的两种类型。产品广告目的包括提高产品的知名度和美誉度、建立产品与消费者关联度、推动产品销售。企业广告目的包括提高企业的知名度和信任度、改变消费者对企业的印象和态度、树立企业形象与社会责任、增进与消费者的情谊、建立良好的公共关系、促进企业长远发展等多种目的组成。文案撰稿人应寻找到一种与广告目的具有相关性的表现内容,才能使广告表现充分达到广告目的的要求并将其实现。

在乔治·路易斯的广告作品《"雷诺"转的圈比其他轿车都小》中,广告表现的内容符合雷诺汽车展示产品独特的外观以及优异的性能的广告目的。

"雷诺"汽车广告文案

标题:"雷诺"转的圈比其他轿车都小

轿车的转弯周长是以前保险杠上的一个点位基准测量的。

例如一辆"雷诺"王妃车可以在一个直径32英尺的圈里转弯。("雷诺"的4VS只需要30英尺。真是小甲壳虫。)它可以做非常小角度的调头，在狭窄的私人车道上进退自如，可以穿过拥挤的车流，可以在其他车子的转圈圆周里转圈。

我们不知道有哪种车比它更容易操纵。后轮的驱动力将重量由前轮分散到后轮。停车时，只用一根手指就能转动方向盘。只用非常自然的力量就能轻松驾驶。

你的汽车销售商会证明给你看。他可能还会提到"雷诺"的其他天才之处：在冰面上不可思议的驱动力，使用普通汽油每加仑行驶里程多达40英里。想想看吧。

2. 符合目标对象的特征

广告信息内容和表现题材应符合广告对象的心理需求、生活习惯、产品使用情境、外界信息接受等特点。

（1）利益点诉求符合目标对象的特征　用目标消费者利益倾向来挖掘广告信息中的利益点。每一个消费者，对产品的利益点都有着自己先验的或理想的需求。要针对目标对象对利益点的特殊需求，进行有针对性诉求内容的选择。例如，凯迪拉克汽车给消费者的就是被尊重和获得成功的特殊利益点。

凯迪拉克汽车广告文案

标题：出人头地的代价

正文：在人类活动的每一个领域，得到第一的人必须长期生活在世人公正无私的裁判之中。无论是一个人还是一种产品，当它被授予了先进称号之后，赶超和妒忌便会接踵而至。在艺术界、文学界、音乐界和工业界，酬劳和惩罚总是相同的。酬劳就是得到公认，而惩罚则是遭到反对和疯狂的诋毁。……这一切都没有什么新鲜，如同世界和人类的感情——嫉妒、恐惧、贪婪、野心以及赶超的欲望一样，历来就是如此，一切都徒劳无益。如果杰出人物确实有其先进之处，他终究是一个杰出者。杰出的诗人、著名的画家、优秀工作者，每个人都会遭到攻击，但每个人最终也会拥有荣誉。不论反对的叫喊如何喧嚣，美好的或伟大的，总会流传于世，该存在的总是存在。

（2）表现题材选择符合目标对象的特征　表现题材符合目标对象的特征，是指在广告文案撰写中借助与目标消费者具有相同特征的人物、场景、情节来表现目标对象的特征，表现题材上符合目标消费者的生活阅历与兴趣爱好。在小霸王学习机的电视广告作品中利用儿童熟悉的场景，运用儿歌的形式来表现广告文案内容，都体现了表现题材选择符合儿童这一目标对象的特征。

小霸王学习机电视广告文案

你拍一，我拍一，小霸王出了学习机。

你拍二，我拍二，学习游戏在一块儿。

你拍三，我拍三，学习起来很简单。

你拍四，我拍四，包你三天会打字。

你拍五，我拍五，为了将来打基础。

你拍六，我拍六，小霸王出了486。

你拍七，我拍七，新一代的学习机。

你拍八，我拍八，电脑入门顶呱呱。

你拍九，我拍九，21世纪在招手。

你拍十，我拍十，现在去买还不迟。

（3）表现风格符合目标对象的特征　不同的人有不同的语言风格，不同的人喜好不同的语言风格。目标对象是知识分子阶层，文案的语言应该使用知识分子们的特殊语言风格，目标对象是一般市民，在文案中最好以市民风格的语言出现。只有以符合目标对象的语言风格与之进行沟通，文案的沟通力才能得以实现。在伊利牛奶《专家篇》影视广告中出现了奶牛专家、营养专家、选奶专家还有儿童"喝奶专家"的角色，在这则广告中对不同人物语言风格的表现十分到位。

伊利牛奶《专家篇》广告文案

奶牛专家：来自天然，我敢说，这才是品质纯正的好牛奶。

营养专家：每天一杯好牛奶，才能帮你提供均衡营养。

选奶专家：选好奶，全家听我的。

旁白：天然纯正，专家信赖，伊利纯牛奶!

男孩：我是喝奶专家!

3. 文案表现形象生动

在众多的广告素材当中，文案撰稿人要善于发现具备形象感和表现性的信息元素。只有具有形象感的信息才是具有感染力的，所以在确定表现内容时要尽量使用具有形象感的素材和信息来表现。文案撰稿人的一个十分重要的工作就是寻找具备形象感的表现内容，并将产品富于表现力的独特功能和形象的表现题材相结合。例如在白兰氏《沉默的肝》的广告中，通过字幕的形式向受众传递了可以感知的广告形象和广告情节。

白兰氏《沉默的肝》广告文案

字幕：头痛、喉咙痛、胃痛、肝痛。肝是沉默的器官，即使70%已经坏死，它照常工作，从不请病假。肝苦谁人知，白兰氏。

[思考与讨论]

1. 什么是创意策略，如何去制订创意策略?
2. 常见的实体定位方式有哪几种，代表性的广告都有哪些?
3. 如何选择和确定广告表现的内容?
4. 广告文案执行诉求对象策略具体的做法有哪些?

[实践与实训]

任务一：假设你得到一个销售任务，向本学校的女同学推荐一款时尚的笔记本电脑，你会如何勾勒出这一目标群体的特征。

任务二：阅读一期报纸，试着区分其中广告分别基于什么样的定位策略。

任务三：选择几则不同的服装品牌的影视广告，对不同品牌产品的诉求对象策略进行分析。

知识要求：知道广告文案写作的程序；明了广告文案写作准备的基本内容；了解广告文案的分类类型；理解广告文案语言的修辞方法；理解广告文案写作的诉求方式。

技能要求：掌握广告文案创作前期准备的内容和方法；能运用广告文案创作的构思方法创作广告文案；掌握广告文案基于不同标准的写作分类；掌握广告文案写作主要的语言修辞技巧；掌握广告文案写作的诉求方式。

开篇案例

ThinkPad R60 双核笔记本电脑广告文案

标题：坚，固不可摧

ThinkPad R60 双核笔记本

广告语：双核无限可能

正文：品质和稳定性为笔记本电脑之根本。全新 ThinkPad R60，正是坚固如钢铁的上乘佳作。它采用双核处理器，装备五重硬盘保护技术，设防之严密，无出其右；更有独特的镁制防滚架，为内部组件提供金钟罩般防护；而享誉世界的散热设计——三级散热系统，快速均匀地散发热量，带来冷静的系统平台，双核处理器动力再强劲，亦可尽情挥洒。创新的系统设计，随时消除隐患，化解意外，无价数据自然高枕无忧。这就是为您时刻坚守的 R60，只需一次投入，即可获得坚不可摧的业务运行平台。

五重硬盘保护	三级散热系统
镁制防滚架	真空双散热管
硬盘减震器	键盘对流
减震双导轨	温控风扇
硬盘防护罩	
APS硬盘保护技术	

第一节 广告文案写作的程序

成功的广告能在瞬间拨动消费者的心弦，创造巨大的经济效益。当然成功的广告离不开成功的广告文案。如ThinkPad R60双核笔记本广告案例，广告文案紧紧围绕ThinkPad R60双核笔记本的特性和笔记本电脑消费者最关心的需求大做文章，激发起消费者购买欲望。这显然是一则成功的广告文案，然而成功的广告文案创作绝非是轻而易举的。它和其他文体的创作一样，有其固有的规律、程序和方法。在学习广告文案写作之前，学生都有过其他文体的写作经验，如记叙文、说明文、议论文等的写作，从中知道凡写作都要经过准备、构思、起草和修改等程序。广告文案的写作也不例外，只不过在准备的内容、创作的目的、构思创意的方法等方面存在着一定的差异。广告文案是一种目的性极强的商业写作。广告文案作为广告的有机组成部分，它总是以商品推介和营销为根本目的的，广告文案的成功与否在于是否能打动广大的消费者，在于是否推动了商品的畅销。那么，如何才能写作出好的广告文案呢？首先必须了解和熟悉广告文案的写作程序。

一、广告文案写作的准备、构思、撰写和修改

（一）广告文案写作的准备

任何写作首先都要收集丰富的素材，然后根据写作目的对素材进行加工、整理、升华，最后形成作品。广告文案写作也是如此。广告文案写作是为广告服务的，广告又是为商品推介、销售服务的，即为商品生产厂（商）服务的。广告是商品生产厂（商）和广大消费者之间的桥梁、纽带。因此，作为广告文案人员，要想创作成功的广告文案，就必须熟悉商品，充分了解商品生产厂（商）的广告策略和目标，了解广大消费者的消费心理和消费需求，洞悉商品在市场上的销售情况和变化趋势。也就是说，广告文案创作人员在文案写作前，应对商品、消费者、市场等方面的情况了然于胸。广告文案写作前首先要收集与商品、消费者以及市场等广告商品相关资讯。

1. 广告商品资讯、情报的采集内容

广告文案的创作前期，广告商品资讯、情报的采集内容主要包括以下5个方面。

① 企业在社会及市场上的形象、地位、优势和企业文化的特点等。

② 商品的品牌形象、在市场上的占有率及在消费者中的印象，商品的特性、功能、价格、服务和独特卖点，在媒介上的投放情况。

③ 消费者的物质需求、心理需求，消费者的性别、年龄、职业、消费水平等特征。

④ 市场上同类商品的占有率，市场需求和反映等。

⑤ 媒体、媒体用途及广告刊播配置的调查研究。

广告商品资讯、情报是广告文案创意和写作的主要依据，广告文案人员必须对之有全面而深刻的认识，才有可能发现商品或服务与目标消费者之间存在的关联性，才会有切合广告销售目的的文案产生。不掌握充分特定的资讯，广告文案创作就成了无源之水、无本之木。广告创意和文案创作的过程，实际上就是广告文案人员运用所掌握的知识和商品资讯去重新整合的过程。美国最优秀的广告文案巨匠之一大卫·奥格威，刚投身广告界的时候就是一个

市场调查员，在长期的市场调查工作中积累了丰富的经验，对商品、市场、消费者的需求都十分熟悉，使他在广告文案写作中得心应手。

2. 广告商品资讯、情报采集的基本方法

广告商品资讯、情报采集的基本方法主要有两种：一种是通过基本调查研究来获取，即直接从市场、商品厂家、广告主、广告受众、批发商、代理商、零售商、竞争企业、媒体单位等处获取资料，也叫收集第一手资料；另一种是通过次级调查研究来获取，即间接地从网络、书籍、报刊、出版物、公开报表、政府文件等处获取资料，这也叫第二手资料或称案头调查。

具体的方式如下。

（1）观察法　观察法是指广告从业人员通过对产品生产现场、商品销售现场等的直接观察、调查了解来获取有关资讯的一种调查采集方法。

（2）问卷法　问卷法是广告文案资料采集中最常见的一种方法。使用问卷法一般都是在测量对象较多的情况下进行的。按选取对象的方式，问卷法可分为全面调查、典型调查、抽样调查；按调查进行的方式，问卷调查又可分为入户调查法、街头调查法、电话调查法、邮寄法、网上调查法等多种。

① 入户调查法：是调查人员上门深入家庭直接接触被访对象的一种调查方式。这种方式问卷的回收率高，正答率高，有效率高，但比较耗费时间及人力、财力。

② 街头调查法：简称街访，是指在目标对象常出现的街头、路边，或人流量较大的购物休闲场所、居民小区等地所作的现场调查。

③ 电话调查法：即用电话访问目标对象的调查方式。这种方式非常简便、快捷和经济，但受访对象可能不厌其烦而拒绝访问调查。

④ 邮寄法：即将问卷邮寄给用户，由用户作答后回寄给调查者。大规模大范围的调查活动常用此法。

⑤ 网上调查法：即将问卷发表在互联网上，由点击页面者自愿作答。网上调查具有时效性、趣味性和保密性强的特点，且操作简单，花费最少。不管用什么方法都要精心设计问卷调查表，并根据调查表的统计分析，得到准确的数据资料。

下面附一则NIKE市场问卷调查表，供同学们参考学习。

作为享誉全球的运动服饰品牌——NIKE，正等待倾听您的心声。

（1）请填写个人资料

性别：男（　）女（　）

年龄：小于16岁（　）　16～30岁（　）　31～50岁（　）　50岁以上（　）

职业：学生（　）　白领（　）　一般职工（　）　自由职业者（　）

收入：500元以下（　）　500～1000元（　）　1000～5000元（　）　5000元以上（　）

（2）您是否喜爱运动？

是（　）否（　）

（3）您是否经常购买运动系列的用品？

是（　）否（　）

（4）您是否听说过"NIKE"这个品牌？

是（　）否（　）

（5）您是否观赏过"NIKE"的广告？

是（   ）否（   ）

（6）您对"NIKE"的了解有多少？

很少（   ）　一般（   ）　很多（   ）

（7）您对"NIKE"的印象如何？

不好（   ）　一般（   ）　好（   ）

（8）您觉得"NIKE"市场的主要竞争对手是：

彪马（   ）　阿迪达斯（   ）　锐步（   ）　匡威（   ）

（9）您是否购买过"NIKE"的商品？

没有（   ）　偶尔（   ）　经常（   ）

（10）您对"NIKE"的商品质量是否感到满意？

不满意（   ）　一般（   ）　满意（   ）

（11）您对"NIKE"的售后服务是否感到满意？

不满意（   ）　一般（   ）　满意（   ）

（12）您对"NIKE"的价位有什么看法？

便宜（   ）　一般（   ）　太贵（   ）

（13）您觉得运动系列用品（包括服装、鞋和体育用品）的价位是多少才能接受？

100～300元以下（   ）　300～600元以下（   ）　600～1000元以下（   ）

（14）您对于国内外品牌更钟爱哪个？

国内（   ）　国外（   ）

（15）您对"NIKE"的产品有什么看法？

价位太高难以接受（   ）　质量应该加强（   ）

售后服务应该加强（   ）　款式应该更加新颖（   ）

最后，谢谢您的参与！

（3）搜索采集法　在资讯高度发达的现代社会，直接收集第一手资料越来越耗费时间和人力财力，于是通过互联网搜索引擎或通过相关的资讯公司、市场调查机构、媒介调查机构等进行收集资讯已成为目前最基本的方法。这种方法是目前最便捷、最实用的方法，是文案创作人员必须掌握的方法。比如在"中国广告网"（hppt：∥www.cnad.com／）、"中华广告网"（http：∥www.a.com.cn／）等广告网站上可以获取大量的广告商品资讯、材料。

3. 广告资讯、情报的归纳、提炼

大量而丰富的广告资讯材料收集整理之后，广告文案人员最重要的工作是对这些资讯材料进行分析、加工和提炼。在这些资讯材料中提炼、明确广告文案的诉求点，找准广告文案的受众心理是广告文案人员必须具备的最重要的基本功。

（1）明确广告文案的诉求点　广告文案的诉求点，又称为广告文案的"卖点"。广告文案的创作就是要在商品众多资讯寻找并明确这万绿丛中的一点"红"。因为广告文案的诉求点是一个商品的个性体现，同时也是一则广告打动消费者的关键所在。"王婆卖瓜自卖自夸"，就看你能不能夸进买家的心坎上。也就是说"夸什么"至关重要。

无数案例表明，成功的广告能使推出的产品走红市场，原因之一就是这些广告善于为产品找准"卖点"，善于寻找说服消费者的理由。宝洁公司所推出的产品广告就是这方面的典范。虽说海飞丝、飘柔、潘婷都来自宝洁公司，但其表现不俗的电视广告片分别诉说它们不同的"卖点"：海飞丝——头屑去无踪，秀发更出众；飘柔——亮丽、自然、光泽；潘

婷——拥有健康，当然亮泽。通过广告，消费者清楚地知道了它们不同的定位和不同的品质，为头屑烦恼的消费者会去买海飞丝，希望头发光亮柔顺的会用飘柔，因头发"营养不良"而枯黄分岔的会去买潘婷。

由此可见，明确广告文案的诉求点，发现和挖掘产品的卖点，是广告文案成功与否的关键。优秀的广告有时甚至可以改变产品和企业的命运。罗斯·瑞夫斯做的玛氏巧克力广告就是一个经典案例。1954年，他接待了玛氏糖果公司老板麦克，交谈中他敏感地发现：在美国玛氏公司开发的这种巧克力具有只溶于水的鲜明特点。于是他立刻构思该广告文案的卖点，经过提炼广告语为"只溶在口，不溶在手"的广告片问世了。广告片播出后，这种巧克力顿时名声大振，人们争相购买，销量猛增。50多年过去了，玛氏公司规模有了突飞猛进的发展，成为美国糖果业中的佼佼者。而"只溶在口，不溶在手"的广告语至今仍是玛氏巧克力的广告诉求点，并被牢牢地记在广大消费者心中。

当然，产品的诉求点有很多，如产品的品质、功能、特性、品牌、服务、价格、技术等。我们在明确广告文案诉求点时，必须找准最能打动消费者并能引起消费者购买欲望的卖点，或找准最能体现产品个性，并能最大限度地满足目标消费者需求的诉求点。

根据这个原则，请同学们分析一下案例"ThinkPad R60双核笔记本"广告文案的诉求点是什么？

（2）找准广告文案的目标消费者及其消费心理　广告文案的最终目的是激发目标消费者购买意愿，从而产生购买行为。因此，在广告创作前，广告文案工作者心中时刻要装着消费者，要有明确的目标消费者，同时还要掌握目标消费者的消费心理。只有找准目标消费者并且了解其消费心理，广告文案才有针对性，才能做到有的放矢，才能使消费者产生对产品的认同，形成购买行为，从而达到广告的目的。如"双羽"羽绒服广告商在做了大量的市场分析和消费者调查后，首先明确了目标消费者群体定位，即定位的目标消费者为25～35岁的都市中坚阶层。其次通过对目标消费者的调查分析，这个消费群体有以下心理特征：他们心理上渴望上进，希望挣脱现实的束缚；不甘落后于人，追求成就感。他们有个性，注重形象，追求品质。他们生活态度积极，充满激情和活力，目标感强。他们追求与众不同，并以此展现自己的个性和生活方式。然而面对现实环境的太多规则、束缚、困难、负担，他们需要甩开包袱、突破自己。据此广告商把"双羽"羽绒服核心概念定位为：突破你自己！广告投入市场后，"双羽"羽绒服的销售节节攀升。

至于如何找准目标消费者的心理，这就需要广告文案创作者具备一定的营销心理学的知识。一般说来，消费者心理因民族、文化、职业、年龄、性别的不同而各有特点。由于《广告学》、《营销学》等相关书籍有较详细的介绍，在此不再叙述。

（二）广告文案的构思

1. 广告文案的构思过程

广告文案的构思过程是最富有创造性的过程。在构思过程中，广告文案人员要围绕广告主题（诉求点）运用一些创意的方式进行广告文案的结构构成、语言的排列、语言的意境营造。在构思过程中，文案大致上在头脑中形成了一个雏形，俗称打腹稿：标题该怎么写？可以用怎样的语言风格和语言排列？正文中要表现哪一些信息？这些信息的表达次序怎样？是用短文还是用长文？如果用长文，要不要用小标题？小标题可分哪几个？小标题之间的承接关系该怎样……如果创作平面广告，还要考虑文案与画面的搭配。如果是电视广告，则要考虑电视广告分镜头脚本创作的要求等。这些广告文案腹稿形成后，才是动笔写作的真正开始。

2. 广告文案构思的方法

（1）直觉构思法　指文案写作时是以广告策略中的创意概念为中心，将广告信息进行直接的而不是间接的、复杂的表达。以直觉构思法产生的文案容易写、容易懂，在广告信息本身就很吸引人的前提下，是一种简单明了的表达方式。但因为太直接，可能会失去一些生动和吸引力。

（2）头脑风暴法　是一种集体性的创作活动。各相关人员共同思考、共同产生头脑思维碰撞，发展出广告文案的写作和处理方法。在多种不同的文案表达方式和文案风格中，选取或嫁接出一种独特的文案表达方式。

（3）联想构思法　这是利用联想能力进行的构思活动。丰富的联想是文案人员写作的必备条件，运用联想，可产生出生动而有效的文案。联想构思法可以运用接近联想（由一个意象联想到与它在时间和空间上较为接近的意象，并运用此接近意象表现广告信息）、相似联想（由一个意象联想到另一个与它相似的意象，并运用此相似意象进行广告信息的表现）、对比联想（由一个意象联想到另一个与它相对立的意象，并运用此对立意象表现广告信息）等几种联想方式实施构思。

（4）反向构思法　不是正面地构思对广告信息的表现，而是以反向构思来表达广告信息。将通过构思而获得的文案写作的方式和风格界定，用语言形诸于文字，文本就出现了。在用语言形诸于文字的过程中，富于表现力的语言排列技巧和表达技巧，是一个文案人员的基本功，也是特色所在。

（三）广告文案的撰写

广告文案构思完成之后，就要将已确定的构思用语言文字表述出来，即广告文案的撰写。广告文案的撰写与其他文学创作一样，都要经历一个由打腹稿到打草稿（或称初稿）到写正式稿的过程。

（四）广告文案的修改

广告文案正式稿撰写出来后，并不表示广告文案写作的结束。文案完稿之后，还要征求各方面（尤其是客户）的意见和建议，根据各方面的意见、建议和市场反映，然后对广告文案进行修改润色，以达到最佳效果。

二、广告文案的测试

广告文案经过修改后，形成广告文本。广告文本在正式发布前，还要进行广告文本测试，这是广告文案写作和其他形式写作的一个重要区别。其测试的主要形式有三种。

（1）使用广告公司文案检测表进行测试　测试内容如下：
① 是否充分了解商品？
② 是否明白竞争商品正在做的是什么广告？
③ 是否彻底了解广告商品的分配状况及其销售方法等市场营销情况？
④ 在战术方面使用热烈的调子或是用柔和的手法？
⑤ 是否充分了解广告主题？
⑥ 是否考虑了消费者的利益问题？
⑦ 是否考虑了广告目的？
⑧ 标题是否有吸引受众的注意的力量？

⑨ 标题是否有引入正文的力量?
⑩ 引人注意的文句是否使受众能够在顷刻之间了解?
⑪ 引人注意的文句与画面之间有无矛盾?
⑫ 字数是否过多?句逗点正确吗?
⑬ 另起一行不难念吗?
⑭ 第一行有引起受众关心的力量吗?
⑮ 是否有加副标题的必要?
⑯ 是否使用直接的现代时态?
⑰ 是否使用受众的语汇?
⑱ 是否简洁、自然、亲切?
⑲ 从头到尾流畅吗?
⑳ 有未删除的冗赘的文字吗?

(2) 消费者访问测试法 消费者访问测试法,是广告文案测试的一种方式,它由面对面的访问形式和间接的文本邮寄访问形式展开。面对面的现场访问,可以在各种年龄、各种层次、各种场合进行,主要视是否是目标消费者的情况而定。在测试中,就文案检测表中的一些问题,对消费者进行访问,让消费者对文案的效果进行评定。文本邮寄访问形式是指将广告文案以邮寄的方式,邮寄到认定的目标消费者的单位或家中去,并请他们提出相应的意见。这种方法常常是将广告文案和标准的评定条例一起邮寄给目标受众。过一段时间,广告人员通过通信或电话问讯的方法了解到受众的评判和修正意见。这种文本邮寄访问方式效果明显,但执行起来难度较大。

(3) 模拟发行检测法 模拟发行检测法,是指在报纸、杂志等平面广告文案的测试中,事先印刷包含被测试文案的特制报纸或杂志,将它分发给报纸或杂志的固定订户,过一段时间之后,通过问卷调查、电话调查或以标准化测试条例测试订户对文案的反映。这种测试方法的测试成本价格高。

从以上广告文案测试的内容和形式可以看出,广告文案测试的目的在于从内外两个方面检测广告文案的实际效果,并根据测试情况,对广告文案进行再修改、调整、完善。

第二节 广告文案写作分类

从以往的写作经验中知道,不同的文学体裁其写作方法存在着很大的差异,如小说、诗歌、散文、戏剧等。即使是同一体裁,由于类型不同,在写作要求、写作方法、写作格式等方面也存在这一定的差异,如同属于记叙文体的通讯、散文、报告文学,它们的写作就存在着很大的不同。广告文案的写作也是如此,它也因分类不同,在写作上就不尽相同。要想写作优秀的广告文案,就必须了解这方面的知识,掌握各种类型广告文案的写作方法和创作规律。

一、根据不同的广告目的分类

根据不同的终极目的,广告分类为商业广告和非商业广告。商业广告是以赢利为主要目的的广告运作。非商业广告,指的是不以赢利为目的的,而是以人类文明和进步为视角,为了说服公众关注某一社会问题、公益事业或者政治问题等内容的广告运作。

根据不同的直接目的，广告又分类为观念广告、产品促销广告和形象广告。观念广告分两种情形，一种指的是通过对某种消费观念和社会观念的传达，在目标受众心目中建立或改变某种观念，借此促进商品销售的商业广告；另一种是非商业广告，用观念的建立和改变来向受众传播观念和思想。产品促销广告，是指直接向消费者推销产品或服务的广告形式。运用各种途径和方式，将产品的质量、性能、特点、消费者使用的方便性等进行诉求，唤起消费者的消费欲望，从而达到广告目的。形象广告，是指并不直接地促销产品或服务，而是以建立企业或品牌形象为直接目的的广告形式。这种广告形式是一种间接的说服和劝诱活动，间接的促销活动。

据此，可将广告文案写作分类如下。

（1）商业广告文案写作　即关于商业广告作品中的全部的语言文字部分的写作。是为了达到商业性的赢利的目的而进行的广告运作中的一部分。它包括产品促销广告文案写作、形象广告文案写作和观念广告文案写作。

（2）非商业广告文案写作　即为了说服公众关注某一社会问题、公益问题或政治问题等而进行的广告文案写作。非商业广告文案的目的不是赢利，是将某一观念向受众进行传播以改变或消除某种不良观念，如环境保护、交通安全、保护妇女儿童权益、预防疾病、维护和平等公益广告的写作。

二、根据不同的广告发布媒介分类

（1）印刷媒体广告文案写作　是为通过印刷媒体传播的广告文案所进行的写作。根据印刷媒体本身的特点，又分为大众印刷媒体和其他的印刷广告文案写作两种类型。

大众印刷媒体广告文案写作包括报纸和杂志广告文案写作两种，且占分量最多。其他的印刷媒体广告文案写作包括直邮、招贴、产品介绍手册、企业介绍样本、产品样本等文案写作。

（2）电波媒体广告文案写作　是为通过电波媒体传播的广告文案所进行的写作。在目前的情况下，电波媒体广告文案写作包括广播、电视广告文案写作。虽同属于电波媒体但两者有重要区别：广播广告文案写作以声音作为文案写作的研究对象，电视广告文案写作以声画合一、语言和文字作为双重的研究对象。

（3）户外广告文案写作　是为通过户外广告媒体（包括霓虹灯、路牌等广告媒体）所传播的广告文案所进行的写作。

（4）展示广告文案写作　是为通过展示媒体传播的广告文案所进行的写作。展示广告媒体主要指的是那些供展览会、交易会等场所使用的看板、展示板等。

（5）销售现场广告文案写作　指为通过销售现场媒体传播的广告文案所进行的写作。销售现场广告媒体包括商店的装饰、现场展示橱窗、售货柜台等。

（6）网络广告文案写作　是为在网络上发布的广告文案所进行的写作。网络广告在目前阶段，多为旗帜广告、图标广告及简介体广告形式。

三、根据不同的信息因素分类

1. 企业广告文案写作

（1）企业形象广告文案写作　其直接目的是建立一个被公众所称赞的良好的企业形象。

在写作中，以传达企业正面的信息，有效地树立和表现企业的良好形象为主要工作。如中国农业银行就是通过电视广告树立了"大行德广，伴您成长"的良好企业形象。

（2）企业认知广告文案写作　企业通过广告向受众传达某些基本的信息，其目的是希望受众能够对这些信息有所了解。

（3）企业公关广告文案写作　企业通过它向外界传达企业自身的某种理念、对社会问题的意见和看法、对公众的关怀，传达企业自身在公众问题上所做的一切努力。建立企业与公众及其相关者之间的和谐关系。

（4）企业事务广告文案写作　以企业的事务性的信息作为传达的主要信息。其内容为企业的招聘、迁址、更名等企业日常发生的、须让外界知晓的信息。它是企业事务处理中的一个重要的组成部分，同时也是企业塑造自身形象的好机会。

2. 产品广告文案写作

（1）消费品与工业品广告文案写作　消费品广告文案的信息主体是产品中的消费品，所面对的广告受众是消费品的消费者。工业品广告文案的信息主体是工业用原料或产品等，其诉求对象一般是生产性或经营性机构和企业的主管人员。

（2）产品处于不同阶段的广告文案写作

① 产品市场导入期广告文案写作。是为导入期的产品打开市场而进行的写作。其目的是使本来一无所知的产品成为目标消费者所熟悉的，并在较短的时间之内产生好感和购买行为的产品，写作时着重于对新信息的侧重表现。

② 产品市场成长期广告文案写作。此类广告侧重于对信息的进一步深化表现，巩固和发展前期广告在消费者心目中所建立的产品形象和产品的利益诉求。同时，又根据产品的发展情况，为潜在的消费者提供新的有效信息，以加深产品印象，进一步扩大产品的知名度和好感度，促进产品市场占有率。

③ 产品市场成熟期广告文案写作。主要目的是提醒消费者的重复消费。因此，在延续前面两阶段的广告形式和广告特点的基础上，发展广告形式的变化性，以形式的新颖来对受众产生有效刺激。

3. 服务广告文案写作

服务广告所传播的信息主体是服务，因为服务所具有的即时性特征，使服务广告文案写作的难题是，它必须为无形的产品塑造出一个有形的形象来，它要在人们尚未接受真正的服务之前，就进入一种特定的服务氛围之中，它要将一种不能留存的感觉留存下来，并且对目标消费者产生一种渗透性的诱惑。

4. 公共事务广告文案写作

其所传播的信息主体是公共事务。公共事务广告的发布者和前面三种状况均不同，上至国家政府，下至微小的公益组织。这类广告文案写作的内容范围非常广泛，只要是有关的社会问题，要引起公众注意的问题都可成为它的内容。

四、根据广告文案不同的自身结构分类

（1）单则广告文案写作　单则广告文案写作的主要特点是，运用一则广告作品的反复表现和重复诉求，来达到相对一个阶段的广告目的。

（2）系列广告文案写作　系列广告由多个单则广告组合而成的。一般情况下，将由两

则和两则以上，内容有相互关联的单则广告组合起来的广告序列，称之为系列广告作品。因此，系列广告文案是由两则单则广告文案以上的广告文案的组合，如"达利园"食品系列广告。

五、根据不同的诉求方式分类

（1）感性诉求广告文案写作　以感性诉求方式，对受众的情感与情绪因素进行对应性诉求的广告文案写作。这类写作试图通过对受众的情感和情绪系统的作用，使他们产生情感倾向和情绪的正向变化，接受广告信息并产生相应的消费行为。感性诉求方式一般运用于注重情感因素和附加价值、消费情绪化的受众，适宜于对日用消费品、化妆品以及时尚或流行表现的产品类型的文案表现。

（2）理性诉求广告文案写作　以理性诉求方式，对受众的理性进行对应性诉求的广告文案写作。这类写作以对企业、产品或服务的客观、理性、重于实证的诉求，来说服受众成为产品的消费者。

（3）情理配合广告文案写作　将感性和理性两种诉求方式进行有机地配合表现的广告文案写作。在感性诉求与理性诉求方式基础上的文案写作，各有其利与弊。这类写作的目的，是为了排除感性方式在说理性和实证性上的不足、理性方式在情感性和附加价值体现的不足而产生的。这种写作能够避开两种方式在单一状态中的不足，而将两者的优势结合起来，最大限度地加强广告信息的趣味性和说服力。

第三节　广告文案写作的语言与修辞

广告文案是一种语言文字艺术。语言文字是人们传达信息、交流情感、反映自然和社会的最重要的工具。而广告最重要的功能就是通过各种媒介传播企业、产品、品牌等的核心信息，达到促进销售的目的。因此，可以说语言文字是广告的灵魂。广告的推销力源于构成广告的语言文字、画面、音响等元素，但最能使广告充满生机活力，最大限度发挥信息传达效应的还是语言文字。通过众多的广告案例可以看出，精妙的构思、独特的创意、伟大的策略最终都要通过语言来实现。

一、广告文案写作的语言形式

广告文案语言是指用于传递广告信息的文字符号，一般把广告文案语言称为"广告语言"。广告文案语言主要有陈述语、口语、诗语三种形式。

（一）陈述语

陈述语是指广告中用陈述的语句来真实、客观地传达广告信息、说明事实、提供情况的语言形式。这种语言形式主要是陈述事实，肯定什么或否定什么，因此，有条不紊，逻辑性强，具有客观性、准确性、条理性的特点，在广告文案中占很大比例。"ThinkPad R60双核笔记本"广告文案案例就是陈述语式的典型。陈述语具有如下特性。

1. 客观性

用陈述语作广告，一般只客观地介绍产品、企业、劳务、服务等信息，直截了当，不加修饰和渲染，给人以真实、客观的感觉。如金纺衣服柔顺剂广告："衣物穿着，洗涤次数越多，纤维就会缠结损伤，穿起来又硬又糙。除了洗干净，当然要使衣服恢复令人舒适的感觉。现在，有了金纺这样的好帮手，问题自然迎刃而解。毛、麻、丝、棉所有织物，只需到最后洗过时加金纺衣服柔顺剂，衣服就会恢复松软柔滑，穿着时倍感舒适，特别清香爽洁，还能防止衣物起球和产生静电，关怀全家人更入微。金纺衣物柔顺剂，令所有衣物柔顺松软。"这则广告以叙述事实为主，侧重于客观介绍，很有说服力。

2. 准确性

用陈述语作广告，除了客观叙述之外，还常常用下定义、列数字、作证等方式体现广告语言的准确性。如壳牌能源广告：这座世界级规模的中海壳牌石化联合工厂，使用了壳牌独有的苯乙烯/环氧丙烷联产工艺。较传统生产工艺，每年省下至少550吨水，也就是足足一座小型水库的量！赵云涛是这套装置的工程师，他喜欢用数字来说话："每生产1吨环氧丙烷，传统工艺至少要消耗22吨水，而我们的专利工艺呢？只要1吨水就够了！"该广告文案用准确的数字和专业人员的表述相结合，让消费者觉得信息准确可靠。

3. 条理性

陈述语一般用在信息量较大、篇幅较长的广告文案中，常常分类阐述，注重信息传播的条理性和层次性。如步步高外语通学习机的广告文案：选择学习机，除了同步，关键在考点。3大同步，只是英语日常学习的基础。同步一：课文同步，重在掌握知识点；同步二：单词同步，孩子单词记得牢；同步三：方法同步，学习效率更高。4大考点，系统解决孩子英语考试难题。考点一：特有情景会话，系统练听说；考点二：学、练、考同步，语法学习最系统；考点三：紧扣大纲重点，多阅读重理解；考点四：重在书面表达，系统练写作。这则广告分类陈述步步高学习机的同步学习和系统学习的特点，信息量大却极有层次感，井井有条。

（二）口语

口语是指广告中使用通俗易懂的生活化的语言进行广告信息传播的语言形式。口语最大优势在于亲切、简明，虽通俗但生动，符合消费者的接受习惯和心理需求。因此，口语广告文案在电视、广播广告中常用。口语具有通俗性、平易性、生活化的特点。

1. 通俗性

广告语言中，使用口语具有通俗性，各个层次的消费者都易于接受，使其传播范围更广泛。一般生活用品多用口语作广告。如"娃哈哈"广告："喝了娃哈哈，吃饭就是香。"朴实亲切，朗朗上口，促销效果也很好。

2. 平易性

消费者接受广告信息一般都有某种被动性，越是平易近人的语言就越容易给人留下深刻印象。口头语言是人们用说话的方式讲述出来的语言，它最具有平易性。这个语言特点更适合一般受众的接受心态和接受情景，人们在轻松的、生活化的氛围中倾听家长里短式的日常语言，会有一种轻松的、毫无距离的感觉。如"蓝天六必治牙膏"广告："牙好，胃口就好，吃嘛嘛香，身体倍儿棒。"因语言平易近人，这则广告广泛流行，"蓝天六必治"迅速成为国内牙膏强势品牌。

3. 生活化

广告语言的生活气息越浓，越贴近大众的生活，传播信息越容易。如某方便面的广告语:"香喷喷,好吃看得见。"这种语言极富生活气息,淡化了广告的商业气息,很容易打动消费者。

(三)诗语

诗语是指广告中使用精炼、形象、具有诗意的语言形式。使用诗语生动形象,富有美感,让消费者在审美愉悦中不知不觉接受广告信息。如"MALATA Pla′pa MP3数码音乐播放器"广告文案。

标题:Pla'pa这个季节,心在自己的天空

正文:

就在这一刻,天空露出了淡蓝的晴,

恍惚中,随风飘落的树叶绿了。

是大自然忘记了季节的交替?

是音乐让我们畅游在各自的天空?

同样的季节,不一样的天空,

Pla'pa让你的音乐天空更蓝、更美!

这则广告文案充满诗情画意,富有浪漫气息,很容易感染年轻的、时尚的、喜爱音乐的目标消费者。

用诗语作广告语言一般具有形象性、艺术性、音乐性的特点。

1. 形象性

用诗语作广告,可以将枯燥的事实置于诗的意境之中,将抽象的事理用具体形象的语言表达出来,使所要传达的广告信息变得立体、生动起来。在这里可欣赏一下"万科兰乔圣菲"房地产广告文案。

标题:一生领导潮流,难得随波逐流

正文:风云间隙,何妨放下一切,让思想尽情随波逐流。这里珍藏着两条原生河道,它们经历着这块土地百年的风雨和阳光,沉淀着醇厚的人文意蕴,就连上方缥缈的空气都充满时间的味道。经过系统整治的河道,生态恢复良好,绝非人工的景观河可以相提并论。草坡堤岸自然延伸入水,有摇动的水草、浮游的小生物,大大小小的卵石,更不缺少流涡荡漾的情趣。

这则广告目标消费者定位是成功人士,广告用诗意的语言向目标消费者传达了自然、生态、悠然、舒适的房地产信息。

2. 艺术性

用诗语作广告,多采用文学艺术表现手段,借文学艺术技巧做宣传,使语言有很强的艺术性。如"太太口服液"广告文案。

标题:夏天的女人

正文:最美的

是夏天的女人

美丽的沙滩上

阳光里

纷飞的衣裙

一个女人所有的千娇百媚

便在这季里

展露无遗

今年晚回的夏天
　　你需要更健康的心情
　　太太口服液
　　给你一个浪漫难忘的季节

3. 音乐性

诗语具有押韵、分行、对仗等特征，音韵和谐，音节铿锵，抑扬顿挫，很有节奏感和音韵美。"太太口服液"广告文案就很有代表性。

二、广告文案写作语言的修辞技巧

修辞是指运用各种表现方式，达到使语言表达鲜明、生动、准确的目的。在广告文案中，会运用到各种修辞技巧，这些修辞技巧的具体运用，给广告赋予了生命力。广告文案中常用的修辞技巧如下。

1. 比喻

古人称之为"比"。它把深奥的道理说得浅显易懂，将抽象的事物进行形象的表现，把陌生的概念变成熟悉的事物，将平淡表现为生动。

比喻有三大要素：本体——说明或描述的对象，喻体——用作比喻的事物，喻词——用来连接本体、喻体表示比喻关系的词语。因三大要素的有无，人们将比喻分为明喻、暗喻、借喻三种。明喻是将本体、喻体用喻词明显地连接起来的句式，将比喻化抽象为形象的表达功能表现得较为突出，我们运用之，能使文案达到特殊的效果。暗喻是指在本体和喻体之间，不出现喻词的比喻句式。借喻，是本体和喻词都不出现，直接用喻体代替本体的比喻方式。与明喻和暗喻相比，借喻的形式简洁、用喻最为隐秘，而喻体则更醒目，具有形式简洁、结构紧凑、文字洗练的特点。如"酸奶有如初恋的滋味"，酸奶和初恋是两种性质完全不同的事物，但两者却有一个共同点：尝过之后都能让人回味无穷。再如，美加净防晒护肤霜的广告："阳光下的绿荫"用的就是比喻的修辞方法。

2. 比拟

用他物来比此物。比拟有两种类型：将物比成人，将人比成物。将物比成人，并赋予其人格化，称之为"拟人"；将人比作物，并使之物性化，即为"拟物"。将比拟用到文案写作上，将广告信息中的物性转化成为人性、人性转化成为物性，并赋予其形象特征。如朗姆酒广告文案："它们已经在地窖里睡了多年。"一个"睡"字使酒具有人的动作行为。这种比拟恰如其分又极为巧妙，传达出陈年窖藏的"朗姆酒"味道香醇、品质优越的广告核心信息。

3. 对偶

对偶又称为对仗，指把字数相等、结构相同或相近的两个词句成对比地排列在一起，以表达相同、相关或相反的含义的修辞方式。它要求在声调、词性、词义、句形等方面的巧妙组合。对偶句可以使广告文案连贯一致、句式流畅、音韵和谐，看起来醒目，读起来顺口，听起来悦耳，符合受众讲整齐对称，求抑扬顿挫的阅读心态，便于记忆和传播，也可以使得广告画面构图均衡优美。因此，这种修辞方法常常用于广告文案的标题和广告语的创作。如：

　　滴滴香浓，意犹未尽。（麦斯威尔咖啡）

我们领先，他人仿效。（理光复印机）

钻石恒久远，一颗永流传。（第比尔斯钻石）

万家乐，乐万家（万家乐电器）

坐红旗车，走中国路（红旗轿车）

4. 排比

排比是用三个或三个以上的结构相同或相似、字数大体相等的一组词语、句子或段落，来表达相似、相关意思的修辞方式。它能以情感人、以气慑人、以势推人，使受众能在不知不觉之间被感染、被震撼。

广告文案中运用排比修辞技巧，可以使文案句式整齐，语气连贯，气势恢宏。一方面能够全面而又流畅地描述广告所宣传商品的多种性能和特点，另一方面又能以其磅礴的气势、强烈的情感对消费者造成巨大的视觉和听觉冲击。例如：

翔实的资料性，珍贵的收藏性，高雅的趣味性，丰富的可读性。（《作家文摘》）

天天呼吸，空气不可污染；日日饮用，水源不可污染；餐餐进食，蔬菜不可污染。（环保公益广告）

5. 夸张

夸张是运用语言有意地对对象或事物作言过其实的表现，借以强调和突出事物本质特征的修辞手段，有扩大夸张和缩小夸张两种形式。运用夸张手法，对夸张的度要有严格的分寸，否则就成了吹牛，无人信则毫无意义。

非洲到南极一步之遥。（格力空调）

今年二十，明年十八。（某美容护肤品）

通过以上案例可以看出，夸张修辞技巧的运用，鲜明地突出了产品的某一特征，能给消费者以深刻的印象。

6. 双关

双关指在特定的语言环境中，借助语音或词意的联系，故意使语言关联到两种事物，使语句构成双重意义的修辞方式。在文案写作中，主要的双关运用是谐音双关、语义双关、对象双关。谐音双关是利用词语的谐音（音同或音近）所构成的双关，语义双关是利用词语的多义构成的，而对象双关是指一句话（或几句话）涉及两个对象的双关。双关的运用可以使文案含蓄、幽默、风趣、委婉、形象、生动。

中国平安，平安中国。（中国平安保险）

开开衬衫，领袖风采。（开开衬衫）

人类失去联想，世界将会怎样？（联想电脑）

有喜事，当然非常可乐！（非常可乐饮料）

做女人挺好！（丰韵丹丰乳液）

双关修辞在广告文案中能够含而不漏地收到一箭双雕的效果，一方面幽默、生动、风趣，另一方面含蓄、曲折，令人回味无穷。让广告受众在回味双关之意时产生心理愉悦，从而对广告传递的信息心存好感，印象深刻。

7. 反复

反复指为了强调重点、突出重点，抒发强烈的感情或增加叙述的生动性和条理性的目的，而有意地一再重复或使用同一词语或句子的修辞方法，有连续反复、间隔反复两种表现形式。它可以造就气势、表现感情，使文案形成一种回肠荡气的感觉。连续反复，是指某些句子或词语连续出现的反复。间隔反复，是指让某些句子或词语、段落间隔重复的反复形式。

　　山之青，水至清；源之静，水至净；雾之轻，水至淳（千岛湖矿泉水）

　　倡导红豆文化，广交红豆之友，发扬红豆精神，创造红豆品牌。（红豆集团公司）

8. 对比

对比又称对照，是指把不同的事物、或事物不同的方面放在一起作比照，以使需要说明的对象和含义更加突出。如：

　　澳柯玛冰柜，没有最好，只有更好。（澳柯玛冰柜）

　　新飞广告做得好，没有新飞冰箱好。（新飞冰箱）

　　货比三家，方知"三羊"最佳。（三羊皮装）

需要注意的是，在广告文案中运用对比的修辞手法，一般为同一产品的新旧对比，即纵向对比。横向同类产品对比时，一般不提产品的具体名称，以免引起商务纠纷。

9. 引用

引用是指在写作时引用成语、典故、谚语、诗词等来说明问题，形成新的意境，可使文案更生动，更有说服力。由于引用的材料为人们所熟知，因此更易于消费者理解和接受。如：

　　亲亲八宝粥，口服心服。（亲亲八宝粥）　　"口服心服"既说明了食用方法，又说明了产品质量。

　　车到山前必有路，有路必有丰田车。（丰田车）　　"车到山前必有路"说明了该车的性能。

　　三毛牙刷，一毛不拔。（三毛牙刷）　　"一毛不拔"说明了牙刷的质量。

10. 回环

回环是使一个词语或句子逆向重复。用到文案写作上，就是对广告信息进行有变化的重复，与此同时，使语言产生回环之美，且产生更丰富的意义。例如：

　　清凉一夏，一夏清凉。（娃哈哈饮料）

　　万家乐，乐万家。（万家乐电器）

　　中国美食在广州，广州美食在"中国"。（广州中国美食城）

还有一些修辞技巧也会在广告文案中用到，如通感、顶针、拈连等，我们可以在今后的学习、实践、工作中学习运用。

三、广告文案语言的特殊要求

我们知道，任何文体的写作其语言要求是不同的。如小说、散文的语言要求形象生动，诗歌的语言要求精练简洁，新闻体裁的语言要求真实准确，而公文的语言则要求严谨规范等。那么，广告文案语言有什么特殊要求呢？

1. 准确无误，简洁精炼

准确，就是广告中用词、表达要准确，而没有可让人误解的歧义；词语组合要符合逻辑，符合客观存在；要避免不良的引申义；语句要围绕信息内容来准确无误地展开。出现歧义、不良引申义和远离广告信息本身的广告文案不仅不能准确地传达广告信息，而且会产生一些消极后果。

精炼，要求语言运用简洁、语义含量大，而不是啰唆、累赘。啰唆、累赘的语言不仅让受众浪费时间，达不成广告诉求效果，还浪费广告费用，事倍功半。

2. 生动可感，形象性强

广告文案要求用生动的、具体的、形象性强的语言进行表现。因为富于这个特征的语言对应了受众的形象直觉感知的接受、接收特点，便于受众理解，便于受众记忆。在当今信息时代，生活节奏不断加快，大多数受众不是有意识地阅读和观看广告作品，也不会有意识地去记忆和回忆广告文案，但如果在文案的语言特征中就体现了能使受众在最短的时间里就能理解和记忆、传播和回忆的特性，就能使文案达到广告的传播和说服的目的。

3. 个性突出，合于规范

广告文案不仅体现广告中产品、企业、服务或观念的个性特征，也要体现文案语言的自身特征。如此，才能在媒介众多的信息中脱颖而出，个性独特，体现独具的销售魅力，让受众印象深刻。合于规范，指的是语言的用词、造句的规范化，不能为了个性的获得而失去汉语语言的规范，造成沟通障碍。

4. 新奇优美，针对性强

用新奇优美的语言对应受众阅读和观看中的特殊心理，用符合受众习惯的语言方式来对应受众的语言运用习惯，用针对不同媒体的不同传播方式的语言构造和语言特色来有效运用媒介的承载，这样才能写作有效的文案。

第四节　广告文案写作的诉求方式

人的意识有两个层面：情感层面和理性层面。人们用情感感知世界，用理性认知世界。据此，广告文案的诉求方式相应有感性诉求、理性诉求和情理结合诉求三种基本类型。不同的诉求方式对广告文案写作提出了不同的要求。

一、广告文案的感性诉求方式

感人心者，莫先乎情。广告文案的感性诉求方式，就是广告文案创作人员通过作用于目标受众的情感活动（包括各种情感体验、情感联想、情感回忆及变化过程），使目标受众对广告所宣传的产品或服务的信息内容产生情感体验和共鸣，并由此触动目标受众的感情世界，从而影响其价值判断和行为方式。

感性诉求注重用情感打动人，即注重人的接受心理中的情感历程，强化广告文案中具有感人的情感因素成分，注意开发广告创意里的具有人性、人情方面的构想，以达到与目标受众的心灵和生命的沟通，从而使消费者愉悦地被传导、感染甚至被说服。

随着社会经济的发展，人们在物质生活水平不断提高的同时，对精神生活的需求也越来越强烈，感性诉求恰是对人们精神生活的丰富和充实。另一方面，随着产品的同质化程度越来越高，产品的性能、质量和服务差异程度越来越不明显，难以形成比较优势。因而产品的感性诉求受到越来越多的重视。一般来说，感性诉求的广告文案大多运用于日常生活消费品，如化妆品、日用品、食品、服装、家具或时尚性的小商品广告中。因为这类产品与消费者的日常生活息息相关，以感性诉求易感染消费者。

感性诉求广告文案的选材内容主要包括以下几种。

1. 亲情

亲情是人们最深厚、最割舍不下的感情。以亲情作为诉求内容也最容易引起目标消费者的共鸣。

如纳爱斯的洗衣粉广告《懂事篇》：妈妈下岗，为找工作而四处奔波。女儿心疼妈妈，帮妈妈洗衣服："妈妈说，雕牌洗衣粉只要一点点，就能洗好多多多的衣服，可省钱了！"门帘轻动，妈妈无果而回，正想亲吻熟睡中的女儿，看见女儿的留言——妈妈，我能帮你干活了！妈妈热泪盈眶。这则广告播出后，感动了众多妈妈的心，收到了很好广告的效果。雕牌的巨大成绩让人不能不相信，亲情广告带来的是丰硕的回报，用朴素的情感传递品牌内涵，不但跳出宣传同质化的怪圈，而且让品牌深入人心。

再如"宝宝金水"广告内容非常简单——利用可爱的宝宝洗澡表现产品。广告播出时，许多小朋友随着哼唱。就在这轻轻的哼唱中，"宝宝金水"坐上了国内儿童驱蚊产品老大的位置。

2. 爱情

在人类的情感世界中，爱情无疑是最强烈的一种情感。而且青年消费群体是整个消费群体里的重要组成部分。用爱情作为诉求主题，就会引起强烈的情感共鸣，从而达到广告信息传播的目的。如"优乐美奶茶"的广告文案，温馨浪漫，动人心弦。该电视广告用周杰伦作形象代言人，播出后引起"优乐美奶茶"的热销。

"优乐美奶茶"广告文案

（巴士站）浪漫是什么味道

"浪漫是什么味道？"

"浪漫就像透明的椰果，回旋在优乐美奶茶浓浓的温馨里。"

"越喝越有滋味"

"优乐美奶茶温馨浪漫的滋味"

（巴士站）永远有多远

"永远有多远？"

"只要心在跳，永远就会很远很远"

"你心跳蛮快的嘛"

"因为你是我的优乐美"

咖啡馆篇

"我是你的什么？"

"你是我的优乐美啊！"

"原来我是奶茶啊！"

"这样，我就可以把你捧在手心了！"

图书馆篇

"你喜欢我什么？"

"喜欢你……优雅、快乐、又美丽"

"你是在说优乐美奶茶啊？"

"你就是我的优乐美啊！"

再如，"百年润发"能打动众多消费者，不仅因为洗发水的品质，更多的是因为忠贞的爱情和圆满的结局，男主角温柔地为女友洗柔美秀发。文案这样阐述："如果说人生的离合是一场戏，那么，百年的缘分则早有安排"，此中真味，又有多少痴情男女感同身受，恍若其间。本来没有生命力的洗发水平添了生动的灵魂，并为"百年润发"品牌注入了强大的生命力。

3. 友情

友情是人际关系中一种真诚的情感体验，是人类不可或缺的情感。我国古代最伟大的思想家、教育家孔子曾说："有朋自远方来，不亦乐乎？"古往今来，这种情感感染、打动了一代又一代人们的心弦。因此，友情也是感性诉求的一项重要内容。如周华健做的"999感冒灵颗粒"广告，就是这类广告的典型。其文案是："感冒的时候，人很难受，很虚弱。特别需要有个朋友在身边。999牌感冒灵颗粒，就是这样的朋友。那暖暖的一杯，不仅能让人摆脱困扰，更能给人一种温暖。就像朋友在身边，暖暖的，很贴心。这样的朋友你也需要——999牌感冒灵颗粒。"

4. 爱国情

爱国情是民族情感中最崇高的思想感情，恰当地把爱国情运用到广告诉求中，既能激发消费者的爱国主义情感，又可以达到商品促销的目的。如国内一家碳酸饮料品牌"非常可乐"，其广告语是："非常可乐，中国人自己的可乐！"，在当年该品牌推出时，很多人就是冲着这句广告语而去购买"非常可乐"的。再如"海尔"电器的广告语："海尔，中国造！"，强烈的民族自豪感动人心弦。

感性诉求广告要诉诸于真情，只有真情才能暖人心，动人心。歌手刘欢做的下岗职工的公益广告就是因为动了真情，才使得受众感到社会的温暖，才产生了巨大的激励作用。

二、广告文案的理性诉求方式

理性诉求广告文案是诉诸消费者理性认知的文案，理性诉求定位于诉求对象的认知程度和水平，它真实、准确地传达企业、产品、服务的功能性利益，为诉求对象提供充足的分析判断的信息，说服诉求对象在理智分析判断后做出接受企业、产品或服务的决定。理性诉求广告的题材内容较多是高档消费品和服务，如房产、汽车、贵重家电、高新技术产品等，选择此类商品或服务时，消费者需要经过仔细了解、比较和思考之后，才能做出理性判断，采取行动。简单地说，理性诉求就是将有关企业、产品或服务的"好处"清楚明白地告诉消费者，让消费者凭借收到的信息、资料进行买或不买的分析判断。理性诉求的手法如下。

1. 阐述事实

理性诉求的手法以阐述重要的事实为要点。阐述事实要以准确、清楚的语言对重要的信息作精炼的表达，将诉求对象的注意力引向最重要的信息。阐述事实可采用以下几种方式。

（1）直接陈述　直接陈述以直接、坦白的形式向诉求对象传达产品信息。如"马自达6 Mazda6"广告文案。

标题：马自达6 Mazda6：魅·力·科技

正文：动力新视角，0～100km/h，加速仅9.6秒。

力量，驾驭领先未来

超凡的实力，充沛的精力，方能在商海中极速胜出！Mazda6拥有高科技含量的S-VT 2.3升发动机，采用当今先进的可变气门正时控制技术，大幅提高发动机中低转速输出扭矩，动力流畅奔放，劲道十足，科技领先的Activematic手自一体变速箱，让驾驭操控随心所欲。超越，正是您和Mazda6与生俱来的天赋。敬请光临全国各地经销商，亲身体验Mazda6非凡的动感魅力。

越动力，越需要安全的保证

安全新视角：6安全气囊+34高刚性车身+整合型主动安全系统

商海的搏击中，随时都需要全力出击，您必须有十足的把握应对压力，规避风险！Mazda6特有的34高刚性车身，拥有前部、侧面和帘式共6面安全气囊，开创同级车的新防卫等级，给您坚实保护；荟萃尖端科技的ABS+EBD+TCS+DSC+EBA整合型主动安全系统，将安全的积极性发挥得淋漓尽致，要快要慢，是动是停，一路行来，骨子里总是透出令人难以追赶的坚强骨气！

该文案对"马自达6"汽车的动力、安全性等性能一一准确阐述，使消费者对这款车产生全面的认知，从而达到广告宣传的目的。

（2）提供数据　引用数据可以令消费者对产品和服务产生更具体的认知，翔实的数据远比空洞、概念化的陈述更有说服力。如上面的"马自达6 Mazda6"广告文案中就提供了许多准确的数据：0～100km/h，加速仅9.6秒；6安全气囊+34高刚性车身+整合型主动安全系统等。

（3）提供图表　如果需要引用的数据较多，或者产品结构、设计的特性难以用语言描述，可以引入简单明了的数字表格、图表或示意图。图表有时比文字更便于传达精确的信息。

2. 解释说明

在传达产品特性时，理性诉求广告还可以对产品如何具备这种特性作详尽的说明和直观演示，并示范功能和效果，从而加深诉求对象的认知。这种理性诉求手法有以下几种。

（1）解释成因　一般与日常生活密切相关的产品的广告广泛使用这种手法，如洗衣粉、洗发水、护肤品等。洗衣粉——改变配方、添加某种特效成分，所以更有助于洗净污渍或者特别部位的污渍；洗发水——添加某种特效成分，能够令更柔顺、更黑亮；护肤品——添加特别成分，有助于肌肤保湿或美白或保持肌肤年轻活力。

（2）功能示范　功能示范也是一种有助于直观传达信息的方式。典型的示范类广告如洗发水对护法效果的演示、牙膏对坚固或美白牙齿效果的演示等。

（3）提出和解答疑问　提出疑问、解答疑问的方式可以有效地将诉求对象的关心引向广告的诉求重点。针对产品特性提出的疑问更能引起诉求对象的关注。如"露得清"护肤品广告文案。

标题：谁能让你的肌肤由内而外健康有活力？

答案是Neutrogena露得清

正文：全新Neutrogena露得清水滢护颜防护系列，能持续保护滋养细胞，令肌肤水凝透红，更健康有活力！含7种肌肤防护元素——对抗4大环境因素：寒风、暖气、紫外线、空气污染而导致的暗沉、干燥、细纹等肌肤问题。

・水凝素——强效补湿24小时。

・绿茶成分和维他命E——帮助皮肤抗氧化、避免暗黄、保持红润。

・维生素A、维生素B_5＆维生素C——持续滋养底层细胞所需活力，由内而外展现新生肌肤健康光泽。

・SPF15和PA++配方——抵抗99.5%紫外线和污染伤害，避免细胞失水。

3. 观念说服

理性手法还可以就某一观念作深入说服，向诉求对象传达消费观念、产品选择观念、企业的理念或者观点。这种文案需要鲜明地提出观点，并且以充分的事实依据和符合逻辑的因果关系对所提出的观念进行严密的论证说服。观念说服一般采取正面立论的方法进行诉求。如奔腾处理器文案："一部高效率的超级个人计算机，必须具备一片高性能的快速处理器，才能得'芯'应手地将各种软件功能全面发挥出来……它的运算速度是旧型处理器的8倍，能全面缩减等候时间，大大提高您的工作效率……它能与各种计算机软件全面兼容，从最简易的文字处理器到复杂的多媒体技术应用……若想弹指间完成工作，您的选择必然是奔腾处理器。"该文案首先提出正确观念——个人计算机需要快速的处理器，然后指出奔腾处理器正是符合这一条件的处理器，接着强调奔腾处理器的优势，最后得出提高工作效率，奔腾处理器是必然选择的结论。

三、广告文案的情理结合诉求方式

情理结合诉求方式是将感性和理性两种诉求方式进行有机结合表现信息的广告文案写作方式。既采用理性诉求的方式传达客观、准确的信息，又使用感性诉求的方式引发消费者的情感共鸣，将两者的优势结合起来，最大限度地加强广告信息的说服力和感染力。

其实，在广告诉求的策略与具体表现方式中，没有绝对的感情诉求与理性诉求之区分。

广大消费者既需要具体翔实、准确可信的信息依据，也需要富有人情与趣味的感受与娱乐；既需要理智的分析和逻辑的判断与推论，也需要感性经验的介入和生活情感的伴随。

广告文案的感性与理性结合诉求策略如下

① 理性为主、感性为辅的诉求策略，是用较多的篇幅叙述理性的部分，同时也融入感性诉求的元素。

② 感性为主、理性为辅的诉求策略，是用较重的篇幅或色彩描述感性的部分，同时也不放弃对理性的诉求。往往感性的东西容易吸引人，可以使广告更受人注意，理性的东西则更能说服人，可以使广告更令人信服。如"圣元优博"奶粉广告文案。

标题：58种模拟母乳成分　就像妈妈的味道

正文：妈妈的问候、妈妈的温度、妈妈的味道。每一杯圣元优博奶粉都融进了妈妈的爱在里边，它模拟母乳成分，特别添加多达58种营养配方，包括4A益智因子（DHA、ARA、SA、NA）、免疫因子（5种核苷酸、免疫球蛋白、低聚糖等），给宝宝均衡全面的营养支持。有圣元优博，妈妈的照顾无所不在。

广告语：圣元，有健康，就有可能！

创意以感情诉求的方式，传达产品的理性诉求——母乳化配方为宝宝带来的妈妈般的营养支持。产品的功能，品牌的关爱，在情理交融中自然传达。

[思考与讨论]

1. 写产品广告文案，下笔前十分重要的准备就是要充分了解该产品。你作为文案人员，该怎样了解所做广告的产品呢？

2.做产品广告，文案人员必须明了该产品的诉求点（卖点）是什么。阅读下面的广告案例，思考在这些广告中分别突出了什么诉求点？

案例一　标题：新乐驰，心惊喜SPARK乐驰07新款惊喜上市

正文：就这一刻，是什么让你怦然心喜？除了SPARK乐驰缤纷全车系首度重磅登场炫亮双眼，更有39800元起的惊天欢喜价震撼身心！谁说选择只能独一无二？谁说时尚高不可攀？全新SPARK乐驰全车系一举打破老套路，款款显精彩，辆辆超值新身价……

案例二　美国一家强效黏接剂厂商为打入法国市场，为其产品"超级3号胶剂"设计的电视广告是：一个人的鞋底点上四滴"超级3号胶剂"，然后把他倒挂在天花板上，保持10秒钟。广告播出6个月，销售量达50万支。

案例三　新甲壳虫New Beatle

新甲壳虫New Beatle：过目难忘

当你钟情于一样东西，它是一切，一切是它。

独一无二的新甲壳虫，它的出现，将现代工业设计的瓶颈统统打破，

它证明，炫目且极富个性的外表与过硬且实用的内在品质，完全能够理想地结合，

当你钟情于这样的一条弧线，它就是光影，是笑脸，是喷泉。

3.根据不同的信息因素分析下面的广告文案是什么类型的广告文案？

（1）百度，境界始于恒心

"百度"二字，源于一首宋词赋予的灵感。在这首八百年前的词中，诗人用一位喧嚣纷扰中若有所待、人生鼎沸里遗世独立的美女，来借喻自己高洁的志向与坚定的操守。"众里寻他千百度。蓦然回首，那人却在灯火阑珊处。"百度，以"千万次"为名，借此表达我们执著的信念和不变的追求……

"众里寻他千百度。蓦然回首，那人却在灯火阑珊处。"百度从创业至今，始终未离"搜索"二字。搜，寻觅之；索，求得之。寻而不觅，却信念未改；求之不得，仍思而待进。直到多少时光的苦心痴意换来了累累硕果，流年散尽后努力耕耘换来收获秋实之喜悦。中国自古就不缺少高洁之士，遗憾的是他们都难以看到中华的盛世，却面对了太多的外族入侵，山河摇落，社稷危亡。于是他们不得不以诗歌言志，苦行而独思，言语间饱含对祖国复兴的殷殷企盼。"路漫漫其修远兮，吾将上下而求索。"屈子行吟河畔时的仰天长啸，在今天终于得以看到中华民族之"长风破浪会有时，直挂云帆济沧海"。百度，执著求索的百度，终于在历史的复杂关头，在全球文化弱肉强食的纷争之中，倾所有之力支持中华民族的百年复兴伟业，让世界再一次将目光投向这个古老而伟大的文明。

（2）福美来

福美来：超强劲力　自然倍添吸引力

一路吸引追随目光，只因魅力闪耀。

内心的勃勃冲劲，在疾风中尽情展露；源于跑车的操控技能，令驾驶收放自如；配置处处以人为本，内饰风格优雅精致；更有遍及全身的安全配备，尽显沉稳气度。非是本性张扬，难掩魅力闪耀，非凡的君子魅力，尽在福美来。

福美来，和谐灵动，君子风范。

（3）在精确的时间完成全球速递，谁能马到成功？

面对这种情况，您需要一位身手矫健的骑手，而UPS全球速递服务正是如此！现在UPS让您的速递可以更灵活了！无论您选择早上9点之前，中午之前，还是工作时间结束之前，UPS都能帮您跨越一切障碍，将货物准时送达！

4.广告文案语言主要有哪三种形式？陈述语有哪几个特点？

5. 你怎样认识广告文案语言的修辞技巧？请举例说明。
6. 广告文案语言有哪些特殊要求？
7. 谈谈你对广告文案三种诉求方式的理解。
8. 为什么房地产、贵重商品多用理性诉求的方式做广告？谈谈你的认识。

[实践与实训]

任务一：广告文案写作前，收集产品、市场、同类产品的广告情况等资料是一项重要工作，其中问卷法是采集资料的重要方法。请为"红牛"功能饮料设计一份问卷调查表。

任务二：选择一款你熟悉的手机，分别以产品特点、产品功能、产品价格为诉求点，拟定广告文案。

任务三：请用陈述语、诗语、口语三种语言形式分别对你熟悉的商品写一则广告文案。

任务四：请用对偶和双关的修辞手法为一品牌化妆品各撰写一条广告语。

任务五：分别用感性诉求方式和理性诉求方式，为你的学校撰写一则招生广告文案。

任务六：通过报纸杂志、电视、网络、户外等途径收集你感兴趣的广告，并分析它们的诉求方式。选出印象最深的一则广告，写出自己的印象，并对其印象产生的原因进行分析。

知识要求：了解广告文案结构的构成要素；了解广告文案结构各构成要素之间的区别和联系；掌握广告文案结构各构成要素写作的基本要求；了解系列广告文案写作的基本知识。

技能要求：掌握广告文案各构成要素的作用和基本写法；能根据不同的广告要求，合理整合优化广告文案的各构成要素；能运用学习到的理论，进行各类广告文案创作。

开篇案例

UPS速递广告文案

标题：无论包裹多大，世界依然很小

正文：UPS明白，您的包裹是独一无二的。无论大小，我们都秉承一贯宗旨：为您准时而高效地送达。即使每天为世界各地多达790万的客户动用152500辆专车、超过600架飞机，我们依然对包裹的行踪了如指掌。这一切，都源于UPS的技术设备优势和专业精神。因此，正如世界各地的UPS客户一样，不论包裹大小，您均可将重任交托我们。

广告语：UPS至上之选　至速之道

附文：免费客服热线：800-820-8388　手机客服热线：400-820-8388　WWW.UPS.COM/CN

第一节　广告文案的结构构成

广告文案的结构是广告文案部分与部分、部分与整体之间的内在联系和外部形式的统一。通常，将安排文案结构称为布局谋篇，它的任务是根据广告的原则和要求，将材料、观点等内容要素，有步骤、有主次地加以组织和安排，使广告文案成为一个紧密、有机、统一的整体。

一、广告文案结构的发展和新变化

广告发展到现代,广告文案的基本结构也在发生着新的变化。广告文案在自身的发展过程中,其基本结构得到了逐步完善。从国际广告发展史可见,最初时期的广告文案并没有完善的结构。在英国伦敦博物馆保存着的迄今为止发现的世界上最早的广告文案也只有一段文字,没有广告标题等其他结构因素。中国北宋时期"济南刘家工夫针铺"铜版印刷广告,广告文案总共不过44个字,但就结构而言,它已具备了完整的广告文案基本结构。其文案如下。

广告标题:济南刘家工夫针铺

广告正文:收买上等钢条,造工夫细针,不误宅院使用;客转为贩,别有加饶。请记白。

广告附文:认门前白兔儿为记

广告媒介的发展和变化使广告文案也相应的随之发展、变化。这个变化在结构上的表现是,从只有一段文字的广告正文过渡到出现了广告标题,出现了广告正文、附文的分工,形成了现代广告文案结构的基本形式:即广告标题、正文、广告语、附文的有机组合。因而,广告标题、广告正文、广告语、广告附文被称为广告文案结构的四个构成要素。广告文案写作者需在这四个基本结构的基础上进行适应性、创意性的操作,才能使每则广告文案的结构体现出各种不同特点的、符合不同媒介特征的、对应不同受众接受心态的结构特色。

同时,我们又处在一个信息化时代,人们的生活、工作节奏越来越快,因此,现在结构不完整的广告占有越来越大的比例。广告文案的质量不是以结构是否完整来衡量的,而是这种文案结构是否可以将广告创意传达得更好、更恰当。

二、广告文案结构与传播媒介的关系

广告是靠不同的媒介进行传播的,不同的媒介有不同的传播特点,因而就要求有与之相适应的广告文案。因为发布过程和发布形式、接收过程和接收形式的不同,在不同媒介上发布的广告文案表现出不同的结构组合。

1. 平面广告文案的结构是广告文案基本结构的最典型表现

与广播、电视等电子媒介相比,因平面广告发布形式采用同一平面、同一时间的发布方式,每则广告的各项要素、各个结构组成部分都同时出现在广告受众面前,广告文案的结构展现清晰、明确,因此,一般在创作平面广告时,在结构上都编排得较为严整、完备,受众也能在同时最完全地了解各项文案结构。

2. 顺时传播使得广播广告文案的结构表现相对模糊

尽管在广告文案的写作过程中,文案人员提供了较为完整的文案结构,但在进入广播媒介发布时,因为是顺时传播,各个部分按时序发布,有一个相对的过程和时间的流程。因此,有一种结构上各部分间的模糊感。而事实上,为了诉求到位,还是需要各部分结构各司其职。即使在广播广告文案的写作中,结构也不是一个可有可无的东西。当然,因为是口头传播,可以选择更适合口头传播的结构,如无标题、用对话设置场景感,用独白表现情感的变化,结构的运用多为广告正文、广告口号,而在用叙述式语言表现时,结构上的完整性仍然是重要的。

3. 电视广告文案结构视觉、听觉互补相得益彰

电视这一媒介可以同时诉诸于人的视觉和听觉,电视广告文案拥有两个载体:语言和文字。这两种载体形成的文案相辅相成、相得益彰。一般情况下,都是将标题、正文用口头语言方式来表现,而将广告口号和附文用字幕形式或字幕的文字形式和口述的语言形式同时表现的方式。因此,给受众的文案结构感不强。在有的电视和广播广告中,广告口号就是广告标题,处于两者合一的结构状态。这在平面广告中作品中是不多见的。

第二节 广告标题

一、广告标题的概念及其功能

广告标题是广告的旗帜和窗口,是广告文案核心信息的浓缩,是吸引消费者注意力的标志。它对广告的最终效果有着直接的作用和影响。

1. 广告标题的概念

广告标题是整个广告文案乃至整个广告作品的总题目。广告标题为整个广告提纲挈领,将广告中最重要的、最吸引人的信息进行富于创意性的表现,以吸引受众对广告的注意力;它昭示广告中信息的类型和最佳利益点,使他们继续关注正文。

人们在进行无目的的阅读和收看时,对标题的关注率相当高,特别是在报纸、杂志等选择性、主动性强的媒介上。大卫·奥格威的研究表明,"读标题的人平均为读正文的人的5倍。"一项测验报告表明,80%的读者都要先浏览广告标题再看广告正文中的信息。因此,广告文案人员在进行文案表现时,总是将标题的创作作为一个非常重要的甚至是首要的工作。

2. 广告标题的功能

广告标题的重要性,是由它的基本功能所决定的。广告标题的功能,主要体现在以下几个方面。

(1)凝练广告主题 广告标题用高度概括的词句表达了广告宣传内容和核心信息,使观众对广告内容一目了然,或产生相应的联想。如"拥有一座家园,感受一生幸福",观众一看就明白,这是一个房地产广告,直接点明了广告主题。如"三金西瓜霜"广告标题:"咽喉防火墙",明确传达了防止咽喉上火的广告主题。再如,"两颗心之间的最短距离"(香水广告),这个广告标题,虽然不像前面的标题那么明显的表现主题,但是却能马上使人联想到用了香水之后的浪漫情调,进而感受到这种香水的迷人之处,间接点明了广告主题。

(2)引起受众注意 广告成败的关键首先是要看有没有公众阅读、收看或收听。而能否吸引公众阅读、收看收听广告,标题起着至关重要的作用。广告标题以其短小精炼的词句,用显眼的字体,放在广告的醒目之处,为整个广告提纲挈领,让广告最重要、最吸引人的信息在创意的表现中得到展现,以最醒目的方式对应受众的内在需求,以引起他们的关注,而且引起无意看广告的人的注意,产生阅读兴趣。如一则房地产广告的标题:"换山换水换一生"，令人感到新奇，使受众很想知道如何才能"换山换水换一生"，进而产生强烈的阅读正文的兴趣。

（3）分离目标受众　即在无目的阅读和收看的受众中间，分离出目标消费者。广告标题提出的广告信息中的利益点能成为受众潜在消费欲望的对应物，让他们自觉地对广告内容产生深度关注的心理和好奇。有的广告标题一般都直接或间接地提出产品的品牌名或产品的突出利益点。如山叶钢琴广告标题："学琴的孩子不会变坏"，这是台湾地区最有名的广告，它抓住父母望子成龙的心态，采用攻心策略，不讲钢琴的优点，而是从学钢琴有利于孩子身心成长的角度，吸引孩子父母。这一点的确很有效，父母十分认同山叶的观点，于是购买山叶钢琴就是下一步的事情了。

（4）引导购买行为　广告的劝导作用多数是从标题开始的。在广告标题中，有直接地表现产品品牌的消费者利益的标题："现在波多黎各对新工业提供百分之百免税"（波多黎各工业区）、"药材好，药才好"（仲景六味地黄丸）；有直接或间接地对受众发出消费劝导和呼唤的标题："总有一卡适合你！神州行，我看行"（中国移动通信）；有用煽动性的口吻来号召购买行动的产生的标题："看足球，喝可口可乐"（可口可乐）。这样的广告标题，广告受众甚至都不用再去看正文就已经被利益点、被劝导和呼唤所吸引，直接引导他们产生消费行为。

二、广告标题的结构类型

使用广告标题不但是为了广告文案结构的完整，也是为了使广告在最短的时间内吸引诉求对象的注意力。广告标题类型没有一定之规，可视广告文案的整体需要而定。一般来说，广告标题有两种类型可供参考。

1. 按内容划分

（1）直接标题　这种标题又可称为直接诉求式标题，它以简明的文字将所要宣传的事物或情况直接表达出来，让人一眼就明白广告究竟要说什么。如某养生产品的标题："不求面面俱到，只求默默做好三件事——调节血脂、降低血糖、降低血黏度"。简洁质朴，一目了然。

直接标题具有简单、明确的特点，可以使人一目了然，因而深受广告文案人员和企业的喜爱。根据其艺术成分的多少，直接标题又可分为产品化直接标题和艺术化直接标题。产品化直接标题就是直接用产品的名称、品牌或内容作广告标题，如"摩托罗拉手机"、"重庆秦妈老火锅"、"润洁——缓解视疲劳"、"中国义乌小商品交易博览会"等，这种标题直接明了，但是容易雷同，缺少广告的艺术感染力。艺术化直接标题是根据产品的特性，用艺术语言来创作广告标题，如爱华牌羊毛衫广告标题："心心知我新，爱华暖人心"，中国平安保险公司的广告标题"中国平安，平安中国"。这类广告标题富有一定的文学色彩，具有较强的艺术感染力。

（2）间接标题　不直接揭示广告主题，而是间接宣传产品功能和特点，常采用暗示或诱导的手法，引导消费者进一步注意广告产品的功能和特点，注意广告的其他信息。如三星针对情侣和青年男女为目标消费者的一款手机广告标题："爱语心牵"，三星针对时尚青年的手机广告标题："纤薄时尚，我型我素"，柏芬沐浴脱毛膏的广告标题："彻底脱毛，持久光滑"等。

2. 按形式划分

根据标题的编排形式，广告标题可以分为单一形态和复合形态两种。

（1）单一形态　单一形态标题是由单词、多词组、单句构成的广告标题形式，主要表达广告宣传的主题内容，具有直截了当的特点，最为常见。如"松下电器"（单词式），丹麦司迪麦口香糖广告标题："系出名门，新潮品味"（词组式），大白兔奶糖广告："谁说我跑不过乌龟"（句子式），步步高学习机的广告标题："外语通天下，成绩步步高"（句子式）。

（2）复合形态　复合形态标题又称为多重标题、复合标题。复合标题指由多个单标题形成的、相互之间具有某种内在的逻辑关系，在排列上呈先后次序排列的标题。复合标题形式能够对受众进行多重层次的、符合受众各种接受心态的诉求，它由引题、正题、副题三个单句子结构构成。引题，又称肩题、眉题或上辅题，它的位置在正题之前，一般用于交代广告信息的背景或原因，在文字上一般要少于正题和副题。正题，是复合标题的中心，在位置上也居于中心位置，它传达广告信息中最主要的或最关键的内容。副题，在位置上居于正题之后，一般是对正题作有效补充。具有明晰的分类和信息指向性，是标题和正文之间的桥梁。

在具体的操作中，它可以有三种表现结构：引题+正题+副题，引题+正题，正题+副题。

① 引题+正题+副题。这是复合式标题中最完整的标题形式。它由三个单句构成，相互之间形成一种背景交代、主题诉求、指向性补充的内在关系。因为此种标题结构的完整性，使得它在标题中就能较完整地将广告信息表现出来。一方面可以使得无目的阅读和接收的受众在标题的浏览中就能大致了解广告的信息指向，另一方面也由副标题建立了标题和正文之间的桥梁。如万科公司的房地产广告标题。

引题：万科城市花园告诉您

正题：不要把所有的蛋都放在同一个篮子里

副题：购买富有增值潜力的物业，您明智而深远的选择

再如TCL王牌彩电广告标题。

引题：清晰的力量，亮彩的魅力

正题：薄典B03液晶

副题：用鲜活影像感染你

② 正题+副题。这是复合标题中最常见的标题形式，一般是在正题直接地将广告信息进行表现，而副题的明显作用是将受众的视线从标题转向正文。如三金西瓜霜广告标题。

正题：咽喉防火墙

副题：清火消肿，止痛利咽，三金西瓜霜

再如仲景六味地黄丸广告标题。

正题：药材好，药才好

副题：来自八百里伏牛山天然药库

③ 引题+正题。引题为正题的广告信息的表现作铺垫，提供一个特定的背景情况。如某服务器广告标题。

引题：哇——他们为什么要惊叫？

正题：全新64位数据库服务器

三、广告标题的表现形式与写法

虽然广告标题分为直接标题、间接标题、单一标题和复合标题四大类型，但却有着众多的表现形式，主要有下述十余种。

1. 新闻式标题

新闻式标题指采用新闻标题的写法及形式的广告标题，为了加强广告的新奇性和可信性，把广告信息作新闻处理。采用新闻式标题的先决条件是，广告信息的本身必须具有新闻价值，必须是真实的、新的事物和事件的产生和发现。常用词汇有：新、最新、发现、推出、首次、目前、现在、消息等。例如，"隔断新贡献，抗火立大功——燃烧两小时，抗热温度986℃"（环球牌石膏板广告标题）。"治疗关节炎的突破性产品终于问世——阿斯巴膏"（阿斯巴膏广告标题）。要注意的是，当采用新闻性标题时，必须有真正称得上新闻的广告内容，否则传播媒介把它作为新闻登载出来，而受众发现其并无新闻价值，会破坏受众对媒介的信任程度。

2. 问答式标题

问答式标题是广告标题常用的表现形式之一。它是一种通过提问和回答的方式来吸引受众的注意力的表现形式。它的常用的词汇和句式是难道……？它是……？谁不愿？谁能？怎么样？为什么？怎能？等。具体表现有两类，设问式和反问式。设问式一般又呈现两种情形，或在标题中设问，在正文中回答；或在标题中自问自答。如美国Compaq电脑广告的标题："为什么美国1000家最大企业采购微电脑时，大部分都首先考虑Compaq？"；又如法国有家巴黎商店推销中国沱茶的广告标题："您要外形美吗？那就请喝沱茶，它可以溶解血液中的油脂"；再如UPS速递广告标题："在精确的时间完成全球速递，谁能马到成功？"。

3. 悬念式标题

即在标题中设立一个悬念，迎合受众追根究底的心理特征，以吸引受众的特别注意的广告标题。人类天然具有好奇的本能，这类标题专在这点上着力，一下子把读者的注意力抓住，在他们寻求答案的过程中不自觉地产生兴趣。它经常和问答式标题配合运用，用问题的提出来制造悬念。当然，悬念和设问有所不同。设问的结果一般是受众可以预料的，而悬念一般是受众不能预料的，甚至是完全与受众的认知倾向心理期待相反的事实。如有一则眼镜广告，其标题是："救救你的灵魂"，初听之时令人莫名其妙，悬念顿生，正文接着便说出一句人所共知的名言："眼睛是心灵的窗户。"救眼睛便是救心灵，妙在广告文案人员省去了这个中介，就获得了一种特殊效果。

4. 祈使式标题

祈使式标题也叫进言式或建议式标题，就是用建议的或劝导的语言和口吻，向受众提出某种消费建议。主要特点是可以运用情感因素，使广告和消费者之间的距离缩短，又因为告知了原因和理由，就使得标题很有说服力和吸引力。常用词汇如"请"、"千万不要"、"让"、"应该"、"无论如何"、"来吧"、"试一试"等。如"龙牡壮骨冲剂"广告的标题："别让孩子输在起跑线上！"；再如某果珍的广告标题："冬天请喝热果珍！"；再如"一品龙井茶"广告标题："请品一品龙井茶"一语双关，十分巧妙。

5. 承诺式标题

承诺式标题也称许诺式、利益式标题。其主要特点是在标题中就向受众承诺某种利益和好处。常用词汇："免费"、"定能"、"优惠"、"美丽"、"气派"、"方便"、"减价"、"附赠"等。承诺式标题如下：

（1）直接承诺 "买上海桑塔纳新车，一年内不限里程免费质量保证"（上海桑塔纳轿车）。

（2）间接承诺 "你只需按一下快门，余下的一切由我自己来做"（美国柯达公司）。

（3）暗示性承诺 "这些我们留着，其他的统统给你"（统一晨光果汁）。

6. 赞美式标题

就是在标题中直接地赞美、夸耀甚至炫耀广告中企业、商品、服务的特征、功能、有效性。写作特点是能在直接的赞美中让受众直接地明白广告中信息的优胜之处。

如"一分钟就能闻到香味的好咖啡"（南美咖啡）。

"30岁的人60岁的心脏，60岁的人30岁的心脏"（某药品广告）。

"饮用法国人头马，使您出人头地"（法国人头马酒）。

这种标题对分寸掌握的要求相对较高，如果出现自我陶醉、自我炫耀、夸耀无度而不真实的情况，会造成受众的逆反心理。

7. 比较式标题

此类标题主要是通过与同类产品比较，来显示自己产品或服务的优越性，使消费者对本产品的独到之处有深刻的对比认识。当然也可以对本产品进行前后的纵向比较，从而显示目前本产品的优势、特点。如"经常被模仿，从未被超越"（红桃K生血剂的报纸广告标题）；"从前每片刮10人，后来刮13人，如今可刮200人"（美国丽明顿刮脸刀）；"当您使用其他药物牙膏不理想时，请您试用蓝天六必治牙膏"等。

8. 口号式标题

口号式标题是指用简洁而富于号召力的口号形成的广告标题。因为经常用格言形式来表现，也叫格言式广告标题。它大多同广告口号互转。其内容一般都有企业和品牌名称介入其中，在表现企业或商品的品牌特性等的基础上，能比一般的广告标题起到更好的传诵作用。如"喝孔府家酒，做天下文章"（孔府家酒）；"见证历史，把握未来"（欧米茄表）。

9. 实证式标题

用证言和数字的形式进行表现的广告标题。因为它具有实证性，用名人或消费者的证言、用科学而可靠的实证性数据，能获得受众的注意和信赖。如"十粒大豆一滴油"（一品精制色拉油）；"你生命的三分之一是在床上度过的"（某床具广告）。但用这类标题必须实事求是，绝对不能用虚假数据和名人证言欺骗广大消费者。

10. 修辞式标题

修辞式标题即运用各种修辞方式而形成的广告标题类型，几乎常用的修辞方式都可以运用。比较常见的修辞方式有比喻、夸张、双关、引用、回环等。

如：使毛孔收细了，肌肤就像剥壳鸡蛋般细腻光滑（玉兰油活肤精华霜）——比喻

今年二十，明年十八（白丽美容香皂）——夸张

一网（往）情深（某网络广告）——双关

中国平安，平安中国（中国平安保险）——回环、双关

除了以上所列举的10种广告标题表现形式外，具体的广告文案标题表现形式还很多，如幽默式标题、抒情式标题、寓意式标题、故事式标题等。不管采用哪种标题只要能够引起消费者的注意，巧妙地传达广告主题信息，就属于成功的广告标题。

四、广告标题的写作原则

广告标题的写作原则是作为广告文案人员在标题创作的过程中必须遵循的基本准则，它的确立必须以广告标题的吸引力和销售力为参考目标。广告标题的写作原则如下。

1. 紧扣主旨，突出主题

广告标题是对正文的高度概括，是广告主题的集中反映。"看报看题"，看广告也如是。大多数受众在无意识的阅读中，总是先看标题再决定是否阅读正文。在受众的阅读习惯面前，广告标题的写作要有两手准备，在尽量运用标题的魅力将广告受众的兴趣和视线转向广告正文的同时，也要考虑到由于各种不同因素造成的不阅读正文现象。因此，写作时，要尽量体现广告主题，使得广告读者能在标题中对广告的信息主题有所了解，在匆匆一览之中，就能得到广告的最主要的内容、最主要的利益承诺、整个广告表现的主题因素。如神州牌热水器广告标题"安全又省气"就使受众很容易记住此热水器与众不同之处，且抓住了消费者对热水器品质方面的基本要求。

2. 明确需求，体现利益

广告创作不同于文学创作，文学创作是以表现社会生活、反映人生感悟、抒发情感体验等为主要目的的，而广告创作的最根本的目的是传达产品、服务信息，促进产品销售的。因此，广告创作人员必须永远把产品销售目标装在心中，广告标题创作更应如此。

标题既要表现消费者心目中的商品消费利益，又要表现商品能给予消费者的利益承诺。如"35岁以上的妇女如何才能显得更年轻"（某荷尔蒙霜广告标题）、"我们已突破了世界语言的障碍"（荷兰电信广告标题），表现了消费者对商品的消费期待和商品消费利益点，对应了消费者的消费心态，体现了商品满足消费的有效性。

在标题中表现消费者的利益，可以使广告抓住消费者的消费渴望和消费理想，诱使他们产生浓厚的兴趣，使目标消费者能对广告中的信息产生了解的渴望，继续自觉地阅读广告下文。

3. 简洁明快，通俗易懂

首先广告是为消费者群体和绝大多数普通受众做的，其目的就是作最有效的信息传播，因此广告标题要通俗易懂，而不能深奥难懂。其次，在数字化、信息化的时代里，人们的生活、工作节奏越来越快，人们的视听行为和习惯发生了很大的变化，花在阅读上的时间也越来越少，所以为了让受众一看便知，广告标题的表现形式就要简洁、明快，不用长句子，因为长句子表现内涵太多，且出现关联词，会造成过分书面化倾向，使受众因怕累而自动放弃阅读。

4. 新颖独特，吸引力强

新颖独特的广告标题往往能给受众带来很强的艺术感染和心理愉悦，给其留下深刻的记忆和印象，从而带来很好的广告效果。因此在广告标题创作中要力求新颖独特，避免生搬硬套。

第三节 广告正文与附文

一、广告正文的概念与表现内容

1. 广告正文的概念

广告正文是指广告文案中处于主体地位的语言文字部分，是广告标题的延续和诉求点的详细解释、阐述。其主要功能是展开解释或说明广告主题，将在广告标题中引出的广告信息进行较详细的介绍，对目标消费者展开细部诉求。广告正文的写作可以使受众了解到各种希望了解的信息，受众在正文的阅读中建立了对产品的了解和兴趣、信任，并产生购买欲望，促进购买行为的产生。阅读下面的广告文案案例，可以加深我们对广告正文的理解。

《万科·金色家园》广告文案

标题：万科品牌分享计划，全程启动

正文：与欧洲房子、德克士一起，发现60万人的消费空缺。

分享安全投资：万科·金色家园建设正在催生一个以一环路北四段为中心的新兴城市活力消费带，商铺和周边土地价格收益比节节看涨。

分享市场价值：万科·金色家园辐射60余万人稳定品质消费层，巨大的市场消费基础及庞大的租房人群打造坚固的市场价值链。

分享品牌运营：万科中国地产主流品牌开发商与都市消费品牌运营商一起，有序、科学地规划建设一条安全的投资绿色通道。

分享都市生活：万科·金色家园商业街区由名牌餐饮、风情咖啡、精品购物店等所组成，在都市休闲的风格走廊，精彩生活从此不打烊。

一环路旁20000平方米品质商业街区，4000平方米城市广场，辐射60万人口的消费区域，德克士、欧洲房子等品牌商检铁定入驻。

2. 广告正文表现的内容

广告正文所表现的内容主要有以下几个方面。

① 对标题中提出或承诺的商品或商品利益点给予解释和证实。

② 对广告中企业、商品、服务、观念等的特点、功能、个性等方面进行细部说明和介绍。

③ 表现广告中企业、商品、服务、观念等的背景情况。商品由什么企业生产，这企业在同类企业中的位置，商品的制造过程及其制造者的情况，甚至是商品制造过程中的有利于商品形象建立的趣闻逸事。表现商品的背景种种是为了形成品牌效应，或使消费者产生放心购买的心态。

④ 告知受众获得商品的途径、方法和特殊信息。这里的特殊信息，也可以是折扣、奖励等信息。在直接的销售促进的广告配合中，其折扣等特殊信息可以在标题、正文等各部分中给予表现。一则产品形象广告中，折扣等特殊信息就只能在广告正文中或广告附文中进行表现。

在广告正文中可以表现的内容是很多的，而在具体的一则或一系列广告文案中要表现哪些内容，关键是要看广告的诉求点和目的。

二、广告附文的概念、存在意义与表现内容

1. 广告附文的概念

广告附文是在广告正文之后向受众传达企业名称、地址、购买商品或接受服务的方法的附加性文字。附加性文字在广告作品中的位置一般总是居于正文之后，因此，也称随文、尾文。如下面的广告案例。

《联想S9手机》广告文案

标题：联想S手机粉流形　流行时尚　有形人生

广告语：自由联想　快乐共享

正文

· S流线造型粉优雅：超薄折叠的机身设计，独特的S流线造型，创造浑然一体的时尚风暴。

· 真空电镀外壳粉抢眼：魔幻镜面外壳，静谧幽深，炫彩夺目！

· 多媒体功能粉劲爆：大屏，双speaker设计，流畅的视频播放，给你震撼心灵的感觉！

附文

阳光服务热线：800-810-8888

公司地址：厦门火炬高新区信息光电园岐山北二路999号

邮政编码：361006

售后服务电话：400-818-8818

国际域名：www.lenovo.com

2. 广告附文存在的意义

① 对广告正文起补充和辅助的作用。

② 促进销售行为的实施。当广告的标题、正文和口号已经使目标消费者产生了消费的兴趣和渴望时，如果在广告附文中表现了商品的购买或服务的有效获得途径，使得他们能以最直接的方式、最短时间之内得到商品，消费者就会乘着兴趣产生消费行为。因此，广告附文可形成一种推动力，促进消费行为的加速完成。

③ 可产生固定性记忆和认知铺垫。在附文部分具体地表现品牌名称、品牌标志，使得受众对品牌的记忆固定而深刻。这个固定性记忆和认知铺垫，可以用品牌效应和企业形象来说服消费者产生消费。

3. 广告附文表现的内容

广告附文的具体表现内容大致分为以下几个部分：

① 品牌名称；

② 企业名称；

③ 企业标志或品牌标志；

④ 企业地址、电话、邮编、联系人；

⑤ 购买商品或获得服务的途径和方式；

⑥ 权威机构证明标志；

⑦ 特殊信息：奖励的品种、数量，赠送的品种、数量和方法等。如果需要反馈，还可运用表格的形式。

三、广告正文的结构

1. 一体结构

广告正文的结构按照广告信息的内在关联性，将所有的广告信息都组合成一个完整的整体，并用一个相对独立、完整的段落或多个段落形成的写作结构。一体结构广告正文一般由正文的开头、中间段和结尾三部分构成。

开头的主要使命是将人们的阅读和接收由标题转向正文的中间段。正文开头须引人入胜，需要花大气力选择由哪个角度入手，将什么信息首先传达出来。开头有两种方式：承接标题、总括全文。

承接标题又有两种方法：直接承接和为标题释疑。直接承接是在开头就所承接的标题中提出的消费利益点、购买理由或观点观念，进行开门见山的阐述。如美国国际集团公司的一则广告文案，其广告标题为："我们了解130个国家的规则、法规与习惯"。广告正文的开头："我们34000名雇员中的大部分都是他们工作地点的本地人。因此，他们非常了解本地的法律、民情和传统。"

为标题释疑，指的是开头直接针对广告标题中提出的疑问进行解释和问答，开门见山，直接地切入主题。如福特的一则广告文案，其广告标题为："为什么我们车子的车前鼻如此粗短？"而正文一开头为之释疑："VW车不需要长的车前鼻，因为它的引擎放在后面。"

2. 分体结构

分体结构指的是广告信息在广告正文中得到并列表达的结构形式。其表现或是一些并列的句子或是格式形式中的分列表现，或由并列的小标题所统领的多个小正文组成。主要表现形式是分列式、并列式以及运用分体结构的长文案。

四、广告正文的类型

不同的产品和服务，不同的企业在广告中的表现形式各不相同，广告正文的表现形式也会是多种多样。以下是几种常用的广告正文表现形式，即广告正文的类型。

1. 陈述型

陈述型是指直接以客观的语言展开诉求。这是广告正文最常用的方法。如新疆伊力特黑骏马酒的广告正文。

黑骏马酒是新疆伊力特实业股份有限公司的重要品牌，是新疆伊力特实业股份有限公司倾尽全力精心打造的酒中极品。新疆伊力特实业股份有限公司位于中外驰名的新疆伊犁巩乃斯草原的腹地——肖尔布拉克。肖尔布拉克是蒙古语"圣泉"之意，南北天山在此汇合，亿万年的冰川雪水融聚于此，奔流而去。这里有数千万年的原始森林，有水草、丰茂的草原，冬暖夏凉，远离尘嚣，实为世外桃源。这就是胜过天上人间无数琼浆玉液的黑骏马酒的出生地……

这段广告正文比较详细地陈述了伊力特黑骏马酒的产地环境，使人们对伊力特黑骏马酒的品质有了比较清楚的了解。

2. 简介型

简介型就是简明扼要地介绍企业的情况、产品的性能特点、服务的特色风格等。这种类型的特点是客观、有条不紊。如步步高学习机广告。

标题：考得好！学得好！用得好！

正文：

·考：外语通针对中、高考英语考试考查的听力、语法、阅读、写作四个方面而设计的"四大考点"学习功能，考试考什么，学习机就有针对性地辅导什么，稳步提高你的英语成绩。

·学：外语通针对日常学习设计的三大同步学习功能，课文同步、单词同步、方法同步，老师讲到哪里，你就同步学到哪里，学习效率当然稳步提高。

·用：外语通宽大显示屏加上柔和的白色背光，有效呵护你的眼睛，保护你的视力，让你学得开心用得放心。

这则广告简明扼要地介绍了步步高学习机的三大优势，把产品的功能、特点明确地表达了出来。

3. 新闻型

新闻型是指在特定的广告版面、广告时间内，用新闻报道的形式写作广告正文。这种类型适合于报纸、电视、广播三大媒介。新闻型广告正文写作要有两个基本点：一是必须以广告信息本身所具有的时效性和新闻价值为基础。二是写作的表现方式和结构等都必须是新闻语言、新闻结构、新闻表现方法，这样才能达到新闻效果。如双鹿冰箱广告文案正文。

新春时节，京华传喜讯。新华社公布了轻工业部质量等级公报，中国家用电器工业质量检测中心对电冰箱进行九个指标测试，按国家标准划分等级。双鹿冰箱跃入国际先进水平A级行列。

4. 故事型

故事型是指将正文写成一个完整的故事，以故事情节来揭示广告主题。如儿童百服宁系列广告就是故事型的案例。

第一则

《儿童百服宁》系列广告文案

广告标题：她在找一个人

广告正文：那天在火车上，我孩子发高烧，他爸爸又不在，我一个女人家，真急得不知怎么办才好。多亏了列车长帮我广播了一下，车上没找到医生，还好有一位女同志，给了我一瓶儿童用的百服宁，及时帮孩子退了烧，我光看着孩子乐，就忘了问那位好心女同志的名字和地址，药也忘了还她，你瞧这药，中美合资的产品没药味，跟水果似的，能退烧止痛，并且肠胃刺激又小，在我最需要的时候，百服宁保护了我的孩子。

人家帮了这么大的忙，我和孩子他爸都非常感谢她，真希望能再见到她，给她道个谢！

王霞

第二则

广告标题：找到她了！

广告正文：王霞，听说你在找我，其实给你一瓶药，帮你的孩子退烧，只是一件小事。

那天在火车上，我一听到广播里说你孩子发高烧又找不到医生，正好包里有一瓶医生给我孩子退烧的药，儿童用的百服宁，可以退烧止痛，肠胃刺激小，而且又有水果品味，孩子也乐意吃，所以就来给你救急了。那瓶药你就留着用吧，我家里还有，我孩子也常发高烧，家里总备几瓶，在最需要的时候，百服宁可以保护我的孩子，都是做妈妈的，你的心情我很了解。希望你以后带孩子出门，别忘了带施贵宝生产的儿童用百服宁！

5. 抒情型

抒情型是指以抒情为主要表达方式，通过与产品相关联的某种情感的抒发，以情感人，打动消费者。抒情型广告正文一般采用散文、诗歌等形式来完成。如某女性饰品广告文案。

标题：幻彩·悦目

正文：维多利亚海湾的湛蓝

晨曦那抹喷薄而出的朝阳

法国梧桐的新绿……

别出心裁的款式

都被赋予了一个奇丽色彩

水晶与色彩融为一体

变得更加熠熠生辉。

心花，在指间傲然盛放

　　心悦，在这个花样季节

6. 证言型

　　证言型广告是指广告正文写作中运用有关数据、专家鉴定、获奖名称、等级或证书，消费者的反映等作为证明进行宣传的一种形式。如哈药六厂高钙片广告："哈药六厂生产的高钙片，一片顶六片。"再如张裕爱斐堡北京国际酒庄电视广告，用世界葡萄酒品酒大师作证言："在我心目中，张裕爱斐堡是令人震撼的世界级酒庄，这里有我最喜爱的葡萄酒。"但是证言型广告其使用的材料必须具有代表性、典型性和真实性，绝对不能弄虚作假。

五、广告正文写作的要求

　　（1）要有说服力　说服力是广告正文写作的第一原则。

　　（2）要有创造性　广告如果没有针对性，就失去了目标；广告如果没有创造性，就吸引不了注意力；广告如果没有震撼力，印象就不可能持久。

　　（3）要主题明确　要主题明确，就必须切中要害，不可以躲躲闪闪，含糊其辞。有人认为标题是越"简明"越好，正文是越"丰富"越好。其实，这是一种误解。"丰富"不应该是大拼盘和大杂烩，"丰富"也必须主题鲜明、重点突出，能够"一语道破"。

　　（4）要风格独特　许多广告文案撰写者都是动笔之前在心中塑造一群特定受众的清晰影像，从中选择出一个典型的代表作为谈话的对手，这样就容易把握语言的风格。

　　（5）要简单易懂　又有谁会花时间去啃、去钻、去琢磨一篇晦涩难懂广告的文字呢？

六、广告附文的主要类型及写作要求

1. 广告附文的主要类型

　　广告附文一般可分为下列几种形式。

　　（1）常规式　常规式广告附文是围绕广告战略目标、广告对象，选择若干项附文内容一一列出。如前面所列的联想S9手机广告案例里的附文。

　　（2）表格式　表格式广告附文是将附文的内容用表格的方式进行显示。这种类型可以使附文的内容表达得更为清楚，使受众一目了然。

　　（3）附言式　附言式广告附文往往以"特别提醒"、"好消息"、"惊喜"等词语领起，向受众提供与广告内容相关的附属信息。如"倍轻松"健眼器广告附文。"好消息：倍轻松科技健眼器走入乡镇，全国乡镇村都可以方便订购倍轻松了！免费送货上门，货到付款（城市），15天内不满意，就退货，无忧健眼，全国联保，终身免费维修。"

2. 广告附文的写作要求

　　（1）有选择地陈述相关信息　广告附文包含的内容较多，但无须把所有的内容一一列出，罗列过多会使关键、核心信息不能突出出来，广告宣传效果反而不好。因此，在附文写作中，要根据广告主题突出几条关键的附加信息。

　　（2）有较鲜明的可识别性内容标识　广告附文应有较鲜明的可识别性内容和标识，如品牌标识、商标等，这样可以让受众一眼就能把此公司和彼公司区分开来。

　　（3）合理安排广告附文的位置　广告附文通常安排在广告下方，如果广告附文内容、信息较多，也可以合理地安排到广告的其他位置。

第四节　广告口号与广告准口号

一、广告口号的概念、作用与特征

1. 广告口号的概念

广告口号一般又称为广告语。广告口号是企业、商品的文字商标，它是企业和团体为了加强受众对广告主体信息的印象，在广告中长期反复使用的一两句简明扼要的、口号性的、表现商品特性或企业理念的句子。它是基于企业长远的销售利益，向消费者传达企业或品牌的长期、重要观念的主要渠道。广告口号一般情况下都很简洁、短小、精炼，字数一般控制在7～10个，诉求方向集中在品牌的主张、承诺或对消费者的利益点层面。

2. 广告口号的作用

（1）广告口号是企业、商品、服务与受众之间的认知桥梁　广告口号以表现企业、商品、服务的精神、理念、特性为内容，经过长期流传，这些句子就成了企业、商品、服务和受众之间的桥梁。

（2）加强受众对企业、商品和服务的一贯印象　广告口号在使用过程中反复表现、统一表现和长期表现。而统一的、反复不断的、长期的表现，能在人们的心目中留下一贯的、不变的印象。这个一贯的、不变的印象可以使受众心目中的企业、商品或服务体现出各自的个性特点和形象特征，使得它们能从众多的同类中突出自己，给受众一个深刻而长久的印象和记忆。

（3）通过多层次传播，形成口碑效应　口语化的语言风格形成流畅、明了、通俗易懂的表现特征，它利于人们的接受和记忆，也利于口头传播产生。人们可以在轻松的状态下完成人与人之间的多频度、多层次传播，形成一种波及效应，产生口碑力量。

（4）传达长期不变的观念，改变消费指向的同时，产生长远的销售利益　广告口号的表现内容不外乎企业的理念和商品的特性。广告口号在表现企业特征、商品特性的同时也体现了消费新观念。

3. 广告口号的特征

（1）信息单一，内涵丰富　广告口号一般都用一两句完整的句子来表现一个信息或一个观念，信息单一，容易理解，没有过多的信息需要受众的用心记忆和用心理解；内涵丰富，不仅是对广告信息的认知、肯定、观念表现，同时也是一种文化现象的表征，一种生活方式的倡导和价值体系的建立。

（2）句式简短，朴素流畅　广告口号要在受众的心目中形成一定程度的印记，就要使之句式简短，容易记忆；要形成多频度、多层次的波及传播，在句式上，除了简短、容易记忆之外，还要容易念，容易传。而要使广告口号成为大众阶层日常生活中的流行语，广告口号同时需具备朴素的口语化风格。因为口语化风格可以使得广告口号像一句日常的用语、顺口溜。因此，简短的句式、朴素的遣词造句方式、流畅的音韵效果，是广告口号的一大形式特征。

（3）反复运用，印象深刻　广告口号的特点不是变，而是不变。它是企业、商品、服务在广告运作的整个过程中，在各种媒介、各个广告作品中都以同一面貌甚至是在同一位置、用同一种书写方式出现的句子。它长期不变地向受众进行同一种观念、同一个形象、同一项利益点的诉求。在反复不变的诉求中，留给人们一个一贯的、个性的、深刻的印象。

二、广告准口号的概念和特殊作用

1. 广告准口号的概念

广告准口号是广告主题口号的补充。一般采用简短的单句、并列句或并列形容词，集中介绍商品的特点或体现企业的理念，作为对广告主题口号的补充。由于广告准口号的表现形式及其表现内容的丰富性，也有的准口号是采用简短的句子表现一种格言形式的、警句型的内容，因此，广告准口号在我国港台地区的一些广告人那里，被称为"广告小格言"，但广告小格言的包容范围没有广告准口号广。

2. 广告准口号的特殊作用

（1）对广告主题口号进行适当的、随机的、有效的补充　如我国台湾统一企业的大部分广告作品中，除了它一贯的广告主题口号"飞向健康快乐的21世纪"之外，还设有"统一小格言"的文案部分。在"统一晨光果汁"和"统一纯红茶"的系列平面广告中，其广告小格言为："干净的心灵是健康的第一步"。而它的"永远保持乐观，随时要有笑容"、"时时刻刻保持光明正大的心灵"等都作为广告主题口号的补充。受众可以通过广告小格言进一步了解企业的理念，了解商品的品牌特征。在国际许多著名品牌的广告文案中，采用小格言等形式来表现广告准口号的很多。如阿迪达斯运动产品类的报纸广告，总在小角落里，写上一些精致的、有韵味的句子："我把小小的礼物留给所爱的人，大的礼物留给所有的人"；松下电器类产品有"失败是获致成功的学费"……这种适当的、随机的补充，可以使整个文案更生动更加贴近受众或消费者，与消费者之间产生一条独特的沟通、交流的有效渠道。

（2）强调商品的优势，突出产品的特征，反映单个广告作品的诉求主题，体现企业或服务的宗旨或观念　在广告主题口号的诉求前提下，补充表现单个广告所强调表现的主题性。如一般的产品广告文案，在整个广告作品的广告口号运用时，都是采用广告主题口号的。因为每一个广告作品都是一个广告活动中的组成部分，而采用主题口号就可以使广告作品之间产生连贯性和一致性。同时，该产品广告可以借助于企业背景和品牌背景形成自身的品牌规模和品牌效应。但是，每一则广告作品又是有其各自的侧重点的。因此，文案就可以借助准口号形式，将产品的优势和突出特征进行表现。例如方太油烟机企业的广告主题口号是"你需要的，我们永远努力"，而在方太油烟机的产品登场广告中，还有一准口号："清除油烟，当然方太"。准口号将产品的重要特征用一并列词组进行表现，使产品特征在简短、醒目的形式中印象深刻。

三、广告口号与广告标题的区别

广告文案的基本结构为广告标题、广告口号、广告正文、广告附文等部分。但是，在实际的操作中，并不是广告标题和广告口号都作为一个不变的结构部分全部存在的。在具体作品中，可以看到无标题文案、无口号文案、标题和口号同一的文案。但这并不表明广告标题和广告口号两者之间是无差异的，两者之间有着重要的区别。

1. 表现功能不同

广告口号是为了加强企业、商品和服务的一贯的、长期的印象而写作的，而广告标题是为了使每一则广告作品能得到受众的注意，吸引受众阅读广告正文而写作的。如"佳能 canon"的广告口号是"影像文化，尽在佳能。"，但佳能不同的产品，则有不同的标题，佳能 PowerShotA620 的广告标题是"小尺寸，大力量！"，佳能 EOS400D 的广告标题是"轻松捕捉肥皂泡破裂的瞬间"，佳能 SELPHY CP710 的广告标题则是"速度带来更多快乐"。

2. 表现风格不同

广告口号因为着力于对受众的传播和波及效应的形成，在表现风格上立足于口头传播的特征，其语言表达风格就要体现口语化特征，自然、生动、流畅、给人以朗朗上口的音韵节奏感。在语言的构造上，要体现平易、朴素但富于号召力的遣词造句特点。而广告标题比较起广告口号，它的表现功能要求它新颖、有特色、能吸引人，因此，可以是生动流畅的口语风格，但因为它在广告中的提纲挈领的作用、平面广告中的分量，它更倾向于书面语言风格的运用。

3. 运用时限、范围不同

广告标题是一则一题，在每一则广告中，标题都是不同的。因此，运用时间短暂。而广告口号是广告主在广告的长期过程中的一贯的运用，它在一个企业或商品的广告战略中被长期地运用，被广告运作过程中的每一则广告作品所运用，是该企业在不同媒介中的广告作品的一部分。因此，广告口号所运用的时间长，而广告标题所运用的时间短；广告口号的运用范围广，而广告标题的运用范围窄。

4. 负载信息不同

广告口号所负载的信息，一般是企业的特征、宗旨、商品的特性、服务的特征等，是企业、商品和服务的观念和特征的体现，而广告标题不一定是负载这些信息的，它为了吸引消费者的注意，可以用广告口号中的同样的信息负载，也可以负载与广告中的信息不相关的信息内容，在信息的负载面上，广告标题与广告口号各显特色。如大红鹰集团的广告口号"大红鹰，胜利之鹰！"负载的是企业一种非凡的气度；而李宁运动系列服饰的广告口号："一切皆有可能！"则表达了一种心理期待。

总之，广告标题和广告口号在广告作品中所起的作用不同，所处的位置不同，两者之间变与不变、长期与短期、运用范围大与小等方面都有很大的不同。

四、广告口号写作的类型与技巧

（一）广告口号写作的类型

广告人大都将广告口号分为企业广告口号和产品广告口号两种类型。企业广告口号是为建立一个一贯的企业形象而写作的，产品广告口号是为产品或服务的形象建立、产品或服务的直接销售而写作的。实际上，这只是一个大的分类。根据对许多广告口号的分析和研究，我们可以在内容和表现结构上给它们一个较为详细的分类。

1. 内容类型

（1）形象建树型　即在广告口号的具体内容表现上，主要表现和建立的是广告主体的形象。这个形象，可以是企业形象、产品形象、品牌形象、服务形象，其目的，是为了建立一个让公众和目标消费者信任、赞赏的形象，为广告主体的一系列长期的销售活动作有效的铺垫。如海尔电器的广告语："海尔，中国造！"。

（2）观念表现型 不是直接地将企业的心声进行表白，而是通过对某种观念的提出和表达，来表现广告主体中的企业、产品经销者、服务者的观念和看法，表现对一种消费方式和消费观的创造和引导。通过观念的提出和表现来表达企业的胸怀，创造某种消费新时尚，也是广告口号中的一个重要的内容类型。如圣元婴幼儿奶粉的广告语："圣元，有健康，就有可能！"。

（3）优势展示型 一般是展示商品（产品或服务）的优势。许多的广告口号用优势展示型，来展示广告主体的功能、特点，让消费者用最省俭的方式了解广告主体的优势。对于直接地进行产品销售的广告运作来讲，这是一种很好的口号性煽动。如思念水饺的广告语："思念水饺，家的味道"、杰士邦产品广告语："确保安全，自有一套"。

（4）号召行动型 在广告口号中，主要的诉求内容是向受众发出某种号召，号召他们行动起来，去做某一件事，去进行某种消费行动。这种号召，一般都是采用直接的方式运用祈使句式来进行的。如贝克啤酒的广告语："喝贝克，听自己的！"。

（5）情感唤起型 用情感唤起型，是为了借助受众心目中的人性因素、情感因素，用情感向受众呼唤、宣泄、倾诉，以此求得广告受众和目标消费者的情感消费。如第比尔斯钻石广告语："钻石恒久远，一颗永流传"，这句广告语不仅道出了钻石的真正价值，而且也从另一个层面把爱的价值提升到足够的高度，使人们很容易把钻石与爱情联系起来，从而唤起受众最美妙的情感共鸣。

2. 结构类型

从广告口号的句式结构角度，来对它进行分类，大致可以有以下几类。

（1）单句形式 许多的广告口号都是采用简短的单句形式来表现的。单句形式的广告口号，也可用广告主体的名称来形成。如李宁运动系列产品广告语："一切皆有可能！"。

（2）对句形式 对句形式的句式，就是用两个短的单句组成的广告口号句式，这个句式，因为读起来可以有一种相互映衬的音韵效果而被广泛地运用。对句形式的广告口号有两种形式，非对仗型和对仗型。对仗型的对句形式念起来朗朗上口，运用最多。如"鹤舞白沙，我心飞翔"（白沙集团）、"中国网，宽天下"（中国网通）、"唐时宫廷酒，今日剑南春"（剑南春集团）等。

（3）前缀式句型 前缀式句型，一般都是在一个短句前，有一个产品的或企业等的广告主体的名称。这种句式，前面表现了信息诉求的广告主体，后一句是对广告主体的评价或特征展现。如"巴黎欧莱雅，你值得拥有"（欧莱雅集团）、"非常可乐，非常完美"（非常可乐饮料）。

（4）后缀式句型 与前缀式的句型刚好相反，它是在前面表现对广告主体的评价和特征展现，在后面表现广告中的企业、产品或服务的名称。如"好空调，格力造！"（格力电器）。

以上四类不同的句型中，简短的单句形式具有简短易记的特点；对句形式特别是其中的对仗型的对句，具有对称美和音韵美；而前缀性和后缀性的句型，又可以在广告口号中将品牌的名称得到表现，使得广告口号的流传过程始终有品牌相伴相随，可以避免广告口号在流传过程中与品牌脱离导致传播失去目的性的结果。各有各的形式特征，可以灵活地运用。

(二) 广告口号的写作技巧

广告口号的写作技巧，离不开内容表现的选择技巧，也离不开形式的选择技巧，还离不开形式选择后的具体写作中的选词造句、意境表现等方面的纯粹的写作操作技巧。

1. 广告口号内容选择的技巧

（1）选择广告主体的最优先特征进行表现　如果是企业形象广告口号，就可以选用企业的历史、专利技术、规模效应等方面来进行表现；如果是产品广告口号，就可以选用产品的的特殊功效、对消费者所能带来的方便性、利益点等方面来进行表现；如果是服务性广告口号，就可以选用广告主体的服务特色和消费者能得到的、不同于一般的待遇和服务来进行表现。

（2）选择能够体现广告主体的关键观念进行表现　以一个关键性的，与广告主体本质相对应的观念来进行表现，可以形成所期待的消费反映。

（3）选择在情感上能与受众产生共鸣的内容进行表现　将广告主体对消费者、对社会的、对公共事业的关心和付出，将广告主体的心声进行表现，能引发受众和消费者对广告主体的情感倾斜。

2. 广告口号形式选择的技巧

① 选择前缀句式和后缀句式，可以使广告主体得到广泛的反复的传播。
② 选择单句形式，可以使广告口号能在最短的时间之内让受众明了。
③ 选择对句形式，可以利用音韵效果产生多度的流传。
④ 采用号召性的祈使句式，可以产生即时的消费冲动。
⑤ 避免命令形式，因为它可能会导致抗拒和反感。

3. 语言表现技巧

优秀的广告口号字字珠玑，一字千金，它不仅具有广告的一般功能，拓展销售市场、塑造品牌形象，而且以其文字的内在魅力，打动消费者的心扉，成为与品牌不可分割的一部分，并在社会上广为流传，深入人心。怎样才能创作出好的广告口号呢？

（1）简短凝练，易传易记　广告口号主要是要通过口头传播来宣传广告主体的形象和观念，并使之成为广大消费者的日常生活流行语。因此，广告语的创作要符合口头传播的规律，简短易记。广告语的写作不能过长，更不能用生僻的字词语句，尽量使用消费者在日常生活环境中熟悉的、亲切的、平易的语言。同时广告语力求合乎音韵，体现音韵之美、流畅之美、节奏之美，便于流传。如可口可乐的一则广告语："享受清新一刻"、麦氏咖啡："滴滴香浓，意犹未尽"、吉列剃刀："看着光，感觉爽"等。

（2）单一明确，新颖独特　单一是指广告口号的写作要选择一个具体的诉求点来宣传产品，而不能覆盖面太广，包含内容太多。明确是要求广告口号不能故作高深、晦涩难懂，广告口号一般只表达一个明确的主题。如富康轿车的广告语"富康，可信赖的朋友"以人性化的语言表现了富康轿车的质量可信。在现代生活中，各类信息传播无所不在，没有新意和个性的广告语是很难引起消费者的关注和记忆的，只有具有个性的广告语，才能在众多的广告中脱颖而出。因此，广告语应与产品、企业形象、服务的独特的个性相联系，以新颖独特的语言，强化产品、企业的性能、优势，塑造品牌鲜明的个性特征。如娃哈哈纯净水的广告语："我的眼里只有你"、中国移动动感地带的广告语："我的地盘我做主"等颇具个性，给人印象很深。

第五节 系列广告文案

一、系列广告的表现特色与写作特征

1. 系列广告文案概述

系列广告文案是相对于单一广告文案而言的。系列广告是指广告主体的信息基本要素，按一定规律或内在联系呈系列地出现在广告媒体中，通过画面、文案、影像、声音等媒介，将广告主体信息的不同侧面，或系列产品的核心信息进行逐项的、系列的介绍，使这一系列广告综合表现一个完整的、全面的信息。为系列广告写的文案就称为系列广告文案。

系列广告文案的特点主要是：系统性，即系列广告内多篇广告之间相互关联；侧重性，即各个广告有所侧重地表达系列广告统一主题的一个侧面；综合性，即把系列广告内多篇广告综合起来，表达一个完整的、全面的信息。

2. 系列广告文案的特征

系列广告文案的写作目的是为了全方位、多角度、全过程和立体地表现广告主体，从而形成较大的广告影响力和广告气势，满足受众对广告信息深度了解的需求。为了实现这个目的，系列广告文案在表现上就比较注重刊播的连续性、信息的全面性、结构的相似性和内容的相关性。

（1）刊播的连续性　系列广告文案一般是连续刊播，这样可以形成宏大的广告气势。系列广告是在广告策略的指导下，通过一定的广告策划，经过统一的安排，有计划地进行广告连续刊播活动。在这些系列的、连续刊播的广告中，广告文案用统一的主题和风格，甚至是同一种表现形式，同一个广告标题，同一篇广告正文来对受众进行连续的广告传播活动。这种连续的刊播可以形成广告宣传的排山倒海之势，对受众产生强烈的震撼。可以全面反映广告主的企业宗旨和企业实力，也可以反映产品的过人之处。如"别克凯越Execelle"轿车系列广告文案。

《别克凯越Execelle》广告文案

第一则

广告标题：全情全力，志在进取

广告正文：一个时代的主导力量，并非高高在上——时代中坚者，于脚踏实地中卓显实力。"全情全力，志在进取"是他们共同的语言：事业全力以赴，生活全情投入；更凭借领先优势，远见规划未来！——如别克凯越，继承别克品牌品质精髓，以前瞻性标准融汇当代汽车科技，带来更高效动力，更舒适驾乘感受，更可信赖的周全保护，从而赢在起点，领先长远！别克凯越，天生风格沉稳而实力卓著，可与时代中坚者并驾齐驱，前途无可限量！

第二则

广告标题：还在寻找更广阔的个人空间？

广告正文：凯越，为时代中坚者首创"双H"超高效和谐延展空间。革命化的仪表盘连贯车门水平主轴（Horizontal），配合双暖色一体化内饰（Harmony）。置身其中，清晰感受空间延展，全局一手掌握。更汇聚高效空间规划，呈现自在驾乘感受——2.6米轴距座舱设置16处储物空间，兼顾繁忙公务与私密生活，全套智能电控系统，以简易化操控达成更高效率。凯越，助全情全力，志在进取之时代中坚者主导效率空间，放怀广阔未来！

第三则

广告标题：凯越科技，全方位呈现

广告正文：凯越科技，全方位呈现"动态舒适"驾乘科技，创领全员"动态舒适"驾乘新时代。独有的Twin-Tec引擎，Step-gate精确排档与Twin-link悬架一体联动，生成动态舒适感应，各类驰骋乐趣全员同步体验；全封闭承载式车身，配合前后排超高效空间，将全员保护与全员自由合二为一；更以豪华配备确立同级车领导地位，事业生活愈加得心应手！这就是凯越，助全情全力，志在进取之时代中坚者携手共进，成功指日可待！

（2）信息的全面性　多则不同表现内容的广告文案，可以较为全面地、多角度地表现广告信息，满足受众对广告信息的深度了解的需求；而表现相同广告信息的多则广告文案，可以反复地体现广告信息而使广告得到有效的传播。在系列广告作品中，广告文案所表现的信息内容之间，一般呈现以下的关系：信息并列关系、信息同一关系、信息递进关系。

① 信息并列的系列广告文案。信息并列的系列广告文案，一般有两种表现。一种是将广告主体的各个方面分解成不同的侧面，在每一则单个广告文案中表现其中的一个侧面，或者将同一品牌的不同系列产品作并列表现。广告受众在连续的阅读或接收的过程中，通过各个侧面信息了解到一个全面的广告主体或同一品牌的不同产品特征。这是单纯处于并列关系的系列广告文案。像别克凯越轿车系列广告文案就属信息并列的关系。另一种是在系列广告中的第一则广告文案里采用总括性的信息表现，而在以后的几则广告文案中，又分列出不同的侧面来表现，将后面多则广告所表现的信息总括在一定范围内。

属于信息并列的系列广告文案，可以多角度地、全面地传递广告信息，让受众从各个侧面了解到广告主欲告知的方方面面的广告信息。

② 信息递进的系列广告文案。信息递进的系列广告文案，有的是对广告信息进一步的深入发掘，可以使受众一步步地、由浅入深地了解广告信息；有的是完整地反映企业、产品和服务在各个不同时期一步步的发展状况和现实存在，使受众能跟随着广告的系列表现了解广告主体的发展状况。这样受众对广告信息能有一个全面的了解，也使广告主和受众之间能够达到一种长时间的沟通，在沟通中受众对广告主体的有关情况产生兴趣。如北京东方太阳城系列广告文案。

《北京东方太阳城》系列广告文案

1. 探寻潮白河畔的梦想家园

枯柳树环岛向东拐，直行不久就看到了东方太阳城的广告指示牌，沿着道路前行，两排的银杏树延绵不绝，虽然已入初冬，树枝已略显凋零，但仍可想象金秋时节这里的美丽情景。路的两旁是待开垦的田地和原野，在这样的季节，显得格外的开阔。从城市来到这里，顿感神清气爽。

不一会儿，远处的建筑群已隐约可见，从树木的缝隙中看过去，淡米黄色的简单建筑坐落在院落之中，雅致安静。谈话的间隙，车已经行驶到了东方太阳城的门口。从这里看去，大门设计成弧线形，显得干净简洁，从保安手中领过出入证，我们驱车缓缓进入。

2. 别有洞天，豁然开朗的世外桃源

随着车慢慢驶入，人群中有人开始发出阵阵赞叹。社区内大片绿地和各式建筑的搭配，通体给人神清气爽之感。一座梦幻般的画卷在我们面前展现：碧波荡漾的潮白河畔，7000亩林地含秀吐翠。水木清华之间，楼影幢幢。虽然已近初冬，水面在略显料峭的风吹下，仍不失勃勃生机。每个来到过东方太阳城的人都有这样的感悟，随着一点点地进入东方太阳城，一点点地深入了解它，你会发现这是一个远离尘嚣的世外桃源，一个别有洞天的梦幻家园。

极目远眺，风景如画。16万平米人工生态湖微光鳞鳞，75万平米景观绿地像一张巨大而柔软的地毯，覆盖社区南北。234万平米宏伟规划的蓝图，建筑面积仅70万平方米（其中配套公建近5万平方米），80%的绿地覆盖率带给眼睛和心灵超滋润的享受。洼处成湖，景观绿地漫坡起伏，湖心小岛，林荫小道，游廊曲径，完全按照自然的地势延展，浑然天成，没有雕琢的痕迹。浩瀚家园就像一个童话中的大森林，在这里，呼吸成为一件简单而又快乐的事情，坐在家中，就可以尽享大自然的芬芳……

3. 沐浴阳光，四季如春的人文关照

还没等我们完全从这番美景中反应过来，车已经在东方太阳城的来访中心门前停了下来。来访中心是一座坐落在水上的蓝顶建筑，也是整个社区的服务中心。温暖的阳光透过落地大玻璃窗，整个大厅内显得明亮雅致。我们注意到，大厅中已三三两两坐了一些老年人，有咨询的，也有读书看报的，很是悠闲。一直以来，东方太阳城都带领着中老年业主们发掘生活的乐趣，大自然的美妙。目前社区里居住着昔日里各行各业的精英，有学者、商界政界人士、艺术工作者等，文化层次普遍较高，对精神和文化内涵的追求也就更迫切。所以，社区的文化生活一直办得红红火火、有声有色……

在健康快乐、积极向上的人文环境中，社区精彩纷呈的各种主题活动也吸引着每一位业主的亲身参与：中秋灯会、重阳远游、新年音乐会、风筝节、植树节、采摘节、摄影节、桃花节等，白天观赏湖光山林的秀美，晚上品味荷塘月色的清幽，推开窗子，就是一帘天然的美景图，无须养鸟植花，自有鸟语花香。呼吸着每立方厘米2000个负离子的高疗养级新鲜空气，社区的生活每天都在如此的诗情画意中涂抹下五彩缤纷的颜色，浓妆淡抹总相宜。

4. 在水一方，近水思源的居住部落

站在社区最高处，碧水蓝天之间，一栋栋秀丽端庄的小楼次第坐落，灰色的屋顶，米黄色的楼体，红色的廊柱，掩映在绿树繁花之中，颜色分外和谐。东方太阳城根据不同的家庭类型贴身设计了不同的建筑形式……

5. 富足人家，退休后的阳光生活

阳光，是健康生活所不能缺少的。东方太阳城所有的户型，都最大限度地保证了采光。阳光透过巨大的落地窗，洒在房间的每一个角落。心里就有一种暖流缓缓流淌，那是几代人共享天伦的温馨。以中空隔热断桥铝合金喷塑的保温窗，保持屋内采光通透、四季如春。超大面积的起居室，宽敞明亮，更加舒适。雪白的墙壁，独具匠心的装饰墙，在宁静中增添了情趣……

广告口号：有天，有地，有水，有情，有东方太阳城，生活就像在绿野中徜徉，自由自在。

③ 信息同一的系列广告文案。信息同一的系列广告文案，是就广告主体的特征，进行同一信息诉求的不同表现形式的广告文案。这种表现，可以将一个广告信息进行反复的、不同角度的表现，使同一信息的诉求深入拓展，可以避免广告文案表现的空泛和乏味。如网易系列广告文案。

网易系列广告文案

《长城篇》

标题：要是长城只有一个人建造？

正文：任何时候，唯有共同参与，才能创造出万里长城的奇迹。网络时代每个人都可能创造奇迹。因为互联网把所有人连在一起。当所有人同参与，共分享时，13亿人的力量谁可估量？网易致力于推动中国互联网的发展，率先开发出全中文搜索引擎，免费电子邮件系统，网上虚拟社区等先进技术，建造中国互联网的平台。然而若没有数百万人的共同参与，我们又如何创造日均页面浏览量2400万，登记用户590万，聊天室34000人同时共用的骄人业绩？感谢大家的参与，期盼更多人参与进来，与我们一起共建中国互联网美好的未来。

《龙舟篇》

  标题：要是面对挑战都是孤军奋战？

  正文：任何挑战，唯有更多同伴支持，才能临危不惧，赢得胜利。网络时代你绝不再孤军奋战，因为互联网把所有人连在一起。当所有人同参与，共分享时，13亿人的力量谁可估量？网易致力于推动中国互联网的发展，率先开发出全中文搜索引擎，免费电子邮件系统，网上虚拟社区等先进技术，建造中国互联网的平台。然而若没有数百万人的共同参与，我们又如何创造日均页面浏览量2400万，登记用户590万，聊天室34000人同时共用的骄人业绩？感谢大家的参与，期盼更多人参与进来，与我们一起共建中国互联网美好的未来。

《舞龙篇》

  标题：要是节目只有一人庆祝？

  正文：任何庆祝，只更多人参与，才能拥有更多的快乐。网络时代每个人的欢乐都能变成大家的快乐。因为互联网把所有的人连在一起。当所有人同参与，共分享时，13亿人的力量谁可估量？网易致力于推动中国互联网的发展，率先开发出全中文搜索引擎，免费电子邮件系统，网上虚拟社区等先进技术，建造中国互联网的平台。然而若没有数百万人的共同参与，我们又如何创造日均页面在浏览量2400万，登记用户590万，聊天室34000人同时共用的骄人业绩？感谢大家的参与，期盼更多人参与进来，与我们一起共建中国互联网美好的未来。

  网易系列广告获《现代广告》2001年"创意无限"大奖赛金奖和全场大奖。网易系列广告文案采用了同一信息的多角度表现方式，形成一个风格独特的广告系列。系列广告围绕主题，集中地表达了：只有人们的积极参与，网络才会红红火火地发展的主题。为了达到这一目的，广告将同一信息，运用不同形式的表现，进行横向拓展，从不同侧面加强了表现的分量，具有一种无形的说服力，对大众产生了强烈的震撼。同时广告在标题，正文的结构、句式上都比较相似，风格同一，环环相扣，又略有变化。标题是同中有异，正文则是异中有同，在坚持风格、主题同一的同时又有变化。各部分之间内容上具有关联性，表现上具有变化性，表现了最大的信息量和较广的信息面。

  （3）结构的相似性与内容的相关性 系列广告文案的结构大都相近、相似，甚至相同。系列广告表现在结构上的相似性是人们区分系列广告与单篇广告的重要标志。系列广告文案的内容大都是关于同一产品或服务的，有统一的定位。因此在内容上系列广告都是相关的。如本节所举的系列广告文案案例都是如此。

二、系列广告文案的构思方式与表现类型

1. 系列广告文案的构思方式

  系列广告文案的主要构思方式分横向拓展、纵向深入和纵横配合三种不同的构思方式。

  （1）横向拓展构思方式 横向拓展构思方式，就是运用横向拓展的思维方法对系列广告文案的主题表现、内容表现进行横向拓展的构思方式。横向拓展构思方式，可以从广告主体的各个侧面、各个角度来进行，可以就同一种品牌的不同产品的横向表现来进行。也可以从一个信息点来进行放射性的横向拓展。可参看"别克凯越Execelle"轿车系列广告案例。

  （2）纵向深入构思方式 纵向深入构思方式是一种与横向拓展构思方式在构思途径上完

全相反的构思方式。它的主要特征是由一个信息源点入手，然后一步步向纵深方向发展。这种构思方式在实际运中用，可根据广告中企业、产品或服务的发展情况进行一步步的深入展开，来传递广告信息。可参看北京东方太阳城广告案例。

（3）纵横配合构思方式　有的系列广告文案，在构思时，不仅仅是用了横向拓展方式或纵向深入方式，而是两者配合运用。这种两种方式的配合运用，可以使一则系列广告从广度和深度两方面对广告信息进行立体表现。如实达电脑系列广告文案。

实达电脑系列广告文案

《昨天篇》

平实价格　轻松拥有　昨天我的儿子买了台PC上网

如果你想拥有一台品牌电脑，实达"梦飞"不是梦。平实的价格，畅通的销售。网络，优质的服务，让寻常百姓感受一份关爱，一片热情，一种轻松拥有的满足。

《今天篇》

时尚小巧　世纪潮流　今天我与网友TOM有个约会

海水绿透明机箱，晶莹剔透；全流线外观造型，智慧小巧；主机内置音箱，蕴含激情，引领2000年时尚设计新潮流。

《明天篇》

网络生活　美好人生　明天我也上网交个友

单键上网，结合极为丰富的网上信息服务。www.home.com.cn建立起自己的网上家园；www.chinaren.com综合信息服务；www.coolbid.com.cn网上拍卖服务；www.k99.com.cn网上健康信息服务；将使您真正享受因特网时代给您带来一份轻松和惬意。

这个系列广告采用纵向深入和横向拓展相结合的构思方式，用"昨天"，"今天"，"明天"等时间词纵向地表现电脑离我们的生活越来越近，与我们每一个人的关系越来越密切。用广告标题表现了实达电脑价格、时尚、普及的横向信息特征和广泛的信息内涵。

2. 系列广告文案的表现类型

（1）悬念式表现形式　在系列广告文案中，经常运用一些前导广告文案故意制造悬念，使得受众能被这些悬念所吸引，产生强烈的阅读和接收广告的兴趣。

（2）描述式表现形式　即广告文案主要采用描述性的表现方式。

（3）自述式表现形式　一般是在系列广告文案表现某一个产品的内在特征、个性特征时所运用的表现方式。

（4）论辩式表现形式　一般在系列观念广告中采用。

三、系列广告文案的写作过程与写作要求

（1）系列广告文案的写作过程　系列广告文案在写作过程上与一般广告文案写作过程有些不同。其写作步骤如下。

① 研究广告主体的广告目的、广告策略、广告计划等方面，在广告创意和广告表现的规定性的策划中，决定是否运用系列广告文案形式。

② 在决定运用系列广告形式之后，对广告主体信息的各个方面要素进行有机的分类。分类的原则是信息层次的同一性和各个信息含量之间的均衡性。

③ 在决定系列广告文案的总信息和各个单则广告文案的分类信息决定的基础上，进一

步决定系列广告文案的整体表现风格、语言特征以及画面构成,以形成一个系列整体。

④ 进入每个单则广告文案的具体写作过程。文案人员要运用语言符号,将前面所规定的信息传播任务、风格、特征等各个方面进行到位的表现。

⑤ 在单则广告文案完成的基础上,进行系列广告文案的整体协调、配合和整合的过程。

(2)系列广告文案写作的要求　系列广告文案的写作,首先要区分不同的媒体。创作不同媒体的系列广告文案,要以不同的受众对信息接受的认知水平作为依据,要以广告主的广告传播目的、广告主体信息的特征、广告活动策略等为内容,分别写作出能产生良好效果的广告文案。系列印刷广告是做给读者连篇读下去的,文案作者要千方百计抓住读者的注意,引起其兴趣,使其愿意看,最终实现广告信息传播的目的。

系列广播广告文案作者除注意系列广告的系统性、侧重性和综合性外,还必须注意:找准受众最关心的问题,反复诉求;动之以情,晓之以理,把广告文案写到受众的心里去;同时还要注意系列广告播出的先后顺序,如因果关系、递进关系等。

系列电视广告文案的创作,除了要按照单则电视广告文案创作要求之外,还要注意:要在统一的广告口号或广告主题的统领下,用不同人物、不同情节的表演,达到传达同一声音的目的。

其次,系列广告文案的创作,还需弄清下列问题,才能达到很好的创作效果。

- 是否具有明确的广告主题,给人以鲜明的印象?
- 是否能使人们保持对系列广告的持久兴趣?
- 每一单篇是否有自己完整的宣传重点?是否应该砍掉其中较弱的单篇?
- 系列广告是否给人以草草收场的感觉?是否有办法为广告主题的展开安排一个高潮?
- 系列广告是否具有整体的关联性?文案的表现方法、语言运用等是否有统一的风格?
- 是否考虑到了媒体发布的广告组合情况?是否考虑到了系列广告自身的宣传重点?

[思考与讨论]

1. 谈谈你自己对广告标题功能的理解。
2. 结合生活中的广告,分析其广告标题的写作符合哪些基本原则?
3. 电视、广播等顺时媒体的广告文案有没有广告附文?应该怎样表现电视、广播广告的附文内容?
4. 广告标题和广告口号的区别与联系。
5. 你怎样认识广告口号的重要作用?
6. 广告口号创作应注意什么?
7. 对比单则广告,谈谈你对系列广告文案特征的基本认识。
8. 阅读教材,掌握系列广告文案的特征、作用和类型,讨论各类系列广告文案的写作在广告运作中的重要作用和意义。

[实践与实训]

任务一:根据产品描述的基本情况,请为"欧安亚"电工拟定一则广告标题。

产品描述:消费者购买电工产品首先要考虑安全,"欧安亚"电工的产品特征大面积银片接触,安全开关次数超过国际标准2倍以上;双弹簧翘板式开关,不易产生电弧。以安全为诉求点(卖点),为该产品拟定一则单一结构、一则复合结构的广告标题。

任务二:到你校实习实训基地(广告公司),协助广告文案人员创作广告文案。或选择你喜欢的一件商品，用陈述型、抒情型表达方式，各写一则广告正文。

任务三：美国《广告时代》杂志对20世纪全球广告业作了一次回顾评选，选出了20世纪100条最佳广告语。下面是前20名的广告语，请用所学的知识和理论，对它们进行评析。

① 德国大众："小即是好。"
② 可口可乐："享受清新一刻。"
③ 万宝路香烟："万宝路的男人。"
④ 耐克："说做就做。"
⑤ 麦当劳："你理应休息一天。"
⑥ 第比尔斯："钻石恒久远，一颗永留传。"
⑦ 通用电气："GE带来美好生活。"
⑧ 米勒啤酒："美妙口味不可言传。"
⑨ 克莱罗染发水："她用了？她没用？"
⑩ 艾维斯："我们正在努力。"
⑪ 美国联邦快递公司："快腿勤务员。"
⑫ 苹果电脑："1984年。"
⑬ 阿尔卡-舒尔茨公司："多种广告"。
⑭ 百事可乐："百事，正对口味。"
⑮ 麦氏咖啡："滴滴香浓，意犹未尽。"
⑯ 象牙香皂："99和44/百分百纯粹。"
⑰ 美国捷运公司："你知道我吗？"
⑱ 美国征兵署："成为一个全才。"
⑲ Anacin去痛片："快、快、快速见效。"
⑳ 滚石乐队："感觉是真实的。"

任务四：协助你实习单位的广告文案人员，创作广告口号。

任务五：阅读下面的系列广告文案案例，运用所学知识和理论，对其分析、评价。

"非常男女"小户型楼盘系列广告文案

《格调篇》

一个有格调的男人背后，总是有一个有格调的女人；

一个有格调的女人背后，则藏着若干个有格调的男人；

一群非常有格调的男人和女人，就是非常男女。

《投资篇》

男人爱上女人，一般是在女人一生最美丽之时；

女人爱上男人，则可能是为其才学所折服，看好其升值潜力，拿一生的美丽去做投资；

不论眼前还是长远，值得投资的房子，就在非常男女。

《户型篇》

男人选房子，更像挑女朋友，不仅要漂亮，还要经济实用，能过日子；

女人选男人时，基本不用那么费事，看看男人选的房子，就知道自己选了个什么样的男人；

经得住男人和女人挑剔的房子，就在非常男女。

任务六：尝试参与你所实习的广告公司的各种媒体系列广告文案、脚本的创作。

— 知识要求：报刊广告的种类和特点；报刊广告媒体对于文案的要求和报刊广告文案的媒体特征与表现；重点掌握报刊广告文案的写作技巧和方法。

二 技能要求：根据具体的广告策划和文案要求，写出合格、实用的报纸广告文案；根据具体的广告策划和文案要求，写出合格、实用的杂志广告文案。

开篇案例

大卫·奥格威（David Ogilvy）为劳斯莱斯（Rolls-Royce）汽车所写的广告文案：

标题：

"这部新型的劳斯莱斯汽车在以每小时60英里的速度行驶时，最大声响来自它的电子钟。"

副标题：

是什么原因使得劳斯莱斯成为世界上最好的车子？一位知名的劳斯莱斯工程师回答道："根本没什么真正的戏法，这只不过是耐心地注意到细节而已。"

正文：

① 行车技术主编报告："在以每小时60英里的速度行驶时，最大声响来自它的电子钟。"引擎是出奇的寂静。三个消音装置把声音的频率在听觉上拔掉。

② 每个劳斯莱斯的引擎在安装前都先

以最大气门开足7小时,而每辆车子都在各种不同的路面上试车数百英里。

③劳斯莱斯是为车主自己驾驶而设计的,它比国内制造的最大型车小18英寸。

……略

随文：

喷气式引擎与未来

……略

报刊广告,就是人们通常所说的报纸广告和杂志广告,也被称为大众印刷媒体,属于典型的平面广告形式,它们和广播、电视广告一起,构成了四大媒体广告。由于报纸广告和杂志广告的文案在写作方式上大同小异,写作技巧上基本相同,因此,我们把它们统称为报刊广告。这里以报纸广告文案写作为主介绍报刊这类媒体广告文案写作的基本知识,杂志广告只作简单分析,其文案写作可参照报纸广告进行。

第一节　报纸媒体的广告文案写作

报纸运用文字、图像等印刷符号,一般以散页的形式发行,定期、连续地向公众传递新闻、时事评论等信息,同时传播知识,提供娱乐、消费等生活服务信息。报纸的产生对广告的发展有着划时代的意义,迄今为止,报纸仍是最广泛的大众媒体之一。改革开放的20多年来,国内的报业市场也得到了空前巨大的发展,报业已经成为内地发展最快的产业之一,报业经济自身取得了举世瞩目的成就,同时为报纸广告提供了广阔的舞台。尽管中国报业在经历了20年的高速发展以后,最近几年的发展速度明显减缓,但是,可以毫不夸张地说,即使在电子技术高度发展、各种新兴媒体不断涌现的今天,报纸广告仍然是印刷媒体中最主要的一种,对于商品销售具有巨大的促进力,在今后相当长的一段时间内,在广告宣传的领域中仍然具有不可撼动的地位,仍然是发布广告信息的主流媒体。

一、报纸广告的种类

报纸广告的种类按照不同的标准有着不同的分类,虽然任何一种方法都无法穷尽现实的报纸广告种类,但对于我们加深理解和认识报纸广告文案具有一定的帮助。

报纸广告种类的划分有很多标准,以全球最大的报业市场美国为例,一般从形式上将广告分为三大类：即展示广告、分类广告和插页广告。中国台湾地区的报纸广告是按内容进行分类的,一般分为五类：商业广告、人事广告、法律广告、公共关系广告和分类广告。日本报业对报纸广告的分类比较简单,仅仅分为普通广告和案内广告两大类,案内广告就是通常所说的分类广告,除此之外的所有广告都被统称为普通广告。

一般意义上,报纸广告的文案、画面（图形和编排）都要在一定的版面空间进行表现。从这个意义上,按照报纸广告的版面运用,我们可以将报纸广告大致分为跨版广告、整版广告、二分之一版广告、双通栏广告、单通栏广告、半通栏广告、报眼广告、报花广告、中缝广告及异型广告等类型。不同版面大小和位置对于广告文案写作的表现有不同的影响,文案写作也就需要有不同的特征对应,写作时也就需要有不同的注意事项。

尽管如此,从报纸广告文案的角度,创意和创意策略的限制才是最重要的,报纸版面的选择对于文案写作的影响甚微，按照版面来对报纸广告进行分类，只是一种外在的形式。

因此，我们认为从报纸广告的内在本质和内容进行分类，对于报纸广告文案写作更具有指导意义。一般而言，报纸广告可以分为商业广告、声明/公告/启事、软文广告、分类广告和插页广告几种类型。具体分析如下。

图5-1　西湖啤酒世界杯篇平面广告

1. 商业广告

广告是商品经济的产物，广告的核心作用就是促销商品和塑造品牌形象，为产品和服务进行推广和传播是商业广告主要的职责和功能，广告的商业目的决定了报纸广告最主要的类型就是商业广告，这也是所有媒体广告形式中最主要的广告类型。商业广告一般由专业的广告代理公司进行广告创意和制作，体现广告策略，表达广告创意，一般包括图形和文案两部分。例如，美国AT&T直拨美国中文台10180的报纸广告文案。

千里贺新年，情谊一线牵
——AT&T直拨美国中文台

过年是返乡回家的时候，无论多远都想方设法全家团圆。

过年是惦记亲友的时候，无论多难都要穿越千里互诉衷肠。

合家团聚的时候，总是特别怀念远隔重洋的游子，想知道他们是不是也在吃团圆饭。所以，无论如何，过年，一定要把思念送到他们的身边。

如果您的亲友远在美国，请即时接通直拨美国中文台10180。因为只要一声真情的问候，远在美国的亲友就能分享到全家团圆的喜悦。每当思念在美国的亲友，随时随地，用任何程控电话接通直拨美国中文台10180，千里情谊为你联系。

千里情谊一线相牵（广告语）

这则广告，能够引发天涯游子及其亲人的共鸣，关键在于它抓住了"亲情"、"过年"、"举家团员"这样一些已经积淀到中华民族集体无意识领域的"情结"，把目标消费群体（旅居美国的华人群体及其亲属）那"微小的心声"成功地与美国中文台10180联系起来。

2. 声明/公告/启事

这类广告主要是指用于发布各类不以销售盈利为目的的、商业的或者非商业的告知性事务类的信息，主要有公告、法律声明、个人启事、企业事务等类型。

作为这种类型的广告，一般采取比较严肃的语调和风格来告知公众一些重要信息，广告文案的措辞往往应该准确、正式、严肃，特别是公告、讣告或者法律声明等，但是个人启事等按照内容的不同也可以制作得轻松活泼，富有情趣。比如个人的征婚启事或者结婚启事等。看一个范例。

单身岁末大拍卖，一桌一万五，恕不赊账！

我们男的想通了，女的想开了，情敌们，别哭泣！祝我们结婚愉快！

这是人生的第一次，也是最后一次。

你愿意吗？我愿意，我俩谨于……

要亲新娘，请先挂号排队，这是绝无仅有的机会，○月○日以后，不再受理报名。

这个结婚启事可谓轻松活泼，幽默风趣，在众多严肃的声明/公告/启事类报纸广告中显得格外引人注目。

再看一个上海智得行企业管理咨询有限公司广告范例。

搬一下，我们思如泉涌。

搬一下，我们电量十足。

搬一下，我们全速前进。

2月18日我们将搬往新家，

汉口路400号华盛大厦18层

上海智得行企业管理咨询有限公司的这则广告，传递的是企业搬迁的事务信息。广告文案没有就事论事，而是巧妙地将搬家与公司的广阔前景结合起来。广告运用排比句式，很有气势；语言朴素，留有余味；文风平实，却不显直白，耐人寻味。一则搬迁广告能够做出这样的创意，实在是匠心独具。

3. 软文广告

软文广告也称为"文章型广告"，是指由广告主按照版面或字数付费，以新闻报道式的口吻和主要以文字的形式在媒体（主要是平面媒体，如报纸、杂志等）发布的传播其产品、品牌、活动或企业形象等的广告特征不明显的广告。

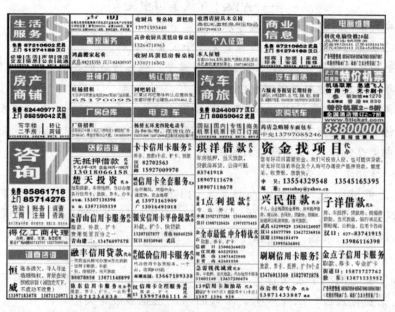

图5-2 报纸分类广告

4. 分类广告

分类广告是以文字为主要表达方式的小版面广告，以主题进行归类，分栏刊出。分类广告是现代报纸的主要形式之一，特别是随着个人发布信息和进行交易的需要的增加，分类公告得到了较快的发展。分类广告的读者众多，人们根据需要在分类广告中寻找自己有用的东西，如患病者爱看医药广告、求职者爱看招聘广告、想买价廉商品的人会去找减价广告。分类广告一般所占的版面不大，再加上人为缩小字体以使较小的版面容纳较多的内容，从而更经济更实惠，有利于广告主发布各类信息。分类广告种类多，读者也多，如果不分类集中，分散编排，不容易查询，也容易失去传播效果，分类广告的集中排布，读者按类查询，又快又方便，广告的效果也相对突出。分类广告可以发布的信息很多，比如简短的房屋租赁、求职、招聘、二手货转让等，按字数进行收费。

由于分类广告需要在非常有限的版面内将要传达的主要信息和广告主的联系方式传达清楚，因此文字的表达就要尽量简洁、准确、科学，讲究时效性而非文学性，有时为了强调关键信息还要用粗体字编排。作为信息式广告的分类广告，受众一般会主动进行阅读和搜寻，文字编排巧妙、主要信息突出的广告更能受到受众的喜爱和关注。如图5-2所示。

5. 插页广告

插页广告就是夹带在报纸中随报纸一起进行发售的一类广告形式，有时称它为"散页广告"。显而易见，它不是报纸正式版面的组成部分，而是提前印刷完毕，待报纸印刷完后折叠包装夹到报纸中间。随报纸发行。插页广告一般都是和报纸发行区域一致的地方性广告，往往印刷精美，富有表现力，在设计和编排上类似广告招贴、海报、传单或画报，能最大限度地吸引报纸受众的注意力，达到理想的传播效果。

二、报纸广告的特点

报纸广告作为一种非常主要的大众媒介广告形式。从广告传播的角度，结合报纸媒体的特点，报纸广告的主要特征体现在以下几个方面。

1. 报纸广告是纯平面视角、以文字为主的广告形式

报纸广告是单纯的平面视角传播媒体，制作简单，印刷品质差，因此报纸广告的表现力比较逊色。报纸广告是以文字为主要的传播手段和符号，这也是它区别于其他媒体广告形式的主要特征，由于印刷技术的进步和视觉传播时代的到来，报纸广告的图片显得尤其重要，但这丝毫不能改变报纸广告的文字传播这一鲜明的特点，因此报纸广告文案的重要性是不言而喻的，它鲜明地体现在报纸广告文案写作的过程和表现中。如图5-3所示。

图5-3 中国电信天翼报纸广告

2. 报纸广告偏向于承载理性信息，多进行理性诉求

报纸广告静态的文字和图片在表现力和生动形象性上相对于电视等电波媒体差了很多，文字符号传播的特点也决定了报纸广告偏向于理性诉求。此外，报纸不仅仅报道新闻，更重要的是发挥评述与论说的功能，担当引导社会舆论的角色，从其社会功能看，更近一步强化了报纸广告的理性色彩。

由于报纸广告偏向于承载理性信息，多进行理性诉求，就要求它的受众必须具备一定的文化素质，这样虽然限制了报纸广告的受众覆盖面，但是从另一个角度看，它过滤掉了文盲

或文字阅读能力差的人，使报纸广告的受众整体上具备较高的素质，而这又使报纸广告的说服深度得以提升，同时也提高了报纸媒体的广告价值。

此外，由于报纸广告所承载的理性信息，多进行理性诉求，报纸广告对于那些卷入度比较高的产品比如汽车、房地产等行业是一个性价比非常好的选择，对于这些产品，消费者需要详细了解、研究和评判，进行理性判断，报纸广告可以充分地进行相关理性信息的传递和说明，这一点是电视、广播类电子媒体所难以做到的。例如，我国台湾地区西冷电器报纸广告文案。

今年夏天最冷的热门新闻——西冷冷气全面启动

正值严冬，却聊起夏天的话题，因为西冷冷气要解放今年的夏天。

显示豪华气派

西冷分体壁挂式冷气，立志跻身于世界冷气机新潮之列，引进世界最新设计样本和制造工艺，微电脑控制，外形美观，流线清晰，充分显示分体机型的豪华气派。

发动强力冷气

西冷分体壁挂式冷气，装备从美国、日本原件进口的名牌压缩机，主机运转高效稳定，冷气发动强劲有力，是真正高效节能的冷气机，给您夏日享受，使您高枕无忧。

解放今年夏天

西冷分体壁挂式冷气，构想无声设计，压缩机安静工作，零配件衔接无缝隙，噪音测试远低于有关标准，最强的冷气静静地吹送，追求彻底享受，解放今年夏天。

这则广告文案采用说明、概述或列举功能点、利益点的方式，直接介绍西冷电器的品牌优势、产品的品质、服务的特色等事实信息，属于典型的理性诉求报纸广告文案。

3. 报纸广告的种类更偏向于产品广告和促销广告，能比较经济的、灵活的配合产品促销的有效进行，特别是对于地区性报纸而言

前面提到报纸广告偏向于承载理性信息，多进行理性诉求，因此它的理性表现能力比较强，在传达广告主要求的比较详尽的信息的产品的时候就比较有优势。同时，促销广告是讲究即时销售效果的，全国性广告主可以利用报纸的地域覆盖和选择性优势，使广告内容传播到其他媒体难以达到的特定地区。而地方性的广告主，自然对特定的市场或区域的媒体选择和投放更感兴趣。他们将自己的广告投放集中在目标消费群体最集中的区域，许多地区性强势大众类报纸在吸引零售商等的促销广告方面更是具有得天独厚的优势。

此外，报纸广告相对于其他媒体具有较大的经济性，首先，报纸是一种散页装订的媒体，它的信息量可以通过其版面的增减进行控制，边际成本相对较低。其次报纸媒体的资源有效利用率较高，报纸媒体可以满足受众随时浏览阅读的需要，而受众不可能一天24小时都在接收电波媒体信息。最后，报纸广告的制作成本相对低廉，技术需要简单。由于报纸广告的经济性，运用起来就相对于电波媒体来讲就灵活方便得多。报纸每天出版，既可以携带，又可以传阅，还可以根据促销活动的需要来进行设计，所以在传统的四大媒体中它被认为是最能灵活地满足促销活动需要的媒体。它能灵活、及时、深度、理性的、经济的传递产品或者促销信息。

4. 报纸广告是一种非强制性收受，可信度较高，因此受众的参与和接受程度高

报纸不像广播、电视类媒体是强制性的广告媒体，受众只能根据它的安排和进度被动地接受。非强制性收受指的是读者具有信息收受的主动性，也就是读者有选择地阅读内容、阅读时间、阅读地点、阅读速度等的主动性，报纸的读者可以根据自己的阅读习惯来阅读报纸，根据自己的需要和兴趣来选择不同的报纸、版面和内容，根据自己的知识能力来对报纸的信息进行解读，这种特性使报纸媒体很适合高关心度、需要理性选择的商品广告信息。

图5-4 肯德基至珍七虾堡报纸广告

报纸历史悠久,在所有的大众传播媒介中发展最成熟。人们阅读报纸多是为了从中获得有用的新的信息,了解新闻舆论动向。因此会形成长期、稳定、主动地阅读习惯,人们对报纸媒体的信任由来已久,报纸媒体的权威性强,对受众的影响也是深刻的,这些都使得报纸广告在受众中的可信度提高,有利于增加报纸广告受众的参与和接受程度。

三、报纸广告文案的媒体特征与表现

报纸在内容、风格和目标人群的选择上具有细分化的特征,因而它对广告文案也提出了不同于其他媒体的要求,广告文案要想适应报纸的媒体特性,需要首先了解报纸媒体的优势和劣势,总结如下。

1. 报纸媒体的优势和劣势

(1)报纸媒体的优势

① 报纸版面大、篇幅多,可供广告主充分地选择和利用。

② 报纸以文字和静态的图片为传播符号,广告制作比较简单,适合作适时的广告宣传。

③ 报纸通过视觉传达信息,容易给人留下深刻印象。

④ 由于读者的选择性强,相对于广播电视受众而言,读者对广告不易产生逆反心理。

⑤ 报纸的权威性强,有助于增加可信度。

⑥ 报纸的保存性强,便于查找。

⑦ 报纸读者群比较明确而稳定。

(2)报纸媒体的劣势

① 时效性较差,报纸发行频繁,信息被反复阅读的可能性小。

② 广告效果经常会受到版面、印刷质量等因素的限制。

③ 报纸上刊登多个广告,同一版面广告拥挤,广告信息被读者注意的概率变小。

④ 报纸受众受到文化程度的限制较大。

2. 广告文案对报纸媒体特性的配合与表现

（1）以文字为主要表达方式，内容全面，简洁流畅　报纸是以静态视觉符号传播为主的媒体，诉诸人的视觉，以文字为主要的表达方式。报纸广告一般是文案和图片相结合，但是文案起主导作用，图片一般只是衬托，起视觉强化效果、增强吸引力的作用。有关商品信息的传播主要还是靠广告文案来完成。当然报纸广告文案一般不采用长篇累牍的方式，但是，报纸广告文案相对于电视广告文案和广播广告文案而言，它们所介绍的内容还是要全面的多，特别像报纸上所刊登的系列广告，它可以在每一则广告中有所侧重地介绍该商品的不同特点功能。

广州本田雅阁汽车的系列广告文案

之一：浑然天成的澎湃动力

有如炫目弧光，疾驶划出优雅轨迹，留下遐想一片。动感十足的广州雅阁，拥有源出跑车的时尚流线外形。应用空气动力原理，将风阻力系数降至最低。引以为傲的4缸16气门VTEC发动机，源源不断地输出强劲动力。仅需9.5秒的爆发瞬间，即可由静止状态跳跃到逾百公里时速的快意感受。灵敏的电子四挡自动变速器，操控自如。无论驰骋于广袤大地，抑或挑战万仞孤山，雅阁汽车优异的动力表现，凌驾极限速度的超然，让您细细品味无羁绊的自由之美。

之二：全方位的安全保障

气定神闲、从容不迫的步履，始于对广州雅阁安全保障的绝对信任。从前置一体式保险杠、可变形冲撞能量吸收装置、ABS防抱死制动装置、SRS（辅助安全带）双安全气囊、五连杆双叉后悬挂系统，到卓越的防盗性能，广州雅阁一直致力于汽车安全性能的研究，不断改进安全设置，时时刻刻确保您万无一失，后坐椅中央三点式ELR安全带，更让爱护家人的您倍感舒心。广州雅阁的安全设置，让您无牵无挂，全速前进。

之三：真正的"绿色"汽车

飞扬的激情，总在内心深处感应生命的至上和谐。一路前行、卓尔不群的您，也需要一片叶、一丛花、一湾溪流为您喝彩！广州雅阁的电动天窗，方便您随时轻启，与自然保持贴身接触。先进的VTEC发动机，油耗低，有效减少污染。尾气排放率早已达到中国计划在2004年实施（相当于欧洲Ⅱ号）的标准。大气臭氧层，亦能体会无氟空调设计的细心体贴。可回收材质的运用，证明广州雅阁是一辆真正"绿色"的车。让澎湃激情与绿色自然的琴瑟共鸣，演绎和谐的优雅乐章。

之四：演绎动感，引领时尚

卓越性能与安全舒适的完美结合，令您击掌赞叹。典雅宽敞的内部设计，别具情趣，营造只属于您的宁静空间。助力转向系统、定速巡航系统，意即程序控制燃油喷射系统等的设计，令驾乘者感觉到前所未有的舒适惬意。地面或许颠簸不平，路况或许复杂难测，您每个缜密心思的转换，广州雅阁必能迅速捕捉，并替您充分表现。行驶更平稳，反应更敏捷，乘坐更舒适。前方的路尽在您的掌握，随心所欲，挥洒自如。

这篇广州本田雅阁的系列广告文案，内容全面，每个广告分别侧重介绍了本田雅阁的优良动力系统、全方位的安全装置、低油耗减少污染、卓越性能与安全舒适的完美结合等产品品质的不同方面。

图5-5 "众旺所归,今晚搜狗"活动形象平面广告

　　报纸广告文案的语言可以较为书面化、理性化和复杂化,但是广告文案毕竟不是新闻,广告受众阅读报纸广告文案的主动性要远远低于报纸版面诸如新闻内容的其他信息,这就要求广告文案在满足信息内容全面的基础上做到简洁流畅,优美生动。现代广告文案的创作,在海外流行着这样一个公式KISS(keep it sweet and simple),中文的意思是"令其甜美并简洁"或"简洁加甜美"。由于几个英文首字母的缩写恰巧是英文"KISS(吻)",所以人们又戏称之"亲吻公式"。美国广告研究的先驱史考特教授曾研究归纳出使广告引人注意的六大法则,其中第一法则主张"干扰愈少诉求力愈强";第二法则主张"易读易懂";第四法则主张"诉求力要强";第六法则主张"感受要强",直接印证了KISS公式(简洁并甜美)。如图5-5所示。

　　(2) 选择适度的表达方式,注意吸引受众的注意力　前文一再强调报纸广告偏向于承载理性信息,进行理性诉求,但是这并不意味着报纸广告就可以对诉求内容进行极其枯燥无味的解说,枯燥无聊的广告是不会引起广告受众的注意的,并且报纸广告的受众没有义务进行广告的阅读,他们对广告的注意多数情况下是无意识的,刊登过分枯燥的报纸广告无疑是广告主的一种自杀行为。因此,报纸广告的文案应该尽量增加一些趣味性的解读和阐释,来吸引报纸广告广泛的受众群体。当然对于表达方式的选择,目前并没有定论,比如对于消费者比较关心的房地产信息,多数广告不厌其烦地对房子的地段、交通、户型、价格、配套设施、环境、物业等信息进行详细的介绍,这无可厚非,毕竟对于多数人来讲,购买房子并不是一件随便的事情,情况介绍得越详细越好,但是这并不意味着要把整个楼书都搬到报纸上,这里面就要考虑经济性和现实性的问题,广告毕竟有广告的传播规律和特点。

　　除此之外,现代社会是一个信息高度发达的社会,传播媒介发达,信息流动量大,在人们日常接触的大量信息中,企业的广告信息只是其中微不足道一小部分。在现代信息社会,由于信息爆炸而使注意力资源相对稀缺,企业的广告信息难以引起公众的注意。这就要求报纸广告文案和图片必须增强创造力和吸引力,在纷繁复杂的报纸内容中可以迅速、有效地吸引受众的注意。这对报纸广告的创意就提出了更高的要求。特别是报纸广告文案的标题,必须简洁、有力,富有创意,最好给消费者以利益的承诺,最大限度在第一时间抓住受众的眼球。

（3）报纸广告文案要适合报纸的风格和定位 时下报业市场竞争激烈，细分报业消费市场成为必然，于是针对不同的目标消费人群开发出了不同的报纸产品。比如，这些报纸分别专门进行时政、军事、经济、娱乐、健康、科技、体育或时尚等信息的报道和传播，在长期的市场运作中，各种报纸都形成了自己独特的报道风格和定位，这些定位清晰、风格鲜明独特的报纸长期以来形成了稳定的阅读人群。

针对不同风格和定位的报纸，发布在上面的广告就应该考虑这些风格和定位以及读者的接受特征。比如一般时政、经济、科技类报纸追求新闻的客观理性和权威，报道风格严肃、冷静、客观和公正，在这类报纸上刊登广告就应该适应报纸的这种风格和定位，广告文案要同样做到理性和客观，不玩弄文字游戏，否则就和整个报纸的风格冲突，造成读者难以接受。相反，发布在娱乐、时尚和体育类报纸上的广告文案则应该做到轻松、活泼、文笔流畅生动，不能枯燥无味、死气沉沉，要适合这类报纸一贯阅读人群的阅读习惯和接受能力。

四、报纸广告文案的写作技巧

报纸广告文案以文字符号的形式与图像一起构成广告符号整体，传达广告信息。报纸广告文案是直接与广告受众见面的广告作品的最后形式，选择了报纸媒体，实际上就是选择了以文字作为主要的表现形式和传播符号。在广告作品中，通常依据重要程度从版面的左上角到右下角递减的规律，安排文案中各具体构成要素的位置。下面就具体分析和介绍报纸广告文案的写作。

1. 结构完整清晰，标题要更加突出其冲击力和吸引力

报纸广告一般具有完整的文案格式，即标题、正文、广告语和随文，这种结构模式在很多报纸广告文案中都能得到具体的体现，也就是说，报纸广告文案大都是四个结构成分比较完整的，而不像电视广告文案或者广播广告文案往往以省略标题或者其他部分的形式出现。无疑，现在很多报纸广告文案越来越简短、越来越精致，甚至只有几句话，而结构相对完整的报纸广告文案，主要是产品广告文案和促销广告文案，这就需要考虑文案的结构和逻辑了。

比如威廉·伯恩巴克曾经为奥尔巴克百货公司写过一个文案，四个结构成非常完整。

标题：慷慨的旧货换新

副标题：带来你的太太

只要几块钱

……我们将给你换一位新女人

正文：为什么你硬是欺骗自己，认为你买不起最新的与最好的东西？在奥尔巴克百货公司，你不必为买美丽的东西而付高价。有无数种衣物供你选择——一切全新，一切使你兴奋。

现在就把你的太太带给我们，我们会把她变成可爱的新女人——仅只花几块钱而已。这将是你有生以来最轻松愉快的付款。

广告语：做千百万生意 赚几分钱利润

随文：奥尔巴克 纽约·纽渥克·洛杉矶

再比如，曾经刊登在《扬子晚报》上的一则"丰田·花冠"汽车的广告文案，篇幅不长，但是四个结构成分也非常完整。

引题：心动，在瞬间成为永恒

正题：世界心动时刻

副题：全球信赖品质

COROLLA花冠

正文：新一代VVT-I发动机,点燃澎湃激情。COROLLA花冠配备的VVT-I（智能正时可变气门控制系统）发动机，具有低中转速高扭矩、高转速大马力的绝佳性能，灵敏回应驾驶者的操控指示，并通过连续控制器门开闭时机完美成就了低油耗目标。同时与VVT-I发动机相匹配的超级智能4挡自动变速器，其平滑顺畅的换挡感和随时应变行驶状况的灵敏性，实现了磁悬浮般的直线加速感。

标语：车到山前必有路，有路必有丰田车

随文：http://www.××××.com.cn 丰田汽车顾客服务中心：800-×××××××（免费）或010-××××××××

在报纸广告文案写作中，广告标题的写作占据着最重要的地位。大卫·奥格威所作的调查显示，读标题的人是读正文的人的5倍。在今天面对信息爆炸、广告信息无处不在的时代，标题的重要性对比以前只会更加强化。因此在报纸广告文案写作中必须强调标题写作的重要性。

2. 正文要传达完整诉求，赋予文案故事性，追求文案的易读性

正文承接了标题中有关重要信息，应该围绕诉求重点向诉求对象传达完整的广告信息。标题的三言两语不能清晰解释广告内容，对标题中所出现的诉求重点的支持和深入解释就要靠正文来完成。广告正文须清晰地表明广告的诉求对象和诉求内容。向受众提供完整而具体的广告信息。大卫·奥格威称为"不要旁敲侧击，要直截了当"。一般情况下，广告正文的长短与推销力量成一种正比例关系。长文广告总是比短文广告更具推销力量，而短广告的效果往往就比较差。在广告文案的正文中，出现确切的资料、数据十分必要，也十分有用。如果情况允许的话，出现消费者的现身说法或名人、权威的证言支持，往往会产生良好的效果。在广告正文的写作上必须着眼于两个最基本的方面：一是围绕广告商品的内容、名称、规格、性能、价格、质量、特点、功效和销售地址等进行符合客观事实的构思，加大说服性和情感性；二是掌握和洞悉消费者心理需求，了解市场态势，以重点突出、简明易懂、生动有趣、具有号召力的语言进行传播。

报纸广告主要传播符号是文字，因此在利用文字时就要流畅、清晰和明了，特别是通过文字来赋予广告文案故事性的情节和想象，是报纸广告文案写作的一大技巧。例如，乔治·葛里宾为箭牌防缩衬衫写的广告文案《我的朋友乔·霍姆斯，他现在是一匹马了》，就利用想象构思了一个人马对话的童话故事，讲述了乔由于衬衫领子的收缩窒息而死的经历，同时将箭牌衬衫的特点一一在故事中表现出来。

作者：乔治·葛里宾（George Cribbin）

产品：箭牌（Arrow）衬衫

标题：我的朋友乔·霍姆斯，他现在是一匹马了

正文：乔常常说，他死后愿意变成一匹马。

有一天，乔果然死了。

五月初我看到一匹马，它看起来像乔。

我悄悄地凑上去对他耳语道：

"你是乔吗？"

"是的"他说，"可是我现在过得很快活！"

"为什么呢？"我问。

"我现在穿着一件舒服的衣领，"他说"这是我有生以来的第一次。我衬衫的领子经常收缩，简直是在谋杀我。事实上，有一件把我窒息死了。这就是我的死因！"

"天哪，乔，"我失声叫道。

"你为什么不把你衬衫的事早点告诉我？我就会告诉你关于箭牌衬衫的事情。它们永远合身且不会收缩。甚至连织得最紧的深灰色棉布做的也不会收缩。"

"唉！"乔无力地说，"深灰色的棉布是最会收缩的了！"

"也许是"，我回答说，"但我知道箭牌的'戈登标'衬衫是不会收缩的。我现在正穿着一件。它经过机械防缩处理，收缩率连1%都不到！此外还有箭牌所独有的'迷淘戛'特适领。"

"'戈登标'每件只售2美元！"我们谈话达到了高潮。

"真棒！"，乔兴奋地说，"我的老板正需要一件这种牌子的衬衫。让我来告诉他关于'戈登标'的事。也许他会多给我1夸脱燕麦吃。天哪，我是多么爱吃燕麦呀！"

广告语：箭牌——机械防缩处理。

随文：如果没有箭牌的商标

那就不是箭牌的衬衫。

箭牌衬衫

机械防缩——如有收缩不合身者，奉送一件作赔。

这则广告赋予广告很强的故事性，能够一直保持受众的吸引力和阅读兴趣，从而最终达到广告信息传递和说服的目的。

再比如，德国大众轿车的一则故事性很强的广告文案作品。

标题：妈妈，我不是故意的

内文：1994年10月15日，星期六，凌晨两点。

车子由高志勇驾驶，他今年17岁，血气方刚。车上另有一名前座乘客及一名后座乘客，他们都是志勇常聚在一起玩乐的好朋友。

车子是志勇向妈妈借来的，妈妈从来都没拒绝过他，只是每一回总是再三嘱咐志勇得小心驾驶，毕竟志勇还是个"新手"。车子正朝往牛顿小贩中心奔驰，大伙肚子都饿急了，准备到那儿大吃一顿。一个左转来到杜尼安路时，意外发生了。

经过一轮猛烈的冲撞之后，车子惨不忍睹，在那一刹那之间，志勇以为一切都完了。

幸好，那是"大众"

是吉人天相也好，是大难不死也好，奇迹般地，志勇等三人皆平安无事，一毛无损。自行打开车门后，面面相觑，目瞪口呆。志勇这时最担心的是如何向妈妈交代。闯了大祸，妈妈一定不会原谅他，毕竟那是她心爱的车。

听妈妈怎么说，

"当志勇来电通知我时，知道孩子们都没事，也就放心了，以为只是小意外。后来，看到心爱的车子时，我简直不敢相信自己的眼睛，我一点也不生气。谢谢'大众'，救了孩子们一命。"

"大众"，安全上路

生命可贵，岂可儿戏。德产"大众"深明此理，因此在设计及制作每一部车子时皆以您的安全为首。超过30种不同的冲撞测试，以确保万无一失。车身结构的加强措施，前后左右的安全护撞区与防撞杆给予更大的保障，驾驶座安全气袋在紧要关头能化险为夷。

事实证明,"大众"的安全措施绝非纸上谈兵。其高度驾驶乐趣更为同行所津津乐道,一经驾驶,必有所悟。

一起车祸,孩子安然无恙,足以证明德国大众汽车的安全性,故事性的表达比一味的说教传播效果好得多。

图5-6 王老吉凉茶报纸广告

3. 图文配合,合理安排版面,注意用文字营造意境,用文字彰显企业品牌形象和理念

一般来说,报纸中的多数广告比如商业广告大都是图文并茂的,所以,文案中的文字就要求和画面紧密配合,相互支持。广告文案中的文字要通俗易懂、简单形象,尽量没有理解障碍。而文案中的图片更应该配合文字的内容生动形象地表现有关商品信息。当然不管有没有图片,平面广告的文案并不是只写文案,而是要通过文字来创造出一种有利于传递信息的能够营造一种符合消费者需要和追求的意境和氛围。另外,在报纸广告中,文案是凸现品牌形象和彰显品牌理念的主要工具和符号,这就要求报纸广告文案可以充分体现并符合特定的品牌形象和品牌理念。如图5-6所示。

下面是东润枫景楼盘系列报纸广告文案。

《东润枫景楼盘》系列报纸广告

之一:这是法国的枫丹白露。北京东边也有这样的树林。这里有生活,有艺术,有美,唯独没有压力。

在东三环以东,离奔腾的"燕莎城"2500米,有一片远离生活压力,纯然放松休闲的北美式生活社区——东润枫景,她的规划设计遵循着这样一个原则:工作就是工作,生活就是生活。于是,这样的每一个角落,洋溢着生活、艺术和美,吸引了东三环城市的精英来到此比邻而居。

广告语:东润枫景,发现居住的真意

之二:我不在家,就在咖啡馆;不在咖啡馆,就在去咖啡馆的路上。

在东润枫景的咖啡馆,不一定要喝点什么,重要的是——有喝咖啡的心情。聊天或独处,坐一下午只喝一杯咖啡、看书、写东西,也可以什么都不想、不做,只是喝咖啡。

当然,这里的咖啡馆不是一步一个,然而东润枫景的生活节奏,却有如咖啡般闲淡写意,一种有内心向外的轻松。

广告语:东润枫景,发现居住的真意

之三：冬日阳光从窗外溜进来，暖洋洋的情绪在家里悄悄滋生。

晒太阳，一种永远的生活乐趣。在东润枫景，无论季节变换，总有阳光轻轻洒在身上。户户朝南，是这里的设计准则。只因为，那个在北京待了几年的加拿大设计师，感受了几番北京的天气后，就坚持东润枫景的楼宇进深不超过15米，楼与楼间距不超过1：1.2。他固执地相信，北京人会和他一样喜欢阳光，有阳光相伴，心情才会明朗。

广告语：东润枫景，发现居住的真意

之四：生活，可以浪费在美好的事物上。

衡量生命的厚度，需要一种美好的心情。东润枫景，燕莎往东2500米，距离的意义，就是让你省下尽量多的时间，去享受生活——枫丹白露林里，听虫儿啾啾；闲坐中央广场，看孩子蹒跚学步；咖啡店一隅，心情如行云悠悠淡淡；往来的是与你一样对美不愿妥协的邻人……在这里，实在有太多的美好值得你去"消费生命"。

广告语：东润枫景，发现居住的真意

之五：在这里，"慢"是生活的调子。

生活，只有"慢"起来，才会有从容的心情，去细细享受美好。

在东润枫景里，有北美式的建筑园林，有中央广场，有咖啡馆和酒吧，这里的生活节奏因此和别处有些不一样。进入东润枫景，脚步也不由得慢了，这儿，有太多美好的情趣让人沉醉：不管是枫丹白露林，还是阳光里喝咖啡的人……

广告语：东润枫景，发现居住的真意

这则广告文案竭力渲染和烘托一种"发现居住的真意"的意境和氛围，所用的文字宁静、优美、闲散、优雅，弥漫着小资个性和话语，这正是现如今巨大压力下渴望一种心灵放松和身心的惬意的人的梦想和追求，特别是现代的都市生活，繁华、紧张、匆忙、疲于奔命，作为有着自己品味和个性的中产阶级，缺少的不是房子，而是一种能够满足他们个性和风格、放松他们的心情与灵魂、张扬他们的生活方式与理念的心灵港湾。这则报纸广告文案恰如其分地营造出了这样一种"发现居住的真意"的意境和氛围，满足的正是目标消费者讲究品位与追求享受的生活要求，读来令人怦然心动，如身临其境，美不胜收。

再看一个关于品牌形象和品牌理念传播的广告文案。

中国移动通信南京分公司《茶杯篇》广告文案

之一：敬上一杯茶，还望多体谅

承蒙大家信赖，中国移动通信客户逐日递增；在月初月末的交费高峰期，交费需要排队等待。这占用了您的宝贵时间，我们深感不安。为此，我们将不断扩大服务网点，提供更快捷的付款方式，满足您的需求。您的体谅是最好的支持，奉上这杯热茶，以表达我们最真诚的谢意。

之二：再注一杯茶，新感情，新前程

中国移动通信历经八年风雨，从幼小的弱苗成长为今天的参天大树，一路走来，全凭您的无尽关爱。中间，有过无间的真挚理解，也有因种种原因引起的误会。但无论怎样，走到一起总归是机缘，请让我们典藏和珍爱。

新世纪初，我们将不断完善通信网络，增设服务项目，为您提供更便捷的服务。再注一杯新茶，传递无尽情谊，祈愿我们的天空更宽广，前程更远大。

之三：茶杯空了，心却暖了

饮尽一杯热茶，一切都会变得释怀，俨然多年老友，彼此关怀，彼此理解您。事务繁忙，未能及时缴费，我们非常理解。对因故未能按时缴费的客户进行暂停服务，我们也实属无奈。是为保障您的合法权益，防止手机丢失，被他人无限制盗打。种种原因，期望您能理解。往后，对于未缴费客户我们将以新的方式进行提醒，即使暂停服务也会分批、分区进行，缴费方式及网点也将更多样，更宽广。彼此理解方能相互扶助。互敬一杯茶，溶解心中的疙瘩；坦诚相见，方能共筑美好未来。

中国移动通信南京分公司的这则广告，用诚恳、不卑不亢致歉内容，将企业形象塑造得十分成功。作者用诚恳的态度，采用拟人化手法，将企业形象地比作与消费者有着深厚友谊并能相互理解的老朋友。先是"敬上一杯茶"，感谢顾客的体谅，并对交费高峰排队的现象进行道歉。接着"再注一杯茶"，消除种种误会，传递无尽情谊。最后"茶杯空了，心却暖了"大家坦诚相见，共筑美好未来。从这则人性化的企业广告中。我们仿佛看到了一个和善、友好的谦谦君子，有礼有节不失身份；仿佛看到一个热情、周到，能掏心窝的老朋友，关心体贴，嘘寒问暖。广告文案从大处着眼，小处着手，以感性诉求达到解释、告知、沟通的目的，成功地为企业塑造了一个有鲜明个性、能有效沟通，还能提供优质服务的新形象。更可贵的是一杯清茶，几句问候，使浓厚的人情充满了广告文案的字里行间，有极强的感染力。

4. 随文表现更具号召力

报纸广告文案的附文是在正文之后向广告受众传达企业名称、地址、联络信息，品牌标记、名称，或者接受服务的附加性文字，也称为尾文或随文。由于广告附文的具体表现内容的客观规定性，有的报纸广告文案人员认为广告附文的写作是程式化的，只要将附文的一些内容像填空一样填进去就是了。而实际上，表现的创意性也是广告附文的重要追求。如果舍弃了这一追求，岂不是所有的广告附文都是一个面孔？因此，在具体的写作中，要具体对待附文的表现内容，要根据要传达的附文信息和广告目标受众、媒介特征，对附文进行有效的创意性表现。在一般情况下，报纸广告文案的附文切忌随意被动地列出电话、地址等有关信息，而应该主动强调产品的标识特点，告诉广告受众怎样行动。例如，广州时报玫瑰园文案的附文写作如下。

投资商：时代地产广东玫瑰园

发展商：时代名苑房地产开发有限公司

园林设计：澳洲格拉斯比

看楼专车接送点：宏城广场、烈士陵园正门口、广源好又多、三元里地铁站（C出口）

公交线路：223（时代玫瑰园总站）、76、529、805、684、76A、268、539、832、夜9、夜12

再比如，有些报纸广告附文写道："凡需要以上产品的用户，请您认准××商标"，"我们还竭诚为您代办邮购业务，邮购地址：××××，联系人：×××"。

5. 多用简明易懂的语言

读者的文化水平参差不齐，阅读目的是随意性的，如果广告文案的内容晦涩难懂，人们就会随手翻过，不会花时间来推敲、思考。因此，要想尽可能地吸引人们的目光，语言一定要简明易懂，要使用人们日常生活中的语言，少用那些高深、专业的词语，让读者一看就懂。特别是介绍一些高技术含量的新产品时，一定要注意少用专业名词和术语，因为，读者大都不是专业人士，他们对那些专业术语一无所知。如果使用一些专业术语，就有可能会失去较大多数的读者。只有让自己站在读者的立场上，用通俗易懂的语言来取代生僻的专业术语，才能增进读者对商品的了解。而只有读者了解了广告内容，才有可能采取购买行动。

例如大众汽车的一则广告文案，在文案语言文字的使用上就体现了简明易懂的特点。

标题：1.02美元1磅

正文：一辆崭新的大众轿车值1595美元。

并不是像你听说的那么便宜。如果磅数相等，一辆大众轿车的价格可能超过你能说出的任何牌子的汽车。实际上，当你观察大众轿车的内部时，你就不会对这样的价格感到意外了（开头的两句话完全承接标题对价格的奇特计算方法）。

并没有多少汽车像大众这样在自己的内部装很多东西(注：意指在内部花很多工夫)（开始解释原因，展开对汽车品质的诉求）。

光是手工就很明显。

大众的引擎是手工装配起来的。

一个零件接一个零件。

每一台引擎都要测试两次，一次在它还是一台引擎时，另一次在它成为整车的一部分后。一辆大众要涂四遍油漆，每次油漆之间都要用手持砂纸将表面磨光。

甚至车顶材料也是手工填装的。

你不会在任何地方发现一个裂口、一道凹陷或一团胶水糊。

因为如果必要，大众会为一个小小的细节而拒绝让整部车出厂。

因此当你以磅计算大众轿车时，就会知道它为什么如此之贵。

这是值得考虑的事情。（开始行动号召）

尤其假如你因为它的价格还不够高而还没买它时。

把复杂的事情讲清楚明白对于报纸广告文案写作，是一件困难的事情，我们需要多动脑，多练手。每写完一篇文案可以大声朗读，以一个消费者的角度来审视文案，如果你自己都不甚明白，那么文案就是失败的。对于那些有冗余的地方，要敢于修改，大胆修改，敢于删除，大胆删除，不要吝惜，好的文案都是通过多次的删除修改才最后成型的。

第二节　杂志媒体的广告文案写作

如前所述，杂志媒体的文案和报纸媒体的文案在写作方式上大同小异，写作技巧上基本相同，因此本节只简要论述杂志媒体的一些典型特征，其广告文案写作可参照报纸广告文案的写作进行理解和操作。

一、杂志广告概说

杂志，也是一种以印刷符号传递信息的连续出版物，但是出版周期较长，出版速度较慢。改革开放以来，我国杂志刊物的发展是非常迅速的，它是传达信息、传播知识、弘扬文化的主要信息载体。和报纸比较起来，杂志偏重知识性、娱乐性和教育性，有的杂志在专业领域中具有权威性。所以，在传播媒体中有"贵族"的雅号。

杂志也是一种印刷平面广告媒体，尽管与报纸广告相比，它明显地缺乏时效性，而且覆盖面有限，但由于它精美的印刷，具有光彩夺目的视觉效果，故深受特定受众的喜爱。由于杂志种类繁多，雅俗均有，而且出刊周期短的杂志种类最多，影响颇大，因此，它成为现代广告四大媒体之一。由于印刷技术的发展和人类思维的进步，以往的单纯平面设计模式不断被打破，新的设计形式不断出现，这都体现着杂志广告的广阔前景。如图5-7所示。杂志的主要特点如下。

1. 读者阶层和对象明确而稳定

杂志的读者不像报纸广大，但分类较细，专业性较强，这对于选择特定阶层的广告非常方便，更能做到有的放矢。同类杂志的读者，在质的方面大体相同，因此，广告文案的制作也容易得多，反过来说，每一类杂志都拥有其基本的读者群，可以针对不同的消费者选择不同的杂志。所以，为了更好地利用杂志媒体，应该根据广告目标对象的要求对杂志进行分类。

一般来说，杂志的读者都有一定的文化水平，有较好的理解能力，而且凡是订阅某种杂志的人，对该杂志的性质与刊登内容都有一定了解和兴趣，搞专业的人对专业杂志刊登的东西容易接受，这样就有利于广告发挥作用。订阅杂志的人生活水平都较高，有能力领略广告介绍的内容，所以新产品在开辟市场时，杂志媒体也是一个有效的媒体。

图5-7　佳能伊克萨斯杂志广告

2. 杂志印刷精美，表现力强，阅读率高，保存期长

杂志媒体的用纸较好，尤其是广告用纸更为讲究，在广告的印刷上要比报纸精美得多，尤其是彩色广告，色彩鲜艳精致，容易引人注目，可以逼真地再现商品形象，激发读者的购买欲望。杂志广告大都用全页或半页，版面较大，内容多，表现深刻，图文并茂，容易把广告客户所要提供的信息，完整地表达出来。

杂志媒体比起广播、电视来说，生命长得多。广播电视节目一播即逝，而杂志阅读时间长，常被人保存下来反复阅读，因此，杂志广告能反复与读者接触，有充分时间对广告内容作仔细研究，加深人们的印象。

3. 杂志媒体版面安排灵活，颜色多样

杂志广告在版面位置安排上可分为封面、封底、封二、封三、扉页、内页、插页，颜色上可以是黑白，也可以是彩色，在版面大小上有全页、半页也有1/3、2/3、1/4、1/6页的区别，有时为了适应广告客户作大幅广告要求，还可以作连页广告、多页广告，效果十分强烈，影响巨大。

杂志与报纸一样，同属印刷媒体。这就决定了它们之间存在着一些共同的心理特性，包括阅读主动性、高认知卷入、保存性和可信性。但是杂志与报纸也存在着很大的差别。在内容上，杂志不像报纸以新闻报道为主，而是以各种专业和科普性知识来满足各种类型读者的需要。在印刷质量上，杂志是报纸所无法比拟的，它的图片、照片的质量要远远优于报纸。因此杂志具有一些不同于报纸的心理特性。

4. 读者针对性强

杂志内容有较大的倾向性、专业性，不同的杂志，一般可以在广大区域里，拥有不同的和比较稳定的读者层。比如摄影杂志，读者以摄影行业和业余摄影爱好者为主，故有关摄影器材的广告，登在摄影杂志上，广告对象正与该杂志的读者接近，有效地争取这些读者成为购用该商品的顾客。

5. 知识性

许多杂志的内容以专业知识和科普知识为主体，因而容易使读者对杂志阅读产生知识性期待。这与报纸的消息性一样，杂志的知识性也成为杂志广告的一个心理特性。

6. 重复性

杂志的内容丰富多彩，长篇文章较多，读者不仅要仔细阅读，而且常常要分多次阅读，甚至保存下来日后再读。读者的多次翻阅增加了他们与杂志广告接触的机会，有利于在记忆中留下较深的广告印象。

7. 美感好，引人注目

杂志纸质一般较好，多数印上较美的彩色图片，整体给人感觉是印刷精美、图文并茂、生动逼真、质感强烈，较逼真地再现商品原貌。同时，杂志广告多是商业广告，广告登载量也不多，一般都集中刊登在一定的书页上，排列整齐美观，因此，杂志广告有较强的艺术感染力，引人注目，给人以美的享受。

8. 时效性差，制作成本高

杂志是定期刊物，发行周期较长，有周刊、半月刊、月刊、季刊、半年刊，甚至年刊，因而影响广告的传播速度。时效性强的广告，如企业开张广告、文娱广告、促销广告等，一般不宜选用杂志媒体，否则容易错过时机，收不到广告效果。

杂志广告印刷精美，它要用铜版纸等较昂贵的纸张印刷，印刷过程复杂，更改和撤换都不方便，所以成本费用较高。

二、杂志广告文案的特点

杂志媒体紧随报纸媒体出现，与报纸媒体同属于印刷媒体和视觉表现形式的媒体，它的表现要素也是空间版面、文字和画面，传播特性有许多相同之处，因此，在广告文案的表现结构、表现形式、语言风格等方面，两者有其共同之处。但是由于杂志在印刷媒体中的出色位置，在视觉传达的大背景下，设计者们已经有意识地将文字的间接诉求转化成视觉形式的直接诉求进行表现。这样一来，广告文案中的广告要素只是起到画龙点睛的作用，只是对视觉语言表现不到的或表现的核心要素进行再强调。因此，杂志广告文案比报纸广告文案更为简洁和独到。上节提到，杂志广告由于其媒体自身的不同特点，也导致了杂志广告文案与报纸广告文案的不同之处。

1. 大图片，少文字；大标题，少正文

杂志广告印刷精美，其广告画面的表现力要远远高于报纸广告。因此，在杂志广告的创作过程中，就要发挥优势，采用"大图片，少文字"的方式进行广告的总体设计和布局。由于杂志广告的这一特点，就要求杂志广告文案更加简短、精练。当

图5-8 中国移动3G杂志广告

然有些杂志广告文案并不短，而是在设计的时候采用了较小的字号，在整个作品中，画面仍然占据了主要的位置和版面，这也是符合杂志广告文案创作要求的。如图5-8所示。

在杂志广告中，印刷精美、清晰直观的图片往往可以省去正文的许多语言文字。与报纸广告相比，杂志广告的正文内容被大图片的直观感受取代了，文字相对就要少得多。但是杂志广告文案在设计标题的时候，往往令杂志广告文案撰写者煞费苦心，颇费了一番心机，除了在文案的创意上设计上仔细推敲之外，一般还会采用较大的字号，颜色和字形也需做特别的处理，显得异常的醒目。这也是杂志广告文案设计时的一个显著特点。例如，避尔咳特效化痰露杂志广告文案《痰（谈）何容易——避尔咳特效化痰露》。

标题：痰何容易——避尔咳特效化痰露

正文：要彻底化痰止咳，唯有避尔咳，它所含的特效化痰素，迅速化解积聚气管内的有害顽痰，药效强劲。不含麻醉成分，安全可靠。避尔咳特效化痰露对各种因支气管炎、过敏及伤风感冒引起的咳嗽同样有效。有避尔咳，化痰止咳就像说话一样容易。

话未完就止咳。

这则杂志广告文案在标题的创意设计上就显得很独到，"痰（谈）何容易"利用谐音，巧妙地吸引读者的注意力，轻松活泼。在正文里，关于迅速止咳化痰的信息放在最前面的位置，突出传达，而其他没有诉求重点的信息，如不含有麻醉成分、适应多种病诱发的咳嗽信息，就放在主要信息之后传达，有效地突出了重点信息。文字处理地言简意赅，符合杂志媒体关于广告文案的基本要求。

2. 语言对象化、个性化、专业化

杂志媒体的知识性、娱乐性、专业化特征及目标受众群体的相对明确、稳定和较高的文化水平，决定了杂志广告文案的独特性，即对象化、个性化和专业化特点。

（1）对象化　每种杂志都有自己的目标受众群体——读者，他们就是杂志广告的诉求对象。杂志广告的语言风格应针对他们而定，即符合他们的文化水平、欣赏兴趣、美学爱好和语言习惯，为他们所熟悉、欣赏，使他们感到亲切。比如，采用理性诉求还是以情感人，语言表达高雅一点还是通俗一点，语言风格含蓄深邃还是浅显直白……都要针对不同的受众对象而定。这就是语言风格的对象化。请看美国一则针对一般大众的衬衫杂志广告文案。

标题：穿哈萨威衬衫的男人

美国人现在终于认识到，买一套上好的西装而被一件大批量生产的廉价衬衫破坏了整个穿着效果。这实在是一件非常愚蠢的事情。因此，在这个阶层的人群中，哈萨威衬衫便日渐流行起来。

首先，哈萨威衬衫极耐穿，这已是它多年的传统了。其次是它的剪裁，低斜度以及专为顾客定制的衣领，使你看起来更年轻、更高贵。整件衬衫不惜工本的裁剪，让你穿在身上倍感舒适。

下摆很长，可深入到你的裤腰。纽扣是用珍珠母做的，它非常的大，很有男子气。在缝纫上，甚至带有一种在南北战争前才有的那种高雅。

最重要的是，哈萨威衬衫的布料是从世界各地进口的最好布料。如从英国来的棉毛混纺斜纹布、从苏格兰奥斯特拉德来的毛织波纹绸、从西印度群岛来的海岛棉、从印度来的手织绸、从英格兰曼彻斯特来的宽幅细毛布、从巴黎来的亚麻细布。穿上如此完美的衬衫，会使你得到诸多的满足。

哈萨威衬衫是缅因州渥特威小城的一家小公司的虔诚的手艺人所缝制的。他们老老少少在那里已经工作了114年。

你如果想在离你最近的商店买到哈萨威衬衫，请你写一张明信片寄到：C. F. 哈萨威·缅因州·渥特威城，即复。

这则服装广告，以十分诚恳的语气介绍了衬衫的各项优点，仿佛是位和蔼可亲的老师傅在向自己的客户介绍产品，一改一般产品介绍的枯燥无味，给人很强的信赖感。此广告文案新颖、独特，富有新意，增强了读者对产品的信赖感，从而达到了广告宣传的目的。

（2）个性化 好的广告是个性化的传播，语言的表达是广告创意和信息内容的体现。语言风格的个性化，就是指杂志广告文案的语言要体现出广告信息的个性化特征，并与目标受众的个性心理相吻合，使人感到新鲜、独特、不落俗套，令受众耳目一新。如此，才能使杂志的目标受众乐于接受，并深受影响。请看马丁大夫休闲鞋系列杂志广告文案。

之一：没有什么比这感觉更好

我单身／我收集沙子／我看弗洛伊德／我穿 Dr. Martens……

自信·固执·永不妥协

之二：我逛二手店／我吃棒棒糖／我看NBA／我穿 Dr. Martens……

自信·固执·永不妥协

之三：只有你清楚自己想要什么

我走路／我听 Underground／我喝白开水／我穿 Dr. Martens……

自信·固执·永不妥协

这则文案以高度简洁而又个性化的语言，描绘了叛逆、自由、自信、特立独行的诉求对象行为方式的各个方面，有效地表达了创意核心。

（3）专业化 杂志广告的目标受众群体，均有一定的专业素养和文化水平，因而，在专业性杂志上做专业商品广告，采用专业化的语言风格易于为专业目标受众所理解，不仅可以节省很多文案，而且有利于有的放矢，增强广告效果。比如，在电影杂志上做影视广告，在体育杂志上做体育用品广告，在科技杂志上做电脑用品广告，在汽车杂志上做汽车广告，在娱乐时尚类杂志上做服装和化妆品广告等。在专业杂志上配合以专业的广告文案语言和专业术语，这样既节省文字又适合目标受众群体的专业化阅读习惯和理解接受能力。同时，在专业杂志上请相关的业内专业人士做专业陈述，利用名人广告诉求效应，广告文案的语言选用相应的专业术语和专业化的语言风格，人们会在崇拜心理和共同心态的作用下，跟从其消费。这里有一则刊登在美国《体育周刊》上的广告文案范例：美国一家广告公司为Nike集团公司创作了一幅单页、四色的印刷广告。这个广告全幅刊登了体育界著名人士棒球明星卡尔顿·费斯克的头像，并在版面的左侧以左边对齐的方式从上到下排列文案。文案每一行的长度都不一样，长的可占画面横向的1/3，短的只有两个单词。

我，不要一刻钟的名声，／我要一种生活。／我不愿成为摄影镜头中的引人注目者，／我要一种事业。／我不想抓住所有我能拥有的，／我想有选择地挑选最好的。／我不想出售一个公司，／我想创建一个／我不想和一个模特儿去约会。／OK，那么我的确想和一位模特儿去约会。／控告我吧！／但是我剩余的目标是长期的。／一天天做出决定的结果，／我要保持稳定。／我持续不断地重新解释诺言。／沿着这条路一定会有／瞬间的辉煌。／总之，我就是我。／但这一刻，还有更伟大的，／杰出的记录，／厅里的装饰。／我的名字在三明治上。／一个家庭就是一个队。／我将不再遗憾地回顾。／我会始终信奉理想。／我希望被记住，不是被回忆。／并且，我希望与众不同。／只要行动起来。

在画面的右下方，是一双耐克鞋和一句介绍卡尔顿的话：Carlton Fisk, 到目前为止,已在主联盟效力21年。

此广告就是采用了名人广告的诉求形式。用具有说服力的行业代表来引起目标消费者的高度注意和自觉的跟从。而这个注意和跟从是一种生活方式和价值趋向的注意和跟从，是行为方式的注意和跟从。卡尔顿在此既是一个舆论的领导者又是一个示范性的消费者。广告中产品的目标消费者是运动员和运动爱好者、运动崇尚者，以运动员中的佼佼者做广告模特，讲述出运动员的心声。

三、杂志广告文案的写作技巧

1. 定位准确，针对目标消费者，语言要符合杂志读者的品味和文化素养

目前我国的杂志可分为三种类型，即专业性杂志、综合性杂志和休闲性杂志。专业性杂志的读者的知识水平和文化素养较高，在这类杂志上做广告，语言要典雅、庄重，知识性强，具有一定的专业性，切忌庸俗、花里胡哨、哗众取宠。综合性杂志，涉及面较广，读者成分复杂，在这类杂志上做广告要考虑不同层次的读者的特点，有针对性地进行广告文案的创作，并善于把握不同读者的共同利益点。休闲性杂志的阅读面较广，这类杂志或以热门话题吸引人，或以独特风格吸引人，在这类杂志上做广告，语言要平易近人、通俗易懂。

总之，评价一则杂志广告的成功与否，首先要看杂志广告是否根据杂志媒体的特点锁定了目标消费者群，是否从他们的个人状况、阅读习惯以及对杂志的评价等方面来设计和发布广告。《瑞丽》杂志社社长赵济清女士曾说："做广告不能孤零零地去经营，首先是市场观念，要找准我是为谁服务的，然后把各种链条连接起来，形成组合。"大家都知道，不同消费群体对信息的需求是不同的。比如现代男性对汽车、手表、香烟、电器、酒、冒险项目等信息情有独钟，而女性追求时尚，有品牌观念，对时装及各类日用品、饮食和购物颇为热衷。在女性生活中，必不可少的休闲项目就是逛街和看书，阅读时尚杂志，了解当下的时尚信息。于是，杂志广告作品要想成功，最重要的问题就是找准自己的目标消费者，针对目标消费者的特点展开作品创作，广告文案也要更多考虑目标消费者的利益关心点，考虑其阅读习惯和阅读品味。

例如，奥美广告公司创意总监孙大伟先生曾为美商保德信人寿保险公司所做的《智子篇》就是一个比较有效的针对目标消费者的恐怖创意诉求杂志广告。广告依据一份空难书信而设计。

日航123次《智子篇》广告文案波音747航班，在东京羽田机场跑道升空，飞往大阪。时间是1985年8月18日下午6点15分。机上载着524位机组人员、乘客以及他们家人的未来。45分钟后，这架飞机在群马县的偏远山区坠毁，仅有4人生还。其余520人，已成为空难记录里的统计数据……

在空难现场一个沾有血迹的袋子里，智子女士发现了一张令人心酸的纸条。在别人惊慌失措、呼天喊地的机舱里，为人父、为人夫的谷口先生，写下了给妻子的最后叮嘱："智子，请好好照顾我们的孩子！"就像他要远行一样。

你为谷口先生难过呢？还是为人生的无常而感叹？免除后顾之忧，坦然面对人生、享受人生，这就是保德信117年前成立的原因。走在人生的道路上，没有恐惧，永远安心——如果你有保德信与你同行。

这篇文案对诉求对象把握得十分到位，并且出现在文本中，那就是"你"。每一位做了父母的人得知此事都会动情，人生中会遇到许多风风雨雨，买人寿保险就是为了让自己所牵挂的人能够有所保障。这则广告使人们在感动之后居安思危。这样一则感人至深、具有强烈震撼性的广告，完全打动了广告受众的心！其良好声誉不仅在公众之中迅速建立，其投保额也大大增加，获得十分可观的市场回报。文案发布的当年就以独创性的恐惧创意诉求而获得台湾地区第16届广告金像奖的最佳杂志广告奖。

2. 内容详尽具体，讲求实效

由于杂志这一媒体与报纸相比，具有更高的精读率和传阅率，所以，杂志广告在内容上比报纸广告更加详尽具体。但详尽具体不等于啰唆，要摒弃空话、废话和套话，把话说到点子上，也就是要讲求实效。

如力士美容洁面乳在《读者》杂志上的广告文案。

展现生动美丽的一面

图5-9 竹叶青绿茶杂志广告

谁会喜欢木头娃娃那种硬绷绷、毫无生气的感觉呢？人人都渴望拥有一张生动娇柔的面孔。全新的力士美容洁面乳，蕴含天然成分，配方纯净温和，为您缔造娇颜，让你真正拥有生动娇柔的面容。力士美容洁面乳，真正彻底洁净，而无需担心碱性成分刺激面部的娇嫩肌肤，并能有效促进皮肤的新陈代谢，使皮肤润泽而富有弹性。

均衡型：
- 含天然芦荟精华，纯净温和，能有效去除分泌过剩的油脂。
- 保持皮肤爽洁舒适，柔软细润。

保湿型：
- 含天然小麦胚芽油，营养滋润，保证面部皮肤特有的水分不流失。
- 使皮肤嫩滑娇嫩，富有弹性。

全新力士美容洁面乳，给你面部前所未有的轻柔呵护！并展现生动美丽的一面，使你更有自信！

文案首先介绍了力士美容洁面乳的功效，然后又详细介绍了产品的两种类型（均衡型和保湿型），最后鼓动消费者去"展现生动美丽的一面"。全文既详尽具体，又切中要害。

如果说报纸广告文案更强调语言的新颖独特和冲击力的话，那么杂志广告文案则更强调语言的实在、具体。

3. 将理性诉求和感觉诉求推向极致

杂志广告的文案有两种重要的策略，一是利用其精读率高、容易保存的特点，进行详尽的叙述和论证，将理性诉求推向极致；二是利用其印刷精美的特点，以优美精致的画面抓住读者的眼球，并配以情绪化、个性化的文案，将感觉诉求推向极致。

例如，姗拉娜青春修复露在《读者》杂志上的广告，其文案便是采用了理性诉求形式。

哇！小痘痘不见了

预防青春——姗拉娜青春修复露

姗拉娜青春修复露含优良的抗脂溢杀菌去粉刺活性物，温和不刺激，可调节皮脂的过剩分泌，加快皮肤的修复，避免青春痘的复发与产生，从而达到治本的效果。

姗拉娜青春修复露含强力的保湿因子和高效的渗透剂，具有重建表皮、促进修复、避免脱水的效果，可舒缓皮肤的刺激感。

　　姗拉娜青春修复露最适合于以下皮肤的护理，对于有产生青春痘、粉刺倾向的皮肤；对于已产生青春痘、粉刺的高度油性皮肤。

　　去除青春痘，护理油性皮肤——姗拉娜止痘系列产品，给您提供正确的选择：

- 预防过程（略）
- 消除过程（略）
- 护理过程（略）

　　如果说化妆品在报纸广告或电视广告中大都采用感性诉求的方式，那么在杂志广告中就应采用理性诉求的方式。

　　如《中国妇女》1997年第1期刊登的羽西国际香水广告。

　　羽西国际香水系列

　　任何场合散发无穷魅力

　　变成风情万新的你！

　　振奋的纽约——充满活力、引人注目、使人兴奋、心跳加速。

　　文雅的桂林——这桂花香水典雅、诗意，令人回味无穷。

　　浪漫的维也纳——华丽的礼服、情人的花束加上令人陶醉的华尔兹舞曲，这香水把你带入一个罗曼蒂克的世界。

　　迷人的好莱坞——绚丽、璀璨、充满戏剧性。

　　"纽约"、"桂林"、"维也纳"、"好莱坞"是羽西香水中四种不同的类型，文案用非常感觉化的语言塑造了这种香水的独特个性和迷人魅力。

　　杂志广告在具体的创作过程中，应该根据杂志媒体的特点，注意图文的配合。和报纸广告相比，杂志广告图片由于其丰富的表现力承担了传递形象信息的任务。另外，杂志广告还要注意不同版式下广告文案的不同写作要求，要做到具体问题具体分析。

[思考与讨论]

1. 报纸广告如何分类？报纸广告的主要特点是什么？
2. 报纸广告文案如何适应报纸媒体的特性？如何进行表现？
3. 报纸广告文案写作有哪些技巧？
4. 杂志广告的特点是什么？
5. 杂志广告文案的写作技巧是什么？

[实践与实训]

　　任务一：典型的报刊广告文案结构是什么？请从报刊中找到一个例子加以分析。

　　任务二：为当地新建的房地产项目撰写一篇报纸广告文案。

　　任务三：为今年流行的化妆品撰写一篇杂志广告文案。

　　任务四：在老师指导下安排同一文案写作题目，分别撰写成报纸和杂志广告文案，分析讨论其在信息内容安排上的异同。

知识要求：广播广告的种类和特点；广播媒体对于文案的要求和广播广告文案的媒体特征与表现；广播广告文案的写作技巧和方法。

技能要求：根据广告创意的需要制作出符合实用要求的广播广告文案。

开篇案例：

麦当劳早餐广告的广播广告文案

背景：Chateau Le Foot 旅馆

音效：铃声

服务生：早安，先生、太太。

先生、太太：早安！

服务生：在 Chateau Le Foot 旅馆还愉快吗？

先生：愉快极了！

服务生：我想你一定也会喜欢我们的早餐。

先生：早餐？

服务生：是啊！吐司加蛋，上头还撒了鲑鱼肉，只要12元49分，经济实惠。

太太：哦！不了，我们要去麦当劳。

服务生：麦当劳？

先生：他们早上推出的特餐只要99分钱。

服务生：99分钱？

太太：奶油炒蛋两客，英国烤松饼，外加一客香脆薯条。

音效：脚步声渐远。

服务生：哦，原来如此，那祝你愉快。

(稍候，另一位先生出现)

服务生：嗨，先生！

先生：早！

服务生：要吃我们美味的特制早餐吗？

先生：特制早餐？

服务生：一颗好大的蛋和鲑鱼肉一起煎得喷香，配上长超厚吐司，才12元49分。

先生：不！

服务生：12元49分钱……

先生：不，我要到麦当劳吃炒蛋，烤英国松饼，还有香脆薯条。

服务生：啊，好极了！(小声)有什么了不起。

(另一位太太出现)

太太：早安！

服务生：啊！太太，在我们这儿用早餐吗？

太太：不了，我……但是我想去……

服务生：我把门锁上了，你去不了麦当劳了。

太太：救命啊！救命啊！

音效：喧哗、喊叫、骚动不止

播音员：惊喜价99分钱，特制早餐就在麦当劳。

这则麦当劳早餐广播广告文案强调了麦当劳早餐更为经济实惠，三个情节相互连接，最后以幽默收场，妙趣横生，博听众泯然一笑之后，我们也更加理解了麦当劳的经典广告语：更多美味、更多欢笑、尽在麦当劳。

广播是通过无线电波或金属导线，用电波向大众传播信息、提供服务和娱乐的大众传播媒体。在电视没有发展普及之前，广播是备受人们欢迎的。电视的兴起，将大批广播广告客户拉走，曾经有人担忧地说："广播广告注定要消失。"然而，从多年的发展趋势上看，广播广告的影响力仍然很大，它的独特魅力有其他媒体无可比拟之处。

第一节　广播广告概述

在电子性媒介家族中，广播属于纯听觉媒体，因而广播广告是仅凭声音来传播信息的，准确把握声音的特性，是广播广告成功的关键。广播广告主要以文案为主，语言文案是其最重要的传播方式。同时，广播广告也综合利用音乐、模拟音响等辅助形式，来强化广播广告对人听觉的刺激，增强文案的表现力。

一、广播广告的种类

广播广告因为其媒体的特殊性，所采用的表现形式也有其特殊性，一般情况下将其概括为以下几种类型。

1. 播报式

这是一种直接由播音员或者电波广告演员将广告信息直接播报出来的形式。这在广播电台是一种最常见的也是最基本的表现形式，当然在播报过程中，应该充分发挥语言的感染力和播音员的播音技巧，并以音乐、音响的配合来丰富这种说明式的直白，达到吸引人的目的。见例如下。

音乐：古朴的哨音

"都说江南的鱼米香，宁波的河姆渡，山清水秀，土地肥沃。

七千年前的先民铸造了璀璨的河姆渡文化。在这里，诞生了世界上最早的木质船桨……在这里，河姆渡人戴上了中华民族第一块玉装饰品。跨越了七千年的河姆渡古哨悠悠地向我们吹起。

河姆渡遗址博物馆。"

曾获得全国广播广告优秀作品的安徽省合肥市人民广播电台"廉泉啤酒"广告，其文案如下。

在包公的故乡——合肥，有一口古老的井，取名廉泉。相传，清廉之士饮了廉泉之水，甘甜爽口，明目清心。而今的合肥有一座现代化的啤酒厂，该厂生产的廉泉啤酒，清亮透明，酒香味纯，以其独特的风格深受消费者欢迎。在上海、在天津，参加1987年全国饮料评定，经群众投票打分，专家审查，获得了上海的健乐奖和天津市场畅销啤酒之美称！

廉泉啤酒，不负廉泉盛名。

这则广告文案，由播音员将广告内容直接播报出来，形式比较单调，但却以创意新颖和语言的简洁、凝练、响亮取胜。创作者巧妙地把廉泉啤酒与历史名人及古老的传说联系起来，不仅使品牌得到了强化，而且使产品披上了浓郁的文化色彩，从而深受听众欢迎。

2. 诗歌散文朗诵式

这种类型以充满激情的诗歌和诗情画意的散文作为文案的基本形式构成，通过抑扬顿挫的语音节奏和富有感染力的话语来表达创意核心，打动听众。请看我国台湾地区统一企业公司在"父亲节"所做的广播广告正文。

爸爸的脚步

爸爸的脚步，永不停止

曾经，我们携手走过千万步

逛过庙会，赶过集会

走过沙滩，涉过溪水

爸爸的脚步陪我走过好长的路……

一面走、一面数

左脚是童话，右脚是盘古

前脚是龟兔，后脚是苏武

爸爸的脚步，是我的故事书

一面走，一面数

左脚一、三、五，右脚二、四、六

前脚是加减，后脚是乘除

爸爸的脚步，是我的算术

爸爸的脚步，是我的前途

为了孩子，为了家

爸爸的脚步，永不停止……

今天，让我们陪爸爸走一段路

赠送《健康养生特辑》。即使不能亲身随侍，也请打个电话，写封信，表达对爸爸深深的感恩之情。

这则广播广告正文是以极其生动细腻的描述,刻画了父亲在孩子心目中的崇高地位,从而激发起人们最淳朴的情感。文案读来恰似一篇散文,描绘真切感人,给读者留下十分鲜明深刻的印象。

3. 情节式

情节式广播广告是塑造出一个特定的情境,通过角色的对话和表演以一种故事的方式贯穿整个广告内容,推出商品和服务,使广告更加逼真地被赋予了生活气息,活泼有趣。

例如,中央人民广播电台——北京飞利浦音响的广告文案。

(荷兰风格的音乐,压混)

男童:"爷爷,你怎么了?"

爷爷:"(从沉思中惊醒、感慨地)哦,这是爷爷当年在荷兰留学时候最喜欢听的曲子,那时候,我用的是荷兰飞利浦音响,它伴随我度过了多少思乡之夜啊!"

女儿:"爸爸,您说的荷兰飞利浦音响已经在北京安家落户了,咱们现在听的就是北京飞利浦音响。"

(音乐起,压混)

男:北京飞利浦,唤起您温馨的回忆!

再看一个情节式广播广告案例,广州奥林匹克花园广播广告文案

之一:"报时篇"

(奥林匹克花园园歌前半段的音乐奏响。由远而近的轻松、有节奏的跑步声)

报时信号声:嘟——

播音员:广州奥林匹克花园为您报时,现在是早上8点整。

之二:放学篇

放学铃声响起,小学生们涌出教室。

男生:"班长!明天星期六,我们去你家玩好吗?"

班长(男)为难地:"我那儿没什么好玩的……"

女生:"不如到我家去,那里有大泳池、攀岩馆、乒乓球馆,还有武术学校。我们还能与奥运冠军交手呢……"

男生:"哇!那是什么地方啊?"

女生:"广州奥林匹克花园,运动就在家门口"

众:"Yeah!我们一齐去广州奥林匹克花园!"

之三:周六篇

女童:"妈妈,今天我要去冬冬家里玩,那里好漂亮啊!上星期老师带我们去那里学游泳,还有武术学校、国际乒乓球学校……"

妈妈:"囡囡,你还想去广州奥林匹克花园?"

女童:"妈妈,我们一齐去,爸爸也要去。"

爸爸:"囡囡,我们还要做冬冬家的邻居呢!"

一家同声(女童略快):"广州奥林匹克花园,运动就在家门口!"

4. 故事叙述式

故事叙述式又称讲故事式,运用精心构思的广播短剧的方式,来传播信息内容,通过播音员娓娓动听的故事叙述,使听众对生动有趣的情节产生好感,接受广告内容,从而成为产

品的消费者或潜在消费者。

例如,"盼盼牌防撬门"的广告,就是设计了孙悟空和太上老君斗智斗勇的情节,通过孙悟空偷金丹的失败,幽默风趣地展示了此门的坚固。

音乐:空灵、缥缈、清幽的曲子

孙悟空:(恶作剧的)"嘿嘿,太上老君府!待俺老孙再去弄把金丹尝尝。"

太上老君:(低声的)"这猴子又来了,这回可有招儿对付他了。"

孙悟空:"哎哟,好结实的门啊!哼,看俺老孙的手段!""我撞!"

音效:撞门声

孙悟空:"我撬!"

音效:撬门声

孙悟空:"我钻!"

音效:钻门声

孙悟空:(无奈的)"哎哟!这是什么法宝啊?"

太上老君:(得意的)"哼哼,此乃老夫新装的盼盼防撬门是也。这下,再也不怕你这泼猴了!哈哈哈哈!"

音响:笑声,渐渐消失

旁白:"盼盼守门,安全放心!"

再看一个例子,"参参口服液"广播广告文案《朋友,我给你讲个故事》。

(音乐起,压混)

在美丽的西子湖畔,有一对好夫妻,男的叫生晒参,体格健壮,是个东北大汉;女的叫西洋参,身材苗条,来自遥远的美国。那么是谁做的大媒,使这对国籍不同的夫妻和睦相处,心心相印呢?原来是杭州胡庆余堂制药厂的古一先生。后来他们生了孩子取名叫参参。小参参取了父母的优点,而且爱打抱不平,很快成了人类健康的挚友、病魔的克星。朋友,你听了我的故事,我相信您一定会喜欢,这清火滋补的参参口服液的。

5. 对话式

对话式广播广告文案是指通过两个或两个以上人物相互交谈的方式,表达创意核心和诉求信息。广告文案要体现特定的情景、特定的人物性格,在对话中营造各种特定的气氛和场景。对话者多采用角色扮演的方式,形成一种象征性的买卖关系、同伴关系、邻里关系、同事关系、亲属关系等各种关系。表现时多数为生活小品形式,也就是日常对话式,当然还有一种表演对话式,采用更为艺术化的形式进行创意和表现,形式比前一种更加生动活泼。

看一个广播公益广告《一分钱》文案(中央人民广播电台,1997年)

音效:闹市。

孩子:爸爸,我捡到了一分钱!

爸爸:当孩子捡到一分钱的时候,我们该怎么对他们说?

(回忆:童声合唱"我在马路边,捡到一分钱,把它交到警察叔叔手里边……")

爸爸:也许我们应该记住的,不仅仅是一首歌,也许我们应该捡起的,不仅仅是一分钱。

文案从生活的一个细节出发,借拾金不昧这个中国优良传统,引起人们对继承我国优良传统问题的思考,不愧为1997年全国公益广告大赛广播类银奖。

再来看一则采用表演对话式的公益广播广告文案《听太阳篇》

(海浪声,舒缓的音乐起)

（女声旁白）凌晨，一个快要失明的少女来到海边，想要最后看一眼海上日出，一位伫立在礁石上的老人出现在她模糊的视线里。

（少女声）老爷爷，你也是来看日出吗？

（老年男声、温和地）我是来听日出的。

（少女声）听日出？

（老年男声）我的眼睛三十年前就看不见了。

（少女声）可日出您也能听得见吗？

（老年男声，充满激情地）你听。（音乐转为激昂）太阳出来时，大海对它欢呼着，我虽然看不见，但我心里却感觉到了。

（乐声渐强，随着男声结束，达到高潮）

（少女声，若奋地）老爷爷，我听见了，我听见了，太阳走过来了！

（男声旁白）只要我的心中拥有太阳，生活就永远充满希望！

该广告通过一位即将失明的少女与一位盲人的对话展开故事情节，巧妙地借"听海"引出了寓意深刻的故事。伴随着舒缓的音乐声，出现了两位盲人：一位小姑娘，一位老伯。盲人老伯用耳朵来"听"日出。在好奇心的引导下，小姑娘发现这个所谓的"听"只是一种象征的说法，这看似离奇却十分真实的故事，突出了盲人老伯身残志坚，热爱大自然的思想感情。在老伯精神的感召下，小姑娘也和他一起"听"日出，学会了战胜困难、欣赏自然，去创造生命的辉煌。在人们看来，一般情况下，日出是只能用眼睛看的，而这则广告以独特的视角和与众不同的创意，用"逆向思维"来创造"看海"意境，表现残疾人自强不息的精神。

6. 广告歌

把广告所要诉求的有关产品或服务的信息用歌唱的方式唱出来，也就是通常所说的广告歌。这是广播广告文案普遍采取的形式，也是广播媒体特有的广告形式，是广播扬长的一个重要手段，应该予以足够的重视。

如"兰州啤酒"广告（甘肃人民广播电台）

叫一声哥哥你慢些走，

喝一杯咱的兰州啤酒。

人生路上手挽手，

高高兴兴朝前走。

好啤酒，好啤酒，

兰州啤酒最风流。

7. 曲艺戏曲式

采用相声、评书、快板、戏曲等为人们喜闻乐见的民间艺术，让听众在欣赏的同时，不知不觉地接受了广告所传递的信息。

看一则相声式"黑劲风牌"电吹风的广播广告文案

甲：问您个问题。

乙：你问吧。

甲：你喜欢吹吗？

乙：你才喜欢吹呢！

甲：你算说对了，我的年纪就是吹出来的。

乙：是呀！

甲：我会横着吹，竖着吹，正着吹，反着吹，能把直的吹成弯的，能把美的吹成丑的，能把老头吹成小伙儿，能把老太太吹成大姑娘啊！

乙：嚇，都吹玄了！

甲：我从家乡广东开吹，吹过了大江南北，吹遍了长城内外，我不但在国内吹，我还要吹出亚洲，吹向世界！

乙：你这么吹，人们烦不烦哪？

甲：不但不烦，还特别的喜欢我，尤其是那大姑娘、小媳妇，抓住我就不撒手哇！

乙：还是个大众情人！请问您尊姓大名啊？

甲：我呀，黑劲风牌电吹风。

乙：咳，绝了！

这则广播广告，由于采用双口相声形式，把看来枯燥乏味的信息内容表演得妙趣横生，幽默轻松，使听众打消了收听广告的抵触心理，百听不厌，于欢笑中强化了对广告内容的记忆。

8. 综合式

所谓综合式广播广告是指综合了以上多种形式制作的广播广告。其采用的主要形式有现场新闻式、广播剧式、讨论形式和访问形式等。

例如，美国《时代》周刊的广播剧式广播广告文案，就是以话剧为基础，配上相应的音乐、音响或旁白而形成的一种广播广告文案。通过一个戏剧冲突，塑造了一个痴迷《时代》周刊的读者形象，可笑的装扮和言行，将《时代》周刊无穷的魅力展现出来。

——对不起，先生，半夜三更你在这儿干什么？
——看见你太高兴了，警官先生。
——我问你在这儿干什么？
——我住的不远，那边，第四幢楼。
——先生，别废话了，请回答我，你在这儿干什么？
——哎，别提了，我本来已经上床睡觉了，可是突然想起来白天忘了买本《时代》周刊杂志看了。
——你穿的是什么？
——衣服？睡衣呀！哎哟？走得太慌张了，我老婆的睡衣，很可笑吧？
——上车吧，我送你回去。
——不行，没有《时代》周刊，我睡不着觉，要躺在床上看看"电影评论"、"现代生活掠影"，这些栏目……
——好了，好了！快点吧，先生！
——我试着看过其他杂志，但都不合胃口，您知道《时代》周刊发行量一直在上升吗？
——不知道，我知道罪案发生的情况（汽车发动声）。
——像我们这样的《时代》周刊读者多得很，比如说温斯顿·丘吉尔，你呢？快快，不好了，快停车，你总不能看着我穿老婆的睡衣就这样去警察局吧？
——你到家了，下车吧（停车声）。

二、广播广告的特点

由于科技的发展，新媒体不断出现，广播媒介面临着越来越多的挑战和冲击，然而广播还是有它的优越性，只有充分地了解这些特性，才能扬长避短，进一步挖掘这一媒体的潜力。广播广告的主要特点如下。

1. 传播方式的即时性

即时性，是指广播广告传播速度最快。广播可使广告内容在信息所及的范围内，迅速传播到目标消费者耳中。不论身在何地，只要打开收音机，广告对象就可以立即接收到。如果广告策略、战术的临时调整而需要紧急发布某些广告信息，例如发布展销会、订货会、折价销售等时效性要求比较强的供求信息时，广播广告可以在数小时内完成播出任务，有时还可以做到现场直播。广播广告的这种即时性的优势是其他媒介所无法取代的。

2. 传播范围的广泛性

由于广播广告是采用电波来传送广告信息的，电波可以不受空间的限制，并且广播的发射技术相对比电视简单得多，所以广播的覆盖面积特别广泛，它可以到达全世界的每一个角落。广播覆盖范围的广阔性使得人们不论在城市还是乡村，在陆地还是空中，都可以收听得到。广播不受天气、交通、自然灾害的限制，尤其适合于一些自然条件比较复杂的地区。

3. 收听方式的随意性

收听广播最为简便、自由、随意。因为它不受时间、地点的限制，不管是白天还是晚上，不管你在哪里，也不管你在干什么，只要打开收音机，都可以接收听广播的内容。科技的进步，使收音机越发向小型化、轻便化发展，有的只有火柴盒大小。尤其是"Mp3"这种为青年人所青睐的收听工具的出现，从某种程度上可以说，广播媒体可以为受众所随身携带。

4. 受众层次的多样性

印刷媒介对受众文化水准、受教育程度的要求较高，广播可使文化程度很低甚至不识字的人也能听得懂广告的内容，所以广播媒体的受众层次更显出多样性。尤其是在我国，文化教育事业还不很发达，仍有很多文盲和半文盲，这一部分人又是任何广告主都无法忽视的消费群体。要想针对他们发挥广告的告知与说服功能，广播是非常合适的广告媒体。

5. 制作成本与播出费用的低廉性

广播广告单位时间内信息容量大、收费标准低，是当今最经济实惠的广告媒体之一。同时，广播广告制作过程也比较简单，制作成本也不高。广播广告是一种低投入和高回报的最佳选择媒体。

6. 播出的灵活性

因为广播广告是诸媒介中制作周期最短的，所以广告主要根据竞争对手的举动来调整自己的战术行动，快速做出反应。广播广告是最为方便、最为得心应手的工具。报纸和电视广告除了制作较为复杂以外，刊播时段和版面一般都比较紧俏，需要提前预订。而广播广告在安排播出和调整时段上相对比较容易，比较灵活。

7. 激发情感的煽动性

广播靠声音进行传播，诉诸人的听觉，它能给听众无限的想象空间，这也正是广播的魅力之所在。广播广告的特色正是通过刺激人的听觉感官，帮助收听者产生联想，因为广播的声音是实在的、具体的，特别容易撩拨人的心弦，煽动人的情绪，而广告也常在这种情形中，不知不觉地完成其传达与说服的功能。

但是，广播广告也有稍纵即逝、传播方式单一等不足之处。

三、广播广告的构成要素

广告广播的要素与广播声音的要素具有一致性。语言、音乐、音响是构成广播声音的要素,同样也是构成广播广告的要素。

1. 语言

语言包括口头形式和书面形式。作为广播广告要素的"语言",是特指有声语言或听觉语言,即语言的口头形式。有声语言是广播广告中用以塑造形象、传达广告信息的主要工具和手段,也是听众辨析、接受信息的唯一途径。因此,有声语言在广播广告中是举足轻重、决定成败的关键性要素。这就要求广播广告的语言要具体形象,能够唤起受众的想象和联想,在听众脑海中形成画面或图像;要亲切真实,充分发挥广播媒体"固有的温暖特性和陪伴功能",通过亲切的话语,与受众心心相通,使信息平添真实感;要轻松愉悦,让听众感到轻松愉快,能激起人们的欣赏兴趣;每句话,每个字音都应悦耳动听,富于节奏感和音乐美。信息代言人应与信息密切相关,其声音应与广告目标吻合、一致。

2. 音乐

生活中不能没有音乐。贝多芬说:"音乐应当使人类的精神爆发出火花。"冼星海说:"音乐,是人生最大的快乐;音乐,是生活中的一股清泉;音乐,是陶冶性情的熔炉。"流行音乐融合于现代广告中,是广告业发展的一个重要趋势。广告中的音乐也会成为流行。

广播广告中悦耳动听、与语言的节奏和谐一致的音乐能够唤起听众的情感共鸣,消除与听众之间的心理距离。特别是广播广告中的歌曲或民谣,可以调动听众的参与意识,强化广告信息,增进记忆,促进哼唱与流传,延续广告的传播效果。因而,音乐,特别是歌词的创作是广播广告文案不可忽视的重要因素。音乐在广播广告中起到增强广告的艺术感染力、沟通与听众感情的作用。在广播广告中配上音乐,能够引发听众的收听兴趣,并使之在不知不觉中记住广告的内容。

3. 音响

音响是指除语言、音乐之外的各种各样的声响。音响的设计也是广播广告文案的重要构成要素,是再现或者烘托环境气氛、描述或者诉说产品性能特征、塑造广告形象、体现广告主题、增强广告内容表现力的辅助手段。常见的音响效果包括以下五种类型。一是大自然的各种声响,如山崩、地裂、洪水、海啸、浪涛、暴风雨等。二是动物声音,如鸟鸣、狼嚎、虎啸、犬吠、猪哼、鸡叫等。三是机械声响,如摩托车的突突声、火车的轰隆声、飞机的马达声、轮船的汽笛声、警车或救护车的警笛声等。四是人物声响,如脚步声、鼓掌声、笑声、打斗声等。五是特殊乐器的声响,如敲鼓声、敲钟声、锣声、吹号声等。音响在广播广告中有着强烈的提示和暗示作用,在有些时候,音响能传达语言和音乐无法传达的信息。

第二节 广播广告文案的媒体配合与表现

一、广播媒体的优势和劣势

1. 优势

① 传播范围广,渗透性强。
② 传播迅速,时效性强。
③ 费用低廉,收听方便。

④ 内容丰富，制作灵活。
⑤ 诉诸想象，参与性强。

2. 劣势

① 转瞬即逝，难于记忆。
② 听众分散，宣传效果难以测定。
③ 有声无形，缺乏视觉形象。
④ 难保存，不易查询。

二、广播广告文案的媒体特性与表现

由于广播媒体特殊的传播性质和特点，就要求广播广告文案充分发挥广播文字表达的优势，使广播媒体扬长避短，注意声音是广播广告文案的唯一载体的特征。要做到这一点其实并不容易，文案需要从以下几个方面进行配合。

1. 注意时间控制，保持文案诉求的单一性

广播属于时间媒介，由于时间不是无限的，广播广告的长度就变得极为有限，需要在一定的时间段中进行表现。一般的广播广告有60秒、30秒、15秒、5秒等规格，按照每分钟180字的正常语速，常见的30秒广播广告最多容纳90个字，15秒45个字，5秒15个字。当然广播广告不但要考虑设计文案的字数，还要考虑音乐、音响配合所占的时间，那么单位时间内所容纳的字数就相对减少了。在文案完成以后，还要考虑文案在实际表现时所需要的节奏、快慢的掌握，与音乐音响的实际配合来确定文案的长短和字数。也就是说，广播广告文案必须讲究时间观念。

前面提到，广播广告的听众更多的是处于随意性地收听状态，那么考虑到注意力的有限性，就要求广播广告文案在创作上讲究简单明了，保持文案诉求的单一性。只有这样，才能让听众注意记忆到广告，相反，越是复杂，说得越多、越想面面俱到，往往适得其反，得不偿失。这就要求广播广告文案使用单一的诉求，不要想试着表达的太多，一则好的广告只有一个诉求点，用最短小的文字，最精准的表现创意核心和诉求信息。

下面这则广告就符合这样的特点。

（歌曲"我想有个家，一个不需要华丽的地方……"衬入。）

男：柔柔地拉开，轻轻地合上。金三角窗帘盒滚动配合好，造型色调多姿多彩，就像这首歌，令人倍感家庭的温馨。

女：金三角窗帘盒营造温馨之家，更显高贵典雅。

男：金三角营造温馨之家。

2. 注意语言的亲切感人，节奏明快和谐，多从正面进行诉求

广播广告用声音来传播信息，类似于人际间的口头传播。这就要求广播广告文案少用书面语言、修饰语言，多用生活中的口语、短句。也不要用高高在上的教训人的口气，多用商量的口吻，话要人听着顺耳、顺心，像朋友聊天谈心一样。总之，语言要想办法贴近听众，亲切感人，这样的广告才能起作用。

广播广告语言是一种有声语言，语言的表现就要讲究节奏明快，音韵和谐，听来感觉轻松愉快，使听众自然地沉浸其中，被它感染，不自觉地接受广告信息。

广播广告信息缺乏视觉形象，稍纵即逝，听众往往处于一种被动的收听状态，所以在广

播广告中尽量要使用正面诉求的方式,而慎用逆向思维的反面诉求和负面信息,听众一旦注意力不集中而造成听的不完整,就极有可能造成对广告诉求信息的误解。比如大连人民广播电台——《宁红减肥茶》。

(配乐:《花儿在欢笑》)

去年体重八十六,

今年体重六十八,

要问奥秘在哪里,

常饮宁红减肥茶。

3. 为"听"而创意,为"听"而写作

广播广告的创作是诉诸人的听觉的创作,因此要做到为"听"而创意,为"听"而写作。广播广告没有办法实现视觉形象,只有通过声音来传递信息,这是广播广告最大的缺点,但是换个角度思考,这恰恰又是广播广告最大的优势,它给了人们最大的想象空间,同时也给了广播广告创作者以最大的自由。

在广播广告评比时,评委们都是聚精会神地听广告而不是看参评单位送来的文字稿。为什么?因为广播广告只是供人听的,广大听众是看不到文稿的。评委必须从受众的立场来评判广播广告。正因为广播广告只是供人听的,所以,广播广告的创意是听的创意。既然是听的创意,就必须不同于阅读的创意或视听结合的创意,就必须具备听的创意的个性。要力争做到必须一听就明白,力争一听就爱听,实现听觉广告的视觉化传达。

要想实现为"听"而创意,为"听"而写作。就要在广告文案创作时,充分认识广播广告人声语言、音乐、音响的功能互补性,充分使用人声语言、音乐、音响这三要素。在人声语言方面,要围绕诉求信息,使用具体形象、亲切感人、轻松愉快、悦耳动听的语言。要在选词和修辞上下工夫,广告词必须通俗化、口语化。要利用好音乐要素,选用美妙的旋律,与语言节奏和谐一致的音乐,尤其重视广告歌曲的选择。要恰当地使用音响要素,正如美国著名销售专家赫伊拉所说:"不要卖牛排,要卖'吱吱'声"。

例如,上海人民广播电台——海鸥DF-300照相机。

(一对摄影青年女A、男A,一对讲述人女B、男B)

(海浪轻拍,海鸥欢歌,音乐轻衬)

女A:哎,你等海鸥飞近了再拍。

男A:好的。对,舒展双臂拥抱天空。

女A:海鸥,你好!

(快门声,笑声)

男B:留下你的青春。

女B:DF 300

男A:再来一张,追赶浪花。

女A:(一串笑声,水里奔跑声)

男B:留下你的倩影。

女B:DF 300

女A:你能拍下飞翔的海鸥吗?

男A:只要换上长镜头。

男B:让我们的艺术摄影从海鸥DF300开始。

女B：为什么？

男B：它是全世界摄影家普遍采用的单反型照相机。

女B：还为什么？

男B：当然是国产优质，我们买得起啊！

歌声（合唱）：海鸥，海鸥，我们的朋友，你是我们的好朋友。

（海浪轻拍，海鸥欢歌）

第三节 广播广告文案的写作技巧

一、广播广告文案的写作原则

1. 便于收听

如前所述，广播广告创意的整个过程都应该想到是为了听，是为了让听众用耳朵听声音，为听声音而构思，为听声音而设计，因此，广播广告文案的首要原则就是便于收听。要想方设法让听众听得清楚，听得明白，听的高兴满意。

适听原则是广播广告写作首先要遵循的一个原则。为了贯彻这个原则，文稿的语言、音乐和音响都应该进行精心的构思和谋划，特别是文案的开头应该给予特别的重视，力求从一开始就牢牢抓住听众的注意力，如何从开篇吸引公众，这是广播广告文案特别要下工夫研究的问题。

例如，广东联通广播广告文案《误会篇》。

女：今天下雨，我恨……你……我们完了。再见！（中间夹杂着信号中断声）

男：我……你……

另一男声：小伙子，别沮丧，这可能是网络的问题。你为什么不试试话音清晰的130网？你听！

女：今天下雨，我恨透这鬼天气，你快来接我，我们晚上去看电影。好了，我说完了，再见！

男：哈哈！一打就通，话无遮拦130（笑声）

标版声："全省联网，一打就通"。刮目相看130，我们的努力在延伸。

这则广告文案在开头就设置吸引受众的悬念，然后导入诉求信息。

2. 便于塑造形象

广播广告直接作用于听众的听觉，缺乏视觉的表现力，因此，广播广告文案最直接的目标就是塑造产品形象，也就是为听众塑造出可感知的、真实可信的产品和劳动形象。能否让虚无的听觉转化为产品和劳动的具体形象，给听众留下鲜明难忘的广告印象，是广播广告能否成功的关键。

3. 便于产生联想

广播广告是靠声音来传播产品信息的，其创意和设计离不开引起听众联想这一重要的环节。所谓联想，是指由一事物而想起另一种事物。相对于电视媒体的视觉具象化，广播媒体更能激起听众丰富的联想，假如1000个听众听同一个广播广告，毫不夸张地说，会有1000个对广告不同的形象出现在听众的脑海中。在广播广告文案的创意设计中，联想是很重要的心理活动，文案设计者需要在文案中便于引起听众的联想，从而达到理想的广告宣传效果。

比如一则酒类广告。

醅回八次酿三年,

味厚香浓入口绵。

巧夺天工杯未尽,

行人独赞白云边。

听众虽然未喝到这种酒,相信已经联想到酒的"味厚香浓入口绵"了。

二、广播广告文案的创作要求

1. 综合采用广播广告能够采用的各种表现形式,表现创意核心

前面在谈到广播广告种类的时候,列举了广播广告采用的各种各样的表现形式,当然这无法穷尽其丰富的表现手法。广播广告文案的表达方式可谓丰富多彩,灵活多变,形式多样,可以这样说,凡是以有声语言为主体,辅助以音乐、音响,能够通过电波传播的各种声音符号样式,都可以用来传播广告。例如,道白、对话问答、模拟生活场景、故事讲述、广告歌曲、戏曲、快板、评书、朗诵诗、相声、话剧、小品、新闻播报、现场直播、明星证言、谈论、采访等。无论采用哪一种具体的写法,都需要牢记广播广告文案所传播的主要诉求信息是什么,通过广播广告文案能够采用的各种表现形式,将主要表现内容的创意核心表达传播给广大听众。

例如,湖南湘泉酒广播广告文案。

(乡村风景:小桥流水、鸟鸣、牛叫……)

女:湘泉,一段难以忘怀的岁月。

男:湘泉,一段永不磨灭的情愫。

女:湘泉,一股温暖人心的甘泉。

男:由湘泉集团和酒鬼股份有限公司出品的湘泉系列酒,含酒鬼、湘泉、神鼓等十余种佳酿。

(倒酒声)

男:湘泉系列,酒中无上妙品。

女:温暖人生的甘泉。

男:永不磨灭的情愫。

女:难以忘怀的岁月。

合:人生百年,难遇湘泉。

在这则广告中,播音员一开始就采用诗朗诵的形式推出包括品牌名称在内的主要诉求信息,然后分别表达湘泉系列酒带给人们美妙感受和体验的诉求信息的支撑材料。

2. 主要诉求信息要反复强调,突出品牌形象

由于广播广告声音的易逝性和信息的不易保存性,听众要想记住听到的内容是很困难的,因此在广播广告文案的写作中,对于需要强调的信息和突出的内容,比如品牌的名称或产品的突出特点、独特理念等,就要适当的有意识的加以重复。这与报纸杂志等平面广告文案是截然不同的。当然重复应该有度,不能让人感到厌烦,最好在重复中有所变化。

例如,中意电器广播广告文案。

中意电器，中意的生活，生活的中意；中意电器祝大家事事中意！让中意电器使您自己中意、妻子中意、孩子中意。因为只有您的中意，才有我中意。

这则广播广告文案虽然不断重复品牌名称"中意"，但是却采用了顶针和回环等修辞手法巧妙地安排，在变化中求重复，在重复中求变化。

再看一个比较极端的例子。

如果你问我，舍得不舍得？我会告诉你，潇洒是什么？我会告诉你，舍得舍得。一人要舍得，就会有欢乐；两人要舍得，就会陶醉多；舍得流汗水，才有好生活；舍得金弹子，能打凤凰窝。要想有所得，首先要舍得；舍得坛坛罐罐，才有轰轰烈烈；舍得辛辛苦苦，才有明明白白；舍得冷冷秋风，才有飘飘红叶；舍得芬芬芳芳，才有亲亲热热。

这是我国著名词作家阎肃为"舍得酒"作词的一首广告歌。其中"舍得"被重复了十几次，也就是在这样的重复中，人们记住了"舍得酒"的品牌名称及其蕴涵的生活哲理。

3. 三要素最佳组合，综合传播广告信息

广播广告中的三要素人声语音、音乐和音响，并不是简单地叠加，而是高度地融合，它们共同承担创意核心的执行与表现。传播广告信息，总的原则就是是否有利于广告主题信息的传达，也就是说文案写作时注意三要素的整体规划和把握，从全局上考虑这三个要素之间的平衡和主次关系，既要充分发挥每一个要素的作用，同时又不破坏整体感觉的完整性，努力寻求三要素的最佳组合方式，综合传播广告信息。

一般而言，在广播广告文案三个基本要素中，人声语言应该居于主导地位，音乐和音响的使用只是辅助手段。切不可本末倒置，片面追求形式，刻意在音响和音乐上纠缠雕琢，而忽视了对广告语言的深入研究设计，这样的后果只能是喧宾夺主，为了广告而广告，根本达不到广告宣传的效果。三者之间的最佳组合应该达到这样的目标效果：衔接自然默契；诉求清晰明确，层次分明，流畅完整；音量适中，大小、音色、速度、情绪一致。一切都是为了传播广告信息，保证广告效果。

比如第二章提到的日本寿司饭店三得利威士忌酒的广播广告文案，运用解说词和音乐音响的交互作用，打破了广播广告的媒体限制，用诗情画意描绘了一个充满迷人魅力的场景。描述产品悠久历史和馥郁芳香的解说，富有田园色彩的舒缓音乐，百鸟鸣唱，泉水叮咚，与世界名酒融合为一体。这所有的一切全方位地激发听众的想象力，给听众一种无法阻挡的诱惑。

4. 建立声音的CI

CI是指企业形象识别系统，一般指视觉形象识别系统。声音形象也是一种CI，这一点往往被人们所忽视，广播广告要立足于以各种形式、各种要素来塑造一个强烈的印象，建立一种声音的CI。可以使用两种方式来开发声音的CI，一种是"声音代言人"，另一种是一段具有个性的乐曲。

"声音代言人"具体是指寻找一个声音具有特色的、令人难忘的演员，本品牌的每一个广告都用他或她的声音，通过声音音色的识别，达到一个品牌、一个声音的效果。时间久了，这个声音就像形象代言人一样成为品牌的标志。

创作一段具有个性的音乐，赋予某个音乐以特殊的意义，也是树立声音CI的一种常见形式。例如，娃哈哈纯净水"我的眼里只有你"。

5. 可以在广告中加入幽默

在广播广告中，幽默是非常有效的表现手段，在创作文案的时候要格外引起重视。"幽

默"式广播广告文案能使人发笑,加深记忆。

[思考与讨论]

1. 你如何理解广播广告的特点?
2. 广播广告的构成要素是什么?这些要素各自具有什么特点和作用?
3. 广播广告的创作原则和创作技巧是什么?
4. 怎样实现广播广告要素的最佳组合?

[实践与实训]

任务一:为你家乡的某种特产创作一则广播广告文案。

任务二:打开一个报纸广告,试着把它改变成广播广告,写出文案,注意人声语言、音乐、音响的配合。

任务三:打开收录机,录制5个广播广告,结合所学的内容分析其优缺点。如果你是文案的写作人员,你会怎么写?

第七章 电视媒体的广告文案写作

知识要求：电视广告的种类和特点；电视媒体对于文案的要求和电视广告文案的媒体特征与表现；电视广告文案的写作技巧和方法。

技能要求：策划、创意、设计出符合广告传播要求的电视广告文案脚本。

开篇案例：
麦当劳"大陆本土温情系列"广告创意。

1. 强强篇

画 面	音 响
麦当劳餐厅整洁明亮；爷爷、奶奶、爸爸、妈妈和一两周岁的小强强团团坐	
强强拿薯条当指挥棒挥舞	
奶奶喜笑颜开	奶奶认为强强会成为音乐家
强强认真读着说明书	
爷爷大笑开怀	爷爷认为他会成为大学教授
强强把面前的盒子堆积如小山	
斯文的爸爸会心一笑	爸爸认为他会成为出色的建筑师
一家人望着强强欣慰地笑	
强强一只手捧着一包薯条，一只手捏住一根往嘴里送，露出快乐、幸福、纯洁的笑	强强呢？他只认为麦当劳的薯条最好吃

2. 教育篇

画 面	音 响
小强忙忙碌碌在厨房调理各种美味、色泽亮丽的食物	小强的爷爷从小教他做香脆可口的食物
柜台前的小丽笑容可掬，收付款麻利、亲切	小丽的爸爸教会她快速清晰的算账
麦当劳餐厅门前，小红将顾客往里请，热情洋溢，举止大方	小红的妈妈从小教她热情待人
小明手持抹布，认真拭擦着明亮可鉴的玻璃	小明呢，从小就学会了把房间收拾得干干净净
麦当劳小强、小丽、小红、小明全家福绽出青春、充满活力的笑容	在麦当劳，您能享受到最全面、最优质的服务

3. 小梅篇

画　面	音　响
中午的张先生和张太太在一个温馨的家里为出门而忙碌暖色（家里温馨的颜色）	张太太今天不用做饭
张先生换新皮鞋，张太太在旁微笑地凝视	张先生也换上了新皮鞋
年轻美丽的小梅扶着爸爸妈妈——张先生和张太太走出门来	因为今天是女儿小梅第一次请他们到麦当劳
麦当劳餐厅明亮、整洁	小梅想让爸爸妈妈知道，麦当劳的服务有多周到食物有多香
小梅为爸爸妈妈端上各种食品	食物有多香
大幅麦当劳获奖员工照，着麦当劳工服的小梅	小梅想让爸爸妈妈知道，她工作的麦当劳环境有多干净
麦当劳服务生和小梅友好、亲切的微笑；张先生张太太品尝着麦当劳食品同时露出满意欣慰的笑容	员工有多友善。在麦当劳，你能享受到最全面、最优质的服务

以家庭为纽带、浓郁的人情味是华人社会明显区别于西方的特征。麦当劳创意人员准确地把握到这一中枢，通过平实、温馨的电视画面和娓娓动听的平民化旁白将其表现得淋漓尽致。三则广告在家庭温情上确有异曲同工之妙。《强强篇》在西式麦当劳餐厅里营造了中国传统一家三代温情脉脉、充满希望与憧憬的天伦氛围，其乐融融。来自异域的麦当劳和我们的心如此贴近，仿佛与谙熟的小巷中悠远绵长的叫卖如出一辙。《教育篇》则充分传达了麦当劳服务浓浓的人情味和尽善尽美的特质。麦当劳的员工也许是我们的同学，也许就是我们的兄弟姐妹。消费者被告知：麦当劳与中国的每一个家庭、每一个消费个体都有着千丝万缕的联系。千千万万中国父母对子女的悉心教育赋予了麦当劳最优秀的服务。麦当劳的成功，是每一个中国人的骄傲。《小梅篇》更洋溢着浓郁的中国传统"孝"的美德。金发碧眼的麦当劳叔叔在张先生、张太太的微笑和小梅青春、自豪的笑容中出色地完成了"美国-中国"的文化转移，体现出麦当劳完美的文化本土策略。

"本土温情系列"成功之处，还在于其贯彻始终的大众化和平民化的意识。电视主人公都有普普通通的名字——强强、小明、小丽、小梅……没有耀眼的明星，没有令人眼花缭的灯光、画面，没有催人泪下或悠扬动听的配乐，一切都在温馨、平实的画面与叙述中展开，好象在听一个好朋友讲他生活中、家庭中发生过的一件平凡的小事，无需竖起耳朵仔细倾听，却已然为其中流过的系于父母与子女、消费者与员工、麦当劳与大众间的脉脉温情感动不已。如果说孔府家酒与"家"的联系仅系于王姬那令人心醉又略带心酸的一笑，麦当劳却凭了每一个强强、小明、小红等与中国的"家"生出相濡以沫、难解难分的情愫。

电视是一门融视觉和听觉、时间与空间于一体的艺术形式，是最重要的广告媒体之一。由于电视是声音、图像、色彩、动作等多种传播方式的综合体，所以自20世纪30年代产生以来，就以其迅速、直观、形象等特有的魅力，成为众多传播媒体中的佼佼者。短短几十年间，电视事业迅速成长并壮大，虽然到目前为止，网络媒体方兴未艾，蓬勃发展，但是在万千纷繁的广告媒体之中，电视可以说是最具完善、最具表现力和魅力的媒体。

第一节　电视广告概述

电视广告和广播广告都属于电子媒介广告，在人声、音乐、音响的运用方面有许多相似之处，只不过电视广告多了一个极其关键的要素——图像，这就使得它在表现方式上不同于广播广告文案。

一、电视广告的种类

电视广告形态多种多样、琳琅满目、色彩纷呈,为了更好地认识和把握不同形态的电视广告,根据广告的内容和表现形式,将电视广告划分为以下几类。

1. 生活片段式

生活片段在电视广告片中会经常出现,广告的切入点不是产品和服务,而是使用它们的人,产品和服务已经成为人们日常生活中不可分割的一部分。这种方式在使用时,关键是要体现真实性的特点,要让消费者觉得这不是为推销商品和服务而故意设计的生活情节。因此,场景的搭配、角色的表演和产品的出现都要恰到好处。例如,美国贝尔电话公司的电视广告就是一个典型的生活片段式案例。

一天傍晚,一对老夫妇正在用餐,电话铃响,老妇人去另一个房间接电话。

回来后,老先生问:"谁的电话?"

老妇人回答:"女儿打来的。"

又问:"有什么事?"

回答:"没有。"

老先生惊奇地问"没事几千里地打来电话?"

老妇人呜咽道:"她说她爱我们。"

两人顿时相对无言,激动不已。

这时出现旁白:"用电话传递你的爱吧!"

贝尔电话公司的广告创意视觉独特,从家庭亲情入手,从女儿与父母的感情交流着手。既向消费者展示了一幅动人心弦的亲情画卷,又向消费者巧妙地传达了企业的商业动机,较好地实现广告的目标。

对于现代人来说,情感生活是极其重要的。人是最富情感的,在情感付出、情感享受、情感幻想方面,具有特殊的需求。在广告创意中,如果能够根据商品特性、品牌形象特点和目标公众的情感心理,设计表现某种情感生活的广告画面、情节和文案,营造具有情感感染力的意境,那么就可以诱发公众产生相应的情感心绪,萌发情感幻觉,力图通过商品消费来获得美好的情感体验。

2. 形象代言人推荐式

形象代言人推荐式就是由某位名人、某个特定的人物、某种特定的形象(人性化的动物、植物等),也可以是某个热心的消费者,甚至是广告主本身等以自己的亲身经验展示、证明或者推销产品、服务的优点,并向观众进行推荐。

例如,孔府家酒电视广告《刘欢篇》广告文案。

镜头1:(航拍)繁华、绚丽的夜景,一幢幢摩天大楼,在灯火阑珊中更显雄伟、壮观。

(声音:万众欢呼声——现场效果声。音乐声起)

镜头2:(切换,摇移)显示都市的节奏气息。

镜头3:(随音乐切换)沸腾的舞台。演出现场,人山人海,掌声雷动。(观众席)

镜头4:刘欢情绪高涨地走出舞台。刘欢随手递出手中的大束鲜花,两名男服务生恭敬地递上毛巾和水。(音乐声减弱。嘈杂人声)

镜头5:刘欢一边用毛巾,一边快速走在去休息室的通道上,身边簇拥着工作人员和一群追

逐的采访者。(声音继续)

镜头6：(切换)刘欢在化妆间，静坐在化妆台前。(欢呼声戛然而止，音乐声继续)

镜头7：刘欢低头，倏然看见桌上的孔府家酒和旁边一张温馨的卡片……(音乐声渐强，旁白："一杯孔府家万里，长歌盼归期")

镜头8：(特写)"欢，祝演出成功，捎上一瓶孔府家酒，盼早日回家——妻"

镜头9：刘欢深情地将孔府家酒贴在脸庞，一种充满幸福的温馨感顿时洋溢在脸上……

旁白：孔府家酒，叫人想家

镜头10：孔府家酒标版

旁白：孔府家酒

　　这是一个比较典型的明星代言推荐式的电视广告文案。本片延续了以往"孔府家酒"系列广告"想家"的创意思路，突出创新的创意风格和大手笔的制作，使广告片既充满浓情蜜意又彰显气势恢弘！以往"孔府家酒"系列广告曾经以《北京人在纽约》这部家喻户晓的电视连续剧为创意背景来体现"想家"的理念。先是与剧中人物"阿春"的饰演者王姬合作完成了第一部"想家篇"，此广告片的播出是在《北京人在纽约》这部电视剧第一轮播出结束后，王姬作为此片的形象代言人在广告效应上是成功的。第二部"想家篇"广告的创意是以《北京人在纽约》主题曲的主唱刘欢为代言人，延续了第一部的创意思路，使观众有亲切感，使广告形成了系列，使"想家"有了主题。代言人的选择在形象代言人推荐式电视广告中显得十分重要，这则文案可以说是为刘欢量身定做的，他是一位知名度很高的人，同时也是一位有品位的、在大众心目中具有良好口碑的人。只有这样的人，才与酒的品牌定位相吻合，才能得到受众的信任。

3. 产品示范式

　　电视广告视听兼备，特别适合作视觉上的展示和证明，利用电视逼真的视觉效果全方位地影响消费者的心理，达成促销目的，这也是电视广告中比较常见的一种展示产品的方式。多用来进行产品比较，产品性能介绍和使用方法及新用法示范等。

　　俗话说："不怕不识货，就怕货比货"，产品比较是最有效地展示自己产品优势的方法。然而，有些国家和地区对这种比较式的广告是有严格规定的，而有些则比较宽松。当然，不管怎样，不能采用恶意贬低别人的方式，抬高自己。

　　例如，"南孚"电池的电视广告，一直以来的销售主张就是"动力强劲，一节南孚电池更比六节普通电池强"。可以说很好地贯彻了"不怕不识货，就怕货比货"的比较广告"自夸"理论，更可喜的是其最新的广告，在原广告的基础上走得更远。广告是这样的：一个幸福的家庭，父母在看着双胞胎儿子在玩电动玩具汽车，随着画面的不断切换，表明电池的使用时间已很长了，忽然玩具车停了下来。双胞胎孩子之一说："电池没电了，早该停了"。另一个赶紧把电池拿出来，就要把废电池扔掉。这时妈妈阻止道："别扔，还能用呢"。这时，熟悉的强有力的声音出现了："南孚电池，动力强劲，一节等于普通电池六节，用完之后还可用于电池遥控器。"这则广告巧妙利用比较，虽然一直以来我国大陆地区都禁止广告进行产品的比较，但南孚电池就是用不指名的方式进行比较，突出其产品特性——动力强劲。南孚以前的广告通常是到此为止了，但这则广告却进行了很好的延伸——别扔掉已用过的电池，还有用处，可以用于遥控器，可以听收音机，可以走电子钟。当前我国政府正致力于提倡建设节约型社会，南孚电池的这一主张又很好的契合了政府政策的需要，能在不动声色中把广告与政策联系起来，什么声嘶力竭的呐喊有此功效呢？

产品性能介绍也是常见的一种通过写实或象征的方式，强化产品性能质量表现的一种电视广告表现手法。这种手法将产品的使用过程或者某一个重要特性加以展示，增加产品的可信性和透明度，有利于增强消费者对广告产品的信赖和好感。

例如，"汰渍"洗衣粉的电视广告：将满是污渍的男士衬衫领口的衣服放入汰渍洗衣粉的水中进行浸泡，拿出后，用手轻轻一抹，衬衣领口立即洁净如新。整个过程用实物进行演示，将洗涤的快速，简易模拟展现，令消费者感到真实可信。

4. 故事情节式

故事情节式就是对产品和服务进行戏剧化的呈现，要求叙述一个有起因、发生、发展、高潮和结局的情节故事，在刻意营造的气氛中，通过情节的跌宕起伏，使观众被强烈的吸引，进而把他们的注意力巧妙地转移到产品和服务中去。这种方式的运用，要求故事情节与企业、品牌、商品或服务之间有高度的相关性，能够给人以真实可信的感觉，千万不能本末倒置，用故事的生动，情节的离奇掩盖广告的本质。如图7-1所示。

图7-1 百事电视广告《蓝色缘分篇》

典型消费者的经历是最值得挖掘的故事性题材。产品背后不为人知的故事，也是很好的素材。例如，惠普打印机电视广告文案《保姆篇》。

爷爷在照看孩子，婴儿在他怀里熟睡。

屋里静悄悄的，唯一的响声是时钟的滴嗒声。

爷爷拿起电视遥控器，打开电视。电视音量特别大，正播放"疯狂摔跤比赛"。

婴儿惊醒了，哇哇大哭起来。

爷爷把孩子放进婴儿床，尽力哄他："宝宝，不哭，爸爸妈妈就回来了。"可孩子还是哭闹不止。

爷爷又设法用一个绿色大青蛙哄他，仍然无济于事，孩子还是哭。

爷爷终于想出办法了：他拿出一张全家合影，用电脑和693C型桌面喷墨打印机打出一张婴儿母亲的放大图片。

一切又安静下来了。我们再次见到婴儿熟睡在爷爷的怀里。狗进入房间时在半道停下来，爷爷脸上盖着一张与真人一样大的婴儿母亲图片，把食指放在婴儿母亲嘴唇前，示意狗别出声。

接着推出字幕及广告语：惠普图片高质量打印机，能够以假乱真。惠普公司，专家研制，人人可用。

这则电视广告荣获了第44届戛纳国际广告节银狮奖。通过爷爷在看护婴儿时遇到的困难，寻找解决办法，引出商品，使问题得到圆满解决。狗的细节的引入，巧妙地增强了浓郁的生活气息和浓厚的幽默情趣，使画面更加生动活泼，具有生活实感。把观众带入一种特定的日常生活情境之中，也跟着爷爷一起焦急，想办法，直到问题解决，才松了一口气。而商品的特点、性质、质量、效果也刻在了脑海中。

再看一则乐百氏的电视广告文案。

画面：爸爸要出差，男孩送爸爸。

爸爸："爸爸不在家，你要好好地照顾妈妈。"

画面：妈妈在做饭，男孩从冰箱中拿出两瓶乐百氏，转向妈妈。

男孩："妈妈，爸爸让我照顾你，妈妈，你也要喝呀！"

画外音："乐百氏健康快车，特含双歧因子，帮助消化吸收。"

画面：吃完晚饭，男孩拍着自己的胸脯。

男孩："今晚我自己睡。"

画面：妈妈关掉灯，小男孩马上睁开眼睛，有些害怕，悄悄地跑向妈妈房间，爬上床。妈妈翻过身，笑。

妈妈："你不是说自己睡吗？"

男孩（诡秘一笑）："我担心你怕黑！"

画面：第二天清晨，男孩从冰箱中拿出乐百氏，望着妈妈。

男孩："我多喝一瓶行不行啊？"

这则电视广告所表现的故事情节体现出了小男孩的"大男子汉气概"，让许多年轻的父母会心一笑，充满了生活情趣，不知不觉中接受了广告所宣传的产品。

5. 卡通动画式

卡通动画式就是指采用卡通、木偶和电脑动画技术，来诉求广告信息的一种电视广告类型。通常用拟人的方式，使产品、品牌、企业成为会说话的、能够自由表情的生命体，在广告中进行表演。利用卡通动画的方式往往可以表现复杂的广告信息，节省广告成本，并且增强电视广告的趣味性。需要注意的是，卡通动画形象的塑造一定要有亲和力，能够被广告受众接受和喜爱，创意的点子要新颖，情节要精练，这是广告成功与否的关键。如图7-2所示。

永备电池1989年推出的劲量兔子形象，被美国《广告时代》评为20世纪美国10大品牌形象之一。经营专家称长着一对长耳朵、用手敲鼓的劲量兔子是"极限商品演示"。它以一种创新的方式，

图7-2　天喔Q猪小香肠电视广告《明星访谈篇》

有效地展示了产品独特销售主张：长寿命电池。这只小兔子成为永久、坚持和决心的象征，永备公司品牌传播经理马克·拉森说，过去几十年里，从政治家到体育明星都用劲量兔子来形容自己持久的能力。粉红色的兔子出现在由英语、西班牙语配音的100多个广告中，平均一年推出两次新广告。

下面是一则上海手表厂"钻石牌"手表电视广告文案。

镜头1：孙悟空驾云出现在屏幕上，手心里的上海钻石牌手表闪闪发亮。

（孙悟空：哈哈，俺老孙有多了一件宝贝）

镜头2：二郎神牵着天狗，驾着云彩，追赶孙悟空。

（二郎神：猴头哪里去！）

镜头3：二郎神与孙悟空战成一团。

（二郎神：看枪！）

（孙悟空：嗨！嗨！）

镜头4：交战当中，孙悟空处于劣势，只有招架之功，突然一个跟头翻上另一块云彩，抛出钻石牌手表。手表撞上一座山峰，石裂山崩。表又径直飞向二郎神。二郎神躲闪不及，被手表套住。孙悟空飞扑上去，揪住二郎神。

（二郎神：什么宝贝，真准哪！）

镜头5：两块钻石手表，字幕出现"上海牌钻石手表！"

孙悟空和二郎神斗法，手表成为孙悟空得胜的法宝，"真准哪！"一语双关，呈现产品卓越的性能。这是利用卡通动画式进行电视广告宣传的典型案例。

6. 品牌及企业形象展示式

品牌及企业形象展示顾名思义就是不直接表现产品或者服务，而是以其附加价值和形象作为诉求点。广告集中表现产品的附加价值，或者是能够带给消费者的情感享受、个性化追求，服务的体验式消费，或者是企业的文化和经营理念等。

运用这种形式时，要注意品牌和企业形象的个性化设定和诉求信息的选择。目前，大量的品牌和企业形象广告缺乏个性，不注重自身形象的提炼，一味注重广告技巧的设计，造成广告受众难以区分和辨识，广告资源大量浪费。

例如，中国移动通信企业形象广告片《牵手篇》的电视广告文案脚本。

序号	镜头	画面	配音
1	平、推进	从长城垛口，遥看远处山峦起伏、古城门楼在阳光下，庄严雄伟	男童声歌唱： 能不能对你说我心中那希望 我想知道海那一方抬起浪花什么样
2	叠化、仰	埃菲尔铁塔巍峨耸立；雅典卫城白鸽飞过；纽约大楼高耸云天；茂密树林绿荫遮日	
3	平、近	一个中国男孩注视远方，放声歌唱	
4	平、远景	高大的红墙下，男孩站立继续歌唱	
5	平、近	蓝色大海，白色帆船。一个黑人男孩游出水面，仰着脖子聆听着远处传来的歌声	
6	平、近	立交桥旁，一个美国男孩站在滑板上，直起身子聆听着远处传来的歌声	我想遇到像我一样从来好奇的眼光
7	平、近	雕花红墙，一个穿红长裙的印度女孩跑到门前，扶门张望，聆听着远处传来的歌声	
8	平、近	白色桥头，一个穿蓝色套裙的法国女孩，拎着小提琴，抬头远望，寻找着歌声	
9	平、近	中国男孩注视远方，继续放声歌唱	

续表

序号	镜头	画面	配音
10	平、远	美国男孩跳下滑车，滑着旱冰鞋飞快地奔向远方	可不可以为我，
11	平、远	法国女孩拎着小提琴穿过白桦林，在塞纳河大桥上飞奔	回答一声说：
12	平、远	一群非洲少年跳上白色海滩，向海上的帆船奔去	友谊连着所有，
13	平、中	印度女孩和屋内的少年一齐跑出门，寻找着歌声	不会只是梦想。
14	平、中	法国女孩跑进教室，站在窗前遥望远方	我想要的，
15	俯、近	一个阿拉伯少年骑在骆驼上，遥望天空	就是在这里，
16	平、中	一群美国少年飞快地滑着旱冰	请你牵起我的手，
17	平、近	一群非洲少年坐在船上，帆船在海上飞速航行	就像这样紧紧握手……
18	俯、中	法国女孩与同学围坐一堂，拉着小提琴	
19	特技	圆弧形的地球，大海上几艘帆船向一个方向进发	
20	仰、远	烈日下的沙漠，一骆驼队在行进	
21	平、近	阿拉伯少年欢快地敲着长鼓	
22	平、近	法国女孩热情地拉着小提琴	男声旁白：
23	平、近	非洲男孩激动地吹响了海螺	沟通从心开始。
24	全景	纽约曼哈顿高楼林立，美国少年继续飞速滑行	中国移动通信。
25	全景	连绵起伏的群山，一群中国少年奔跑在长城上	
26	全景	天坛、祈年殿、红墙外，一群少年跑过	
27	全景	祈年殿前，各国少年手牵着手，欢呼跳跃	
28	特写	两只手紧紧相握。字幕：沟通从心开始	
29	定格	中国移动通信商标	

这是一篇关于中国移动通信企业形象的广告片，获第七届中国广告节银奖，2000年第30届莫比广告奖中国影视作品金奖。天涯变咫尺，这是广告制作中的大手笔，其与众不同在于它的广博。

所谓移动通信，就是要联络，要沟通。只有两个人说话的沟通太狭隘，一个国家范围内的联系太局限，要想做到真正意义上的沟通就是这种打破国界，消除种族隔阂的最广阔、最纯真的心灵的融汇，呼唤沟通，就是歌颂和平。

《牵手篇》给人们一种视觉上的宽广和美丽，进而感到心灵上的开阔和升华。它的成功之处也在于不让人们只局限于单一场景，真正感受到世界的博大与人们梦想的强烈，强调了沟通的重要性。

7. 歌曲音乐式

歌曲音乐式电视广告文案是指以歌词或旋律为主体，以歌词或曲调作为镜头组合的线索，表达诉求信息。它有时将诉求信息编写成歌词，也有时在歌曲中穿插旁白，还有时用合唱的方式表演交响乐或流行歌曲。在经过多次重复之后，使受众自然地将音乐标志与产品、服务、品牌联系起来。例如，上海力波啤酒音乐式电视广告。

由广告推出了这首《喜欢上海的理由》的经典广告歌，真实记录着无数上海人眷恋的城市生活。成为2001年上海渗透力最强的一支民谣，拨动了无数人的心弦，引起人们的广泛传唱和共鸣。一座城市何以能通过一首歌口口相传，直至于我们没有去过那儿，仅仅唱着这首歌，就自以为很熟悉它了。在那些承载着私人情感与城市记忆片断的歌声中，众多被全球化浪潮洗刷得面目模糊的城市栩栩如生起来。也许，再也找不到另外一种更人性化、更有渗透力、更具传播效应的城市推广方式了。这就是歌曲音乐式电视广告的独特魅力。

8. 综合表现式

上面论述了几种主要的电视广告类型，当然每一种类型都各有优劣。人们在使用的时候也可以采用组合各种类型的方式，挖掘每一种类型的优势，综合起来表达创意的核心概念。这就是我们所说的综合表现式电视广告。如图7-3所示。

图7-3 佳洁士电视广告《佳节篇》

例如，养生堂龟鳖丸《生日篇》电视广告文案脚本就采用了综合表现式的广告类型。

序号	镜头	画　面	配音
1	近、平	落叶，小巷，掌灯时刻，几个男孩子玩耍跑过	（轻柔的音乐）
2	近	一男孩跑进自家大门，猛然觉得香气扑鼻	男童旁白：
	俯、近	一只鸡蛋被磕开，金黄的蛋黄摊到了油锅里	小时候每天都盼着过生日。
	特写	男孩双目盯着锅，鸡蛋清从蛋壳里缓缓流下	真想天天都过生日。
	特写	一大碗龙须面端上了桌，男孩坐在了桌前，一把炒菜铲将金黄的油煎荷包蛋倒在了面碗上	好像爸爸从来都不过生日
	近、平	姐姐、爸爸、妈妈坐在桌前，微笑地看着男孩	
3	近叠化 叠化、近	男孩端着碗狼吞虎咽地吃着荷包蛋。 一家四口围坐一堂，欢声笑语。 爸爸拿着一块馒头放在嘴里咀嚼，眼光充满爱意，注视着儿子	
4	近、移	爸爸用一块馒头把碗蘸干净。男孩子抬起头看着爸爸的举动，脸上出现奇怪的表情。默语：	
5	特写	字幕：几乎世上所有的父亲都知道儿子的生日又有几个儿子知道父亲的生日	男声旁白： 几乎世上所有的父亲都知道儿子的生日，又有几个儿子知道父亲的生日。
6	近	烛光闪烁，父亲已鬓发斑白，饱经沧桑的脸被烛光映照得更加慈祥	
7	俯 全景	客厅，圆桌上摆放着生日蛋糕。全家子孙三代围坐一堂。老人俯身吹灭蜡烛，众人拍手共祝老人生日快乐	养育之恩，何以为报。 养生堂龟鳖丸。
8	定格	养生堂盒装龟鳖丸 字幕：养育之恩 何以为报 叠影：养生堂商标	

这则广告是第七届中国广告节铜奖作品，综合了生活片段、故事情节、品牌及企业形象展示等多种类型的优势。百善孝当先，此片以"孝"动人，非常精彩。在这短短的50秒内，不但生动地演绎了一对父慈子孝的故事，而且使养生堂龟鳖丸的名字深深地刻在观众的心里。中国人自古讲究孝道，这一则广告恰恰抓住了这一点，让每一位观众都会有所感悟。

这则广告的创意符合大众口味。它讲述的故事就是百姓的真实生活，所以观众会有亲切的共鸣。整个广告人情味儿十足，以一个"情"字贯穿每个细节。当观众看完广告前半部分时，都会自然而然地扪心自问：有几个儿子记得父亲的生日呢？接着，"养生堂龟鳖丸"的字幕，便给观众留下印象。以一个平凡的故事使观众记住养生堂这个品牌，并激发以养生堂龟鳖丸孝敬父母的购买欲望，是这则广告的妙处。

再比如，光明牛奶电视广告《百分百好牛篇》（30秒）电视广告文案。

到底光明的牛是怎样选出来的呢?

测体能、看外形、量体重、查视力、考智力。

百分百好牛,出百分百好奶。

好牛好奶百分百。

不努力成不了光明的牛。

光明《百分百好牛篇》是一条在创意、表现和策略都很出色的广告。随着国内液态奶市场的竞争,奶源成为各品牌的竞争焦点,光明提出"好牛出好奶"是一个重要的营销策略。《百分百好牛篇》用卡通化的表现,很聪明地向消费者传递了光明产品的奶源支持。该广告用拟人手法表现光明对"光明牛"的苛刻,在技术上采用胶泥动画来展现牛的卡通造型和动作,比三维动画获得了更优秀的动作连贯和质感。另外,这则广告还综合使用了形象展示、产品示范展示等几种类型的优势,起到了良好的传播效果,在广告播出一段时间以后,"百分百"就成了社会流行词汇。

二、电视广告的特点

1. 直观性强

电视是视听合一的传播,"图文并茂"、"声、色、形、动"兼备,人们能够亲眼见到并亲耳听到如同在自己身边一样的各种活生生的事物,这就是电视视听合一传播的结果。单凭视觉或单靠听觉,或视觉与听觉简单地相加而不是有机地合一,都不会使受众产生如此真实、信服的感受。电视广告的这一种直观性,仍是其他任何媒介(比如靠文字和语言对事物进行抽象与概括的媒体)所不能比拟的。它超越了读写障碍,成为一种最大众化的宣传媒介。它无须对观众的文化知识水准有严格的要求,即便不识字,不懂语言,也基本上可以看懂或理解广告中所传达的内容。

2. 形象生动,有很强的冲击力和感染力

电视是唯一能够进行动态演示的感性型媒体,因此电视广告冲击力、感染力特别强。因为电视媒介是用忠实地记录的手段再现信息的形态,即用声波和光波信号直接刺激人们的感官和心理,在传达广告信息和品牌形象的同时,能够让电视受众产生身临其境的真实感,从而激发以受众的情感体验,取得受众感知经验上的认同,使受众感觉特别真实,因此电视广告对受众的冲击力和感染力特别强,是其他任何媒体的广告所难以达到的。

3. 受收视环境的影响大,不易把握传播效果

电视机不可能像印刷品一样随身携带,它需要一个适当的收视环境,离开了这个环境,也就从根本上阻断了电视媒介的传播。在这个环境内,观众的多少、距离电视机荧屏的远近、观看的角度及电视音量的大小、器材质量以至电视机天线接受信号的功能如何,都直接影响着电视广告的收视效果。

4. 瞬间传达,被动接受

全世界的电视广告长度差不多,都是以5秒、10秒、15秒、20秒、30秒、45秒、60秒、90秒、120秒为基本单位,超过3~4分钟的比较少,而最常见的电视广告则是15秒和30秒,也就是说一则电视广告只能在短短的瞬间之内完成信息传达的任务,这是极苛刻的先决条件。受众是在完全被动的状态下接受电视广告的,这也是电视区别于其他广告媒介的特点。

5. 费用昂贵

费用昂贵，一是指电视广告片本身的制作成本高，周期长；二是指播放费用高。就制作费而言，电影、电视片这种艺术形式本身就以制作周期长、工艺过程复杂、不可控制因素多（如地域、季节天气、演员等）而著称，而电视广告片又比一般的电影、电视节目要求高得多。广告片拍片的片比通常是100：1，可见仅是胶片一项，电视广告片就要比普通电影、电视剧节目超出多少倍了，而且为广告片专门作曲、演奏、配音、剪辑、合成，都需要花大量的金钱。

就广告播出费而言，电视台的收费标准也很高。我国中央电视台A特段30秒的广告收费就要人民币4.5万元。而国外黄金时段播出费用比这还要高得多，美国的电视广告每30秒要10万～15万美元，如果在特别节目中插播广告更贵，有的竟高达几十万美元。

6. 有较高的注意率

经济发达的国家和地区，电视机已经普及，观看电视节目已成为人们文化生活的重要组成部分。电视广告注意运用各种表现手法，使广告内容富有情趣，增强了视听者观看广告的兴趣，广告的收视率也比较高。电视广告既可以看，还可以听。当人们不留神于广告的时候，耳朵还是听到广告的内容。广告充满了整个电视屏幕，也便于人们注意力集中。因此，电视广告容易引人注目，广告接触效果是较强的。

7. 具有演示功能，利于不断加深印象

电视广告是一种视听兼备的广告，又有连续活动的画面，能够逼真地、突出地从各方面展现广告商品的个性。比如，广告商品的外观、内在结构、使用方法、效果等都能在电视中逐一展现，观众如亲临其境，留有明晰深刻印象。电视广告通过反复播放，不断加深印象，巩固记忆。

8. 利于激发情绪，增加购买信心和决心

由于电视广告形象逼真，就像一位上门推销员一样，把商品展示在每个家庭成员面前，使人们耳闻目睹，对广告的商品容易产生好感，引发购买兴趣和欲望。同时，观众在欣赏电视广告中，有意或无意地对广告商品进行比较和评论，通过引起注意，激发兴趣，统一购买思想，这就有利于增强购买信心，作出购买决定。特别是选择性强的日用消费品，流行的生活用品，新投入市场的商品，运用电视广告，容易使受众注目并激发对商品的购买兴趣与欲望。

图7-4　上海大众电视广告《POLO "Nail"》

9. 适合情感诉求和品牌形象传播，不利于深入理解理性的广告信息

电视广告具有形象生动性和表现的短暂性特征，善于营造氛围和气氛，这使得电视广告可以借助富有创意的电视表现，在较短的时间内让人感受到真诚的、悠远的、温馨的情感关怀和体贴，激发受众中或群体或私人的情感体验和回忆。因此，电视广告更适合进行情感诉求、树立品牌形象和企业形象。这是由电视媒体独有的。

电视广告要在很短的时间内，连续播出各种画面，闪动很快，不能做过多的解说，影响人们对广告商品的深入理解。因此，电视广告不宜播放详尽理性诉求的商品，如生产设备之类商品。一些高档耐用消费品在电视播放广告时，还要运用其他补充广告形式作详细介绍。这是由电视媒体独有的传播特性决定的。

10. 容易产生抗拒情绪

因为电视广告有显著的效果，运用电视广告的客户不断增加，电视节目经常被电视广告打断，再加上电视媒体的强制性传播的特点，容易引起观众的不满，在一定程度上影响电视广告的传播效果。

第二节 电视广告文案的媒体配合与表现

一、电视媒体的优势和劣势

1. 优势

① 声形兼备；
② 覆盖面广，收视率高，诉求力强；
③ 不受时间和空间的限制，传播迅速；
④ 电视信息具有广泛性、娱乐性和家庭的渗透力。

2. 劣势

① 保存性差，稍纵即逝；
② 制作费用高，不利于充分的信息传播；
③ 制作复杂，时间较长，时效性差，对创意的要求高；
④ 竞争激烈，容易形成强制性传播，令受众厌烦。

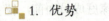

二、电视广告文案的媒体特性与表现

电视广告文案在创作中必须适应和配合电视媒体的上述特征，从而形成自己的特点。由于电视媒体独特的传播特性，电视广告文案的媒体特性与表现就可以归纳为以下几个方面。

1. 特殊的形式

电视广告文案所涉及的视觉要素（演员、场景、道具、图形、字幕等）和声音要素（人声、音效、音乐等）是广告表达创意的重要组成部分，它们所构成的广告文案脚本是对广告创意的意向性表达，只是广告制作过程中的一个环节。由于电视传播符号的综合性和复

杂性，决定了其特殊的地位和形式。单从广告文案这个角度来看，电视广告文案是广告文案在电视广告中的特殊形式。由于电视广告文案在写作过程中除了运用一般的语言文字符号外，还必须掌握影视语言，运用蒙太奇思维，按镜头顺序进行构思，这颇似电影文学剧本的写作，因而又被称为电视广告脚本。这些都使电视广告文案显示出有别于其他广告文案的特殊性。

例如，碧桂园电视形象广告《心路历程篇》文案脚本

序号	镜头	画面	配音
1	仰、近	现代都市。一男子骑自行车在高楼大厦之间缓行	
2	平、近	雨中，人们打着伞在街上匆匆而行	男声旁白（粤语）：在这个世界上，人真像蚂蚁一样忙碌。没钱的时候，拼命赚钱。有了钱之后呢，还不是一样辛苦。有时想一想，一个人活着，都不知道为什么。人家都说，辛苦拼搏之后就要懂得去享受，住豪宅、开名车。但每天只顾工作，怎么算得上是享受呢？
3	平、近	书房，男子坐在电脑前沉思，又靠在椅背上凝视天花板苦想	
4		男子拎着皮包在雨中站立，任凭雨水淋湿头发，冷静地观望身旁疾走的行人	
5	仰、近	高楼林立，男子立于高级轿车旁仰望天空，身旁的儿童跷跷板在上下摆动	
6	俯、近	男子骑车继续缓行，渐渐变成一白色轿车，驶向远方	
7	远渐近	白色轿车在郊外的林间路上飞驰	人生，成功的时候要善待自己。在一个山清水秀的地方，细细品尝一份人生的平常，这种境界，才真正是让人羡慕的碧桂园，给你一个五星级的家
8	近、平	绿荫遮日，男子穿白色西装漫步在密林中。远处显现出白墙玫瑰顶的建筑群，周围苍山翠林，一幅如画的景色	
9	近、平	密林中，阳光漫射。男子坐于椅中轻松品茗。周围一片绿色。叠印：碧桂园商标	

在这个电视广告文案脚本中，只写出了处于核心地位的视觉要素（画面）和听觉要素（旁白），给电视广告拍摄工作留下了比较大的创作和想象的空间，于是，电视广告文案除了字幕和对话之外，其余的都是给再创作提供依据和线索。

这则广告中，企业结合自己商品的用途倡导了一种生活方式，推广了一种生活理念。广告通过一个青年男子对生活的观察和切身体验引发的思考，用内心独白的方式，描绘了一段个人奋斗成功的心路轨迹，带动观众一同去评判自己的生活方式。道出人们心中渴望回归自然，向往平静生活的愿望。再由消费者的愿望引出"碧桂园，给你一个五星级的家。"的承诺。这则广告引发人们联想，引导人们一同去寻找绿色的生活方式，巧妙地将商品的利益同消费者的欲望结合起来。

2. 特殊的性质

电视广告文案是电视广告策划和创意的语言文字说明，在体现广告主题、塑造广告形象、传播广告信息内容方面起着举足轻重的作用，是广告创意文字表达的具体体现，所以，电视广告文案是现代广告文案写作的重要组成部分。

然而，它又不像报刊等平面广告文案那样直接与受众见面，因为它不是广告作品的最后表达形式。只不过是为拍摄电视广告的导演进行再创作提供的详细计划、文字说明或蓝图，是电视广告作品形成的基础和前提，因此，对未来广告作品的质量和传播效果具有非常重要的作用。

再者，电视广告文案的非独立性决定了广告内容的非完整性。电视广告的传播性与广播广告文案大致相同，即通过声音传播，以口耳相传的方式进行交流，其文案的各部分之

间的区别无法在听的过程中清楚地辨别，往往融为一体，而且电视广告的时间很短。目前，电视广告片的各种常规时段有5秒、10秒、15秒、30秒、60秒等。在选择电视广告文案的表现形式时，不仅要依据广告策略、广告信息内容、广告目标受众等情况，而且还要与时段的选择产生对应。如果在这么短的时间里还要严格区分标题、正文、随文、口号，势必将文案分割得支离破碎、杂乱无章。现在的很多电视广告都没有标题，有些正文也很简单，有的干脆将标题、随文都舍弃了（在电视广告文案中，较少出现随文，即使需要出现随文，也往往以字幕的形式出现，而不作过多的解说）。单纯从文案上看，电视广告文案的表述是不完整的，但是，这也正是电视广告文案不同于其他广告文案的地方。它的主要特点就在于，文案始终服务于看和听，人们在观看电视广告的时候，不可能完全专注于屏幕上的文案，也不会像广播广告的听众那样将注意力集中在听觉上，观众往往是边看边听。所以，电视广告文案的作者一定要注意观众"边看边听"的特点，使文案创作适应电视画面的需要。

电视广告文案有自己的独特的编排方式，根据不同的广告制作环节，它分别表现为两种类型：一是故事版的文学脚本，二是分镜头脚本。故事版的文学脚本是表述电视广告的简单设想，是分镜头脚本的基础，由文案撰写者撰写。例如，南方125摩托车《草原篇》文案。

一望无际的草原上传来一阵急促的马蹄声和催马扬鞭"驾"的焦急吆喝声。
地平线上跃出两位策马飞驰的牧民。
他们纵马狂奔，闯进了草原医院的护栏。
牧民神情紧张地边敲窗户，边大声地喊着："大夫！大夫！"
一个医用救护箱挎在了医生的身上。
医生用脚发动南方125摩托车，手加油门。
牧民连忙打开栅栏，医生飞车冲出。
牧民跨上马，调头疾追。
摩托车、骏马奔驰在辽阔的草原上。
医生驾车冲过河溪。
牧民策马直追。
遇到沟坎，医生飞车一跃而过。
马匹却在沟边踌躇不前。
摩托车终于飞驰到蒙古包前。
夕阳西下，南方125摩托车醒目地停在蒙古包外，牧民们焦急地在等待着。
忽然一声婴儿高亢的啼哭声震动了静寂的草原。
母子平安，牧民们脸上露出兴奋而宽慰的笑容。
日落草原，南方125摩托车停立在蒙古包外，格外醒目。
结尾字幕：有多少南方摩托车，就有多少动人的故事。

这则广告文案直接把设想的电视广告荧屏形象用文字表达出来，虽然读起来像是一篇文学作品，实际上是一个拍摄提纲。

分镜头脚本是广告片拍摄和后期制作使用的工作脚本，是处理进入广告作品内各种要素的实施方案，是对文学脚本的分切与再创作，一般由电视广告片的导演撰写。例如，广州本田雅阁汽车的电视广告《纸飞机篇》分镜头脚本。

图7-5 动感地带电视广告《20多篇》

广州本田雅阁汽车《纸飞机篇》分镜头脚本

序号	景别	画面	旁白	音效	字幕
1	全景	湛蓝的天空，万里无云，天空下是平坦无垠的白沙地，远处是淡蓝的海洋和树林		空灵、轻扬的音乐	
2	中景	（俯拍）无垠的白沙地上投影出一个成年男子挺拔的身影			
3	中景	（镜头上摇）阳光下伫立着一个成年男子，他高举双手，手中托着一个银锡纸折叠的飞机			
4	中景	男子手向高空一扬，纸飞机向着蓝天平稳飞去			
5	全景	从白沙地与蓝天交界的远处，一辆银灰色的广州雅阁渐渐驶来，越来越近			
6	近景	（镜头推进）广州雅阁车头向左一转，车前盖在阳光下折射出一道耀眼的银光			
7	中景	车缓缓绕行了半圈，再度掉头行驶过来			
8	特写	（镜头切换）阳光下男子深邃坚定的目光，他的视线随着车的移动而转移			
9	全景	（镜头急拉）伫立于天与地之间，男子静静注视着车，车匀速驶来，经过男子身旁			
10	中景	（镜头推进）车突然一个急速停顿，呈现出一种舒缓状态，然后再加速向前驶去			
11	近景	（仰拍）车匀速平滑驶过，空中纸飞机正以一个漂亮的弧线急速飞掠而来，与车交会并行	满载梦想		满载梦想
12	中景	广州雅阁向着蓝天与白沙地的交接处平稳加速驶去	与时代同进取		与时代同进取
13	全景	（仰拍）在空阔的蓝天中，漫天飞翔着无数纸飞机，向着车行驶而去的方向飞去	广州雅阁，演绎动感，创引时尚		
14		标版			

在这个脚本文案中，镜头序号、镜头内容、音响效果、旁白、字幕等要素被标明的十分清楚，根据这个脚本，就可以拍摄制作出一则电视广告文案。每个人都有梦想，都曾经放飞过梦想，在这则电视广告中，广州雅阁被赋予全新的意义，从一般意义上的交通工具变成了可以帮助人们实现梦想的工具，车和人一起满载着人类的梦想，向着"蓝天与白沙地的交接处"，也就是时代的前沿，飞驰而去，拉近了梦想与现实之间的距离。

3. 特殊的语言

电视广告文案的语言是影视语言，因此具有特殊性。影视语言不仅是电视广告的信息传达手段，也是电视广告形象得以形成、体现的必不可少的先决条件，因而它是电视广告的基础和生命。

电视广告的语言也就是影视语言主要由以下三部分要素构成：

一是视觉部分，包括屏幕画面和字幕；

二是听觉部分，包括有声语言、音乐和音响；

三是文法句法，蒙太奇（镜头剪辑技巧）。

例如，统一鲜橙多电视广告文案脚本。

主旨：新鲜的，神秘的。

表现手法：3D结合平面。华丽的画面加幽默风趣的对白。

分镜头脚本内容

镜头1：（特写）一个长相很夸张的大头男孩吃手指

配音：（男深沉）传说中有个勇敢的美眉，她叫多米诺……

（小男孩）哦？

镜头2：镜头推出，男孩坐在一边看电视，手中拿着一包鲜橙利乐包。此时电视屏幕逐渐占满镜头。镜头中出现一个衣着性感的美女，黑色长发，戴窄边墨镜，上身紧身短衣，下穿鲜橙热裤，肩头停着一个小小的橙天使，美女向一座山峰发起冲击，沿途出现各种稀奇古怪的生物阻止她，她不为所动，随手将利乐包像砖头一样砸出，被打中的生物并不生气，反而争先恐后地抢着喝起来。橙天使在她身边飞舞。

配音：（男深沉）她不畏艰险，勇于向邪恶的魔王发动攻击，经过这样——这样——这样——（音效：山风呼啸）

镜头3：冲到半山时，山顶上出现一高大黑影，只见美女左手甩出N包利乐包在空中形成一条复杂路线直指黑影，右手扔出一个利乐包打向空中利乐包的初始端形成多米诺效应，最后一串利乐包倒向黑影，黑影张开双臂形成一个气流旋涡，将所有多米诺尽收入囊中，然后蹦蹦跳跳跑掉，远远传来吸空盒子的声音……

配音：（小男孩惊异）：不是吧！！这样也行？

镜头4：（全景）美女站在山顶，长发迎风飞舞，她得意的掏出一盒利乐包喝起来，发出吸空盒子的声音。下山小鸟飞舞小兔奔跑。镜头360度旋转。

配音：（男振奋）从此，这个世界诞生了一位多米诺之神！

（小男孩坚定）人可以挑战魔王，神也要接受人的挑战！

镜头5：电视画面缩小。一个长相很夸张的大头男孩再次出现在画面中，左手吸利乐包，右手拿着一块鲜橙多米诺牌，眼中放射出光芒。远处镜头中出现美女及橙天使。橙天使从电视中飞出，飞到小男孩身边，小男孩一挥手，一起冲出画面。

配音：（小男孩兴奋）现在起购买统一鲜橙多利乐包就有三次获得大奖的机会!Let us go！

一起加入鲜橙多的世界！

这则文案视听要素完备，采用蒙太奇组合的方法，体现了电视广告文案的特殊性。

既然电视广告语言是一种影视语言，具有特殊的性质和表现形式，就需要了解和掌握这种影视语言的特点，总结如下。

① 具象性、直观性。它总是以具体形象来传情达意，传递信息。

② 运动性、现实性。摄影机具有客观地记录现实的作用和"物质现实的复原"功能，因而影视画面的基本特征是"活动照相性"，可以使观众产生一种身临其境的现实感。

③ 民族性、世界性。影视语言不仅具有鲜明的民族性特征，而且是一门世界性语言，可以成为各国人民交流思想、传递信息、沟通感情的工具。

第三节　电视广告文案的写作技巧

一、电视广告文案的写作原则

1. 树立创意的核心地位

电视广告文案脚本中的所有视听要素都是为表现广告创意服务的，我们在撰写广告文案脚本的时候必须树立广告创意的核心地位，牢牢把握广告创意的核心和精髓，只有这样才能保证信息传达的正确性和完整性，才符合电视广告文案创作的要求。比如哈药六厂的一则公益广告，广告内容大致是这样的，一位年轻的劳累一天的妈妈晚上睡觉前给她的母亲端过来一盆热水，给她母亲洗脚，母亲心疼的对她说："忙了一天啦歇一会儿吧"，年轻的妈妈说："不累，烫烫脚对您身体有好处。"而这一切全被这位年轻妈妈的小儿子看到了，受到妈妈的启发后，他也吃力的从走廊里端来一盆热水要给他的妈妈洗脚，在孩子稚嫩的声音："妈妈洗脚"过后，传来了画外音："其实，父母是孩子最好的老师，哈药集团制药六厂。"这则广告没有选用大题材，只是选取了生活中的一个极其平凡的侧面，却鲜明地塑造了一位敬老爱幼的年轻女性和一个活泼可爱懂事听话的孩子形象。故事平凡但真实感人，虽然没有商品展示，但这个广告从中华民族尊老爱幼的传统出发进行创意，给人留下自然、朴实的记忆，无形中加深了人们对哈药六厂及其产品的好感和认同。

图 7-6　李宁电视广告《天宇——国画篇》

2. 诉求单一明确

电视广告要在很短的时间内实现与观众良好的沟通，要达到这样的目的就必须对广告传播的内容有所选择，关键是要抓住重点信息进行诉求，这就是电视广告文案诉求单一明确的原则。广告的传播特性要求信息的单一性，要遵守"KISS法则"，意思是说简单、明了、直截了当，实际上就是说要做到广告信息的单一。那么选择什么信息呢？广告设计中对信息的加工处理的实质就是进行优化组合，也就是根据广告宣传目标、广告宣传主题的需要，重点考虑广告目标受众的关心点，从企业众多的信息中选择广告受众最为感兴趣、最为敏感的信息进行宣传，创造出广告宣传内容上的集约效应，从内容上强化广告设计作品的市场效果。

3. 图文配合

前面谈到了电视广告文案采用的是影视语言这种特殊的语言形式，因此，文案撰写人员就要把握影视语言的特点，讲究图像和文字的配合使用，以达到信息的有效传达。一般情况下，电视广告中的画面比较擅长表现形象、场景、过程、营造氛围，而文字比较擅长表达画面无法表现的信息，彰显某种观念，启示观众的思考。电视广告中的画面是主导因素，应该主力构思，文字是画面有效的提示和补充，应该简洁明了。如图7-7所示。

图7-7 中国平安电视广告《中国平安——方言篇》

4. 文案和画面声画对位与意义互补

文案和画面声画对位与意义互补的原则要求电视画面内容和文案要在时间上或者在受众的接收上实现同步，体现文案和画面之间的有效互补与意义演绎。所谓的声画对位，突出的是声音元素，要体现广告创意的精髓、强调主要信息、补充画面不足、营造情绪气氛、推进情节发展，出现在极为关键的地方、水到渠成的点睛之处，而不是一般意义上的重复画面信息。声画不对位，各讲各的，不仅不能保证广告片的流畅性，反而效果是滑稽荒唐的，所以电视广告文案撰稿人要注意"为听而写"。

电视广告的声画结合，意义互补就是要求既要发挥每一个要素的表现力，又要使各种要素之间默契配合、有机搭配。画面表现具体、形象的信息，如外形、色彩、包装等，声音介绍产品的抽象性信息，如性能、质量、成分等，音乐则在情绪上感染观众，渲染气氛，引起情感上的共鸣。电视广告词是为"看"而写。它在塑造形象的时候不是单靠语言完成的，而是靠字幕、画面、音乐、音响等一同完成的，因此应该充分发挥语言的特长，弥补画面的不足，交代画面难以表达、尚未表达或者表达不充分的东西。

作为电视广告脚本的文案，在创作的时候一定要有力配合电视媒体视听综合的优势，使声化两种因素实现对位与意义互补，相互强化，以便获得优异的广告效果。

例如，《统一绿茶，亲近自然》电视广告文案。

画面：蓝天、白云、湖泊、翠绿的山坡、简陋的栈桥，青春朴素的一对恋人。画面简洁、干净而又充满了韵味。

声音及字幕

女：你说，湖的对面是什么？

男：对面是山，山上有大片的树林，树叶上有清新的露珠。

女：那湖是什么呢？

男：也是清新。

女：那我是什么呢？

男：你是我的清新啊！

女：清清的我来了，正如我清清地喝一口统一绿茶。

旁白、字幕：统一绿茶，亲近自然。

这则广告片用一对恋人在清新的自然背景下谈了一段关于清新的话题作为创意点，声音与画面交相辉映，很好地烘托出广告的主题。一个普通的绿茶被灌注了丰富而美好的内涵，具有极大的视听吸引力。

二、电视广告文案写作的注意事项

1. 注意电视广告文案的双重规律表现特征

由于电视具有视听兼备的媒体特征，所以电视广告文案的写作与报纸、杂志等平面广告文案写作不同，与只单纯运用语言来表现文案的广播广告文案写作也不同。它具有口头语言和文字进行表现的双重规律。那么用口头语言表现的广告文案，要体现口头语言的特征，用字幕形式表现的广告文案要体现书面语言和文学语言的语言特征。

在电视广告中，有一部分广告文案由广告中的人物用口头语言的形式进行表现，比如人物独白、人物之间的对话，这些偏重于口头语言的表现特征，体现生活、感性，具有"说"的流畅、平和、日常性特征。有一部分的广告文案采用字幕形式出现，一般采用较为严谨的书面语言形式，要体现一定程度的，特别是符合画面构图的美学原则的简洁、均衡、对仗、工整的特征。还有一部分广告文案比较特殊，那就是旁白或解说，因为不同的表现需要，可以是娓娓道来的叙说，可以是抒情的朗诵，也可以是逻辑严密、夹叙夹议的理论说道。但是因为电视媒体大众化的接收特点,旁白或解说一般倾向于叙说的形式,"说"的特征还是比较明显。当然,在电视广告表现过程中,往往有以口头语言和字幕同时表现的广告文案,特别是广告口号和品牌名称出现的最多。这时,就要注意口头语言和文字表现的双重规律,两者的有机结合是创意表现的重点,尽量做到和谐和统一。

2. 运用蒙太奇的思维

蒙太奇是影视艺术特有的表现手段,蒙太奇的法语原意为建筑学用语,有构成、装配等含义,后移用到电影艺术,作为电影理论术语,具体指电影镜头的"剪辑与组合"。电视广告艺术来源于影视艺术,从属于影视艺术,因此蒙太奇思维也广泛应用于当今的电视广告中。几十年来,尽管电影理论大师对蒙太奇有着自己不同的看法,而且它的意义还在不断发展和完善中,但基本上无外乎两个方面的意思:其一是,蒙太奇是影视创作中的一种独特的思维方法,即直观的、视听合一的形象的思维方法;其二是,它是影视语言的构成方法,即镜头与镜头组接,镜头与声音配合的技巧与规律。它的任务就在于把不同景别、角度或运动的镜头,依照一定的逻辑顺序进行组接,从而展开情节冲突,表现人物相互之间的关系,最终传达出一个主题思想。如图7-8所示。

图7-8 动感地带电视广告《标签篇》

因电视广告不同于其他影视作品,它要求用尽可能少的画面,充分传达信息,故蒙太奇语言便显示出它独特的"经济性"来。跨越时空的画面转换,将不同的信息充分地演绎出来。另外,蒙太奇语言应用于电视广告,更明确地传达商品的信息。电视广告必须带有信息的明确性,不像其他影视作品所具有模糊性、主观性,因为它并不是演绎作者的主观感受,而是演绎商品的信息,信息须传达清晰,避免歧义、误导。举个简单的例子如下。

镜头①：一张小孩的笑脸。
镜头②：一只老虎在笼中走动扑腾。
镜头③：一张小孩哭叫的脸庞。

按照上面正常排列镜头，表达的含义是这样的："小孩看到凶狠的老虎，害怕得哭了。"但是如果排列顺序改变一下，变成③-②-①的排列，其镜头的蒙太奇组接则表达的是"哭啼的小孩因为看到老虎生龙活虎的样子破涕为笑"。这个例子典型地说明了镜头的蒙太奇组接可表达特定的意义内涵。所以，在电视广告文案的创作中，要重视蒙太奇思维在电视广告中的重要性。

例如，麦肯光明公司为中国"平安保险"所创作的电视广告创意《旅行者篇》，就是一位平安客《旅行者篇》广告文案户旅游途中按生活逻辑而进行蒙太奇组接的。

这位年轻人肩背登山包出门旅游，在江南的小桥上一个平安人送给他一壶水，拍拍他的肩膀微笑告别。年轻客户略有些困惑地背上水壶继续行走，走进了黄色的新疆沙漠，他感到口渴，大口大口喝水，之后仰望太阳，似乎感念着送水的平安人。这时一位头戴维吾尔帽子的新疆姑娘微笑着递给他一件棉衣，联想到这水壶，这位客户欣然接过棉衣。紧接着年轻的客户走到了大雪纷飞的东北，他穿上了暖和的棉衣，一位带着厚皮帽的东北平安人又微笑着递给他一把绿色的伞。年轻的客户又信心满怀地出现在上海，一个轿车意外地斜开过来而他毫不知觉，一个身穿西装的平安人一把拉过他，躲过了一次灾难。年轻的客户感激地握住救命恩人的手，两人微笑作别。年轻人面带笑容地撑开伞，伞后一片雨后蓝天。广告语"用心，让平安无所不在"跃然屏幕。其年轻客户旅途点滴受惠的经历，无疑源于这么一个逻辑前提：平安保险，体现在未雨绸缪的意识之中。

3. 充分考虑时间的限制

电视广告文案在写作的时候必须时时考虑时间的限制。因为电视广告是以秒为计算单位的，每个画面的叙述都要有时间概念。所以镜头不能太多，必须在有限的时间内，传播出所要传达的内容。例如，中国人民保险公司上海分公司的电视广告文案脚本。

中国人民保险公司上海分公司广告文案

镜头1：(特写)两条金鱼在鱼缸里悠闲自在地游来游去。

镜头2：(叠化到中间)一只金鱼缸安稳地放在架子上。

镜头3：(拉至全景)突然，鱼缸从架子上跌落下来，掉在地上摔得粉碎，水、鱼和玻璃碎片四处飞溅。

画外音：哎呀！

镜头4：(特写)一条金鱼在地上来回翻腾，奄奄一息。

镜头5：(全景推至中景)地上的水、金鱼和玻璃碎片逐渐聚拢起来，顺着倒下的轨迹回复到架子的原来位置上，玻璃碎片合拢成鱼缸，两条金鱼又像往常那样在水缸里悠闲自在地游来游去。

画外音：咦？

镜头6：(用特技叠上字幕)"参加保险，化险为夷"。

画外音：噢？

镜头7：(全景用特技叠上字幕)"中国人民保险公司上海分公司"。

在上则广告中，它巧妙地运用联想这一心理机制。金鱼缸的突然跌落、粉碎，能使人联想到"天有不测风云，人有旦夕祸福"的俗语，金鱼缸的神奇复原使人自然联想到参加保险对人身安全和财产的保障作用。比起那些只喊什么"天有不测风云,我有××保险"等口号的广告,其感染力和说服力要强得多。这则30秒的电视广告脚本,只有七个镜头,却传达了丰富的信息内容。通过动态变化的视觉画面,以金鱼缸由完好→破碎→复原的过程为象征,及三个感叹词:"哎呀"、"咦?"、"噢!"相互配合,使得叙事波澜起伏,将加入保险的重要意义和作用形象直观地传达出来了。

4. 充分运用感性诉求的方式,以情动人

影视媒介是感性较强的一种媒介,适宜进行情绪的渲染,通过向消费者的情感和情绪诉求,引起消费者的兴趣,刺激购买行为的发生。人是有感情的,在影视广告中采用动之以情的途径,往往会消除受众对广告宣传的对立情绪,在不知不觉中受到暗示而动情,受情绪的影像和支配而采取行动。如图7-9所示。另外,电视广告画面在传达信息上是有局限性的,不擅长传达那些抽象、理念的信息和那些需要详尽理解的理性信息,信息接受上容易使受众产生抗拒心理。由于电视广告画面的具象生动性,不像广播广告那样容易引发受众丰富的联想。这些都决定了电视广告文案的写作应充分运用感性诉求方式,调动受众的参与意识,引导受众产生正面的"连带效应"。为达此目的,脚本必须写得生动、形象,以情感人,以情动人,具有艺术感染力。这是电视广告成功的基础和关键。

图7-9 农夫山泉电视广告《阳光工程4饮水思源系列——杨晟篇》

例如,南方黑芝麻糊电视广告的分镜头拍摄脚本。

镜头一:(遥远的年代)麻石小巷,天色近晚。一对挑担的母女向幽深的陋巷走去。(画外音,叫卖声):"黑芝麻糊哎——"(音乐起)。

镜头二：深宅大院门前，一个小男孩使劲拨开粗重的樘栊，挤出门来，深吸着飘来的香气。(画外音，男声)："小时候，一听见黑芝麻糊的叫卖声，我就再也坐不住了……"。

镜头三：担挑的一头，小姑娘头也不抬地在瓦钵里研芝麻。另一头，卖芝麻糊的大嫂热情地照料食客。

镜头四：(叠画)大锅里，浓稠的芝麻糊不断地滚腾。

镜头五：小男孩搓着小手，神情迫不及待。

镜头六：大铜勺被提得老高，往碗里倒着芝麻糊。

镜头七：(叠画)小男孩埋头猛吃，大碗几乎盖住了脸庞。

镜头八：研芝麻的小姑娘投去新奇的目光。

镜头九：几名过路食客美美地吃着，大嫂周围蒸腾着浓浓的香气。

镜头十：站在大人背后，小男孩大模大样地将碗舔得干干净净(特写)。

镜头十一：小姑娘捂嘴讪笑起来。

镜头十二：大嫂爱怜地给小男孩添上一勺芝麻糊，轻轻地抹去他脸上的残糊。

镜头十三：小男孩默默地抬起头来，目光里似羞涩、似感激、似怀想、意味深长……

镜头十四：(叠画)一阵烟雾掠过，字幕出(特写)："一股浓香，一缕温暖"。(画外音，男声)："一股浓香，一缕温暖。南方黑芝麻糊"。

镜头十五：(叠画)产品标板。

镜头十六：推出字幕(特写)"南方黑芝麻糊广西南方儿童食品厂"。

"一股浓香，一缕温情"，为南方黑芝麻糊营造出一个"温馨"的氛围，深深地感染了每一位观众。当人们在超市看到南方黑芝麻糊时，可能就会回忆起那片温情。

再比如，雕牌洗衣粉广告《下岗篇》中就以下岗女工和懂事、体贴的女儿为主人公，真实地再现母女亲情。一句稚嫩的语言："妈妈说，雕牌洗衣粉，只用一点点就能洗好多好多的衣服"和让人心头一热的留言："妈妈，我能帮你干活了"以及母亲对可爱的女儿所留下的疼爱、欣慰的泪水，再配上先哀婉后奔放的音乐，合情合理地浓缩了母女亲情的全部内涵。由此，它突破了洗衣粉生硬地宣传其功效的常规，用亲情将品牌形象植入众多消费者的心中。

5. 要特别重视电视广告解说词的构思和设计

电视广告解说词的构思和设计将决定电视广告的成败。广告解说词的种类包括画外音解说、人物独白、人物之间的对话、歌曲和字幕等。每一则电视广告，可根据创意和主题的需要，只取其中一二类，不一定包罗万象，贪多求全。为了弥补画面的不足，可以用听觉来补充视觉不易表达的内容，揭示和深化主题，进一步强化品牌或信息内容。

电视广告解说词的写作要求做到以下几点。

（1）处理好人物独白和对话 电视广告中人物独白和对话看似简单，要处理好并不是一件容易的事情，实际上的它的重要特征是偏重于"说"，要求生活化、朴素、自然、流畅，体现口头语言的特征。例如，泰国奥美公司制作的电视广告《超越汽车的骑士摩托》文案。

（画面：小汽车、摩托车，摩托车在追小汽车，追上，紧急刹车）

泰国服务员：对不起

德国司机：你为什么拦我的车？

德国女士：先生，您是找我的吗？

泰国服务员：您是凯莉小姐吗？这是您的手提包，刚才您把它遗忘在总服务台了。

德国女士：啊，真是我的，太谢谢您了。
（说德语：咦，您追我追得真快呀！）
泰国服务员：哦，您没看见我开的是什么车吧？世界摩托车大赛参赛的骑士摩托。
德国女士：嘀，骑士摩托，真棒啊！

通过人物与人物的对话展现故事情节，引导观众探求事情的真相，最后以一句"嘀，骑士摩托，真棒啊！"点出广告主题，很自然地表达了诉求核心。

（2）重视旁白或画外音解说　对于旁白或画外音解说，我们要引起足够的重视，可以运用的形式也很多，可以是娓娓道来的叙说，也可以是抒情味较浓重的朗诵形式，还可以是逻辑严密、夹叙夹议的论述。例如IBM的电视广告文案中使用的旁白："IBM客户关系管理解决方案，帮您用更先进的方法，抓住客户真正需要。"用精练的语言解说了IBM用最新的服务方法代替传统服务方法。而梦洁床上用品的旁白"梦洁床上用品，梦洁，爱在家庭"用十分感性的语言突出了梦洁的品牌，将梦洁"爱在家庭"的精神内涵演绎得准确到位。

（3）精心安排字幕的设计　电视广告文案的字幕和画面的其他部分组成一种强烈的视觉形式，这是广告人一直在研究的问题，以字幕形式出现的广告词要体现书面语言和文学语言的特征，并符合电视画面构图的美学原则，具备简洁、均衡、对仗、工整的特征。比如，2008年第15届中国广告节上获得影视金奖的强生品牌形象片中，随着画面的流转，人们看到了一个体育健将在妈妈的注视下慢慢成长为体坛巨人的感人经历。同时，一个妈妈的声音温暖地叙述着字幕上缓缓滚出的一行行字。

强生"婴儿"，为妈妈的爱喝彩（妈妈的画外音和标版字幕同时滚动：只要你正直，善良，脚踏实地，坚持或放弃，妈妈都支持。要做就做得最好。在别人眼里，你是奥运冠军。在我眼里你永远是个孩子。）

为爱而生　强生（标版）

再看一例："以后再也用不着牙齿了！"（电视广告画面：一位乐呵呵的老人拿着一瓶新型啤酒，屏幕下方字幕打出一行字来"以后再也用不着牙齿了！"老人说完了一笑，露出缺了颗门牙的嘴。）

这是美国一则不用开瓶器的新型啤酒广告。成功的电视广告，不仅要为观众提供必要的消费信息，还要让他们感兴趣，获得某种美的感受，在愉悦中记住有关信息。这则广告在幽默趣味和创意方面寻找出路，通过缺了门牙的老人说出诙谐亲切的广告语，重点突出反映了这种新型啤酒饮用方便的特点。

（4）重点写好广告口号　优秀的电视广告中的口号，是整个广告文案创意诉求重点的概括、提炼、凝聚和升华。它往往以极其精辟的语言对广告创意进行点睛，体现出广告创意的精髓所在。要求尽量简短，具备容易记忆、流传、口语化及语言对仗、合辙押韵等特点。1996年由张曼玉、王敏德为模特儿的爱立信手机"Party篇"，广告语为"一切尽在掌握"。越品味越觉得精彩，既说明了掌握信息（依靠手机）的重要性，又传达了新款手机小巧灵便、一掌便可握住的特点。

下面这些都是体现了创意精髓的优秀广告语。

M&M巧克力——"只溶在口，不溶在手。"

可口可乐——"挡不住的感觉。"

百事可乐——"新一代的选择。"

人头马XO——"人头马一开，好运自然来。"

飞利浦公司（企业形象）——"让我们做得更好！"
鸿运电扇——"柔柔的风，甜甜的梦。"
南方黑芝麻糊——"一缕浓香，一缕温情。"
强力荔枝饮料——"品尝新鲜荔枝味，无须等到果红时。"
多美滋1加奶粉——"是结实，不是胖。"
中央电视台《生活》栏目（栏目形象）——"用心品味，生活本来有滋有味。"

[思考与讨论]

1. 电视广告如何分类？电视广告的主要特点是什么？
2. 电视广告文案如何适应电视媒体的特性？如何进行表现？
3. 如何理解电视广告文案语言的特殊性？
4. 电视广告文案写作原则和创作技巧是什么？

[实践与实训]

任务一：为各自家乡所在城市创作电视广告文案脚本。

任务二：选择某一品牌的矿泉水饮料，创作一则电视广告文案脚本。

任务三：在老师指导下观看两个电视广告片，同学们可以尝试把它们还原成电视广告文案脚本，注意可采取不同的编排类型（故事版的文学脚本或分镜头脚本）。

任务四：在一周内至少看10个电视广告，结合所学的内容分析其优缺点。如果你是文案的写作人员，你会怎么写？选择其中5个进行再创作。

第八章 网络媒体的广告文案写作

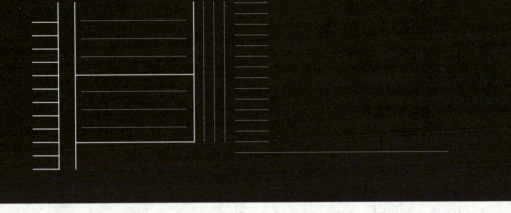

知识要求：掌握网络广告的特点；网络媒体广告及其文案的类型；网络广告文案的写作技巧和方法。

技能要求：根据网络广告宣传的需要写出不同样式的网络广告文案。

开篇案例：

光明牛奶《邂逅篇——光明心的酸奶伴》广告文案

那天中午，和往常一样，我坐在公司楼下的茶餐厅里，靠窗的位置一直是我的钟爱，坐在对面吃饭的他不小心碰掉了我的勺子，我们两个人同时弯下腰去捡，一次不经意的邂逅，一个邂逅的故事，用心，去感觉……

画面到此停滞，出现了汤匙形状的提示情节A和情节B，这个时候点击不同的窗口，会出现什么样的后续情节呢？

情节A：对不起，没有关系，那一天，我们没有说话，饭却吃得很慢，这是一个没有结局的故事还是？如果你是导演，你如何安排结局呢？

情节B：对不起，没关系，是你？早晨就是他碰掉了我的东西，这会是一个平淡的故事还是？

广告没有给出答案，最后出现的是光明的Logo：光明，心的酸奶伴——用心总会有新的感觉。

这个广告在网络上讲了一个关于"邂逅"的故事，其创意和设计充分体现了网络广告互动性的特点，这样的情节安排和构思是其他任何媒体都无法做到的。受众对网络广告信息有充分的选择、控制和修改的权利，实际上是参与了网络广告的再加工、再创作。

第一节 网络广告概述

网络广告作为一种新兴的广告形式，随着互联网的发展悄然兴起并呈现蓬勃发展之势。

今天的互联网的各种广告信息如潮水一般铺天盖地进入我们的生活,网络和网络广告已经取得与传统媒体及传统媒体广告相抗衡的地位。

一、网络广告的形成与发展

互联网(internet,又译因特网、网际网),即广域网、局域网及单机按照一定的通信协议组成的国际计算机网络。互联网是指将两台计算机或者是两台以上的计算机终端、客户端、服务端通过计算机信息技术的手段互相联系起来的结果,人们可以与远在千里之外的朋友相互发送邮件、共同完成一项工作、共同娱乐。

众所周知,互联网最早于1969年起源于美国,可以说互联网是20世纪最伟大的发明之一。时至今日,信息化浪潮正席卷全球,方兴未艾。互联网已成为信息化的重要平台、信息化的重要工具和信息化的重要组成部分,互联网已经与信息化分不开,而且相互促进。

中国正式接入互联网是在1994年。显然,中国互联网的起步晚了许多。但正应了"后来者居上"的话,中国这个后起之秀经过了十几年的发展,已经走过了导入期,走上了快速发展的道路。可以说,中国互联网的发展创造了一个互联网神话,其发展速度在全球同等GDP国家中应该是首屈一指的。中国互联网在快速经历了跟随、参与之后,即将迎来主导阶段。

时至2008年初,中国互联网已经取得了令全球关注的成绩。不但在用户规模、网上信息资源等方面位居世界前列,而且在互联网产业规模、吸引外资等方面也熠熠生辉,不断有互联网企业的上市在震撼着全球投资者的眼球,使他们不得不重新认识中国互联网的力量。与此同时,互联网的快速发展,也快速推动了我国信息化的发展。

可以这样说,20世纪90年代末,信息产业(IT)的发展极大地改变着人们的生活,同时也对传统的广告媒体产生深远的影响。随着信息产业的高速发展,以Internet为传播媒介的网络广告(Internet Advertising)成为当今欧美发达国家最热门的广告形式。目前,我国广告公司和客商也开始涉足网络广告的新空间。这使得广告公司与营销厂商都面临着改变营销传播方法及选取媒体的压力和机遇。

追本溯源,网络广告发源于美国。1994年10月14日,美国著名的《Wired》杂志推出了网络版Hotwired(www. hotwired. com),其主页上开始有AT&T等14个客户的广告Banner(旗帜广告)开创了网络广告的先河。这是互联网广告里程碑式的一个标志。

我国的网络广告起步较晚,中国的第一个商业性的网络广告出现在1997年3月,传播网站是Chinabyte,广告主是Intel,广告表现形式为468×60像素的动画旗帜广告。Intel和IBM是国内最早在互联网上投放广告的广告主。我国网络广告一直到1999年初才稍有规模。历经多年的发展,网络广告行业经过数次洗礼已经慢慢走向成熟。

与传统的四大传播媒体(报纸、杂志、电视、广播)广告及近来备受垂青的户外广告相比,网络广告具有得天独厚的优势,是实施现代营销媒体战略的重要一部分。Internet是一个全新的广告媒体,速度最快效果很理想,对于广泛开展国际业务的公司更是如此。

目前网络广告的市场正在以惊人的速度增长,网络广告发挥的效用越来越显得重要。以致广告界甚至认为互联网络将超越路牌,成为传统四大媒体(电视、广播、报纸、杂志)之后的第五大媒体。因而众多国际级的广告公司都成立了专门的"网络媒体分部",以开拓网络广告的巨大市场。

图8-1　水井坊网站主页

网络广告，又被称作在线广告、互联网广告等。它主要是指利用电子计算机联结而形成的信息通信网络作为广告媒体，采用相关的电子多媒体技术设计制作，并通过电脑网络传播的广告形式。实际上，网络广告应当是计算机、通信等多种网络技术和多媒体技术的广告形式。网络广告的传播内容是通过数字技术进行艺术加工和处理的信息，社会广告活动主体通过互联网传播广告信息，从而使人们对其产品、服务或观念等得以认同和接受，并诱导人们的兴趣和行为，以达到推销其产品、服务和观念的目的。如图8-1所示。

二、网络广告的特点

随着网络的普及和互联网的高速发展，人们纷纷酝酿着运用网络去创造新的商业奇迹，于是所有广告商、广告人、广告代理公司的生活圈中，从此也多了一个新名词——"网络广告"。网络广告作为网站收入的主要来源也备受关注，并且被作为一个新广告媒体的代表而广受赞誉。同传统的广告媒体相比，基于网络媒介的网络广告拥有众多传统媒体无法达到的优点，已经受到众多用户的青睐。通过对网络广告的分析和研究，网络广告主要的特性体现在以下几个方面。

1. 宣传形式多样化，表现手段丰富多彩

利用网络广告的投放链接企业网站，宣传公司形象以及宣传企业活动事件与细节，或刊登企业消息稿、新闻稿。利用网络活动事件在网络上进行宣传并设计网上讨论话题，这些都是网络广告为达成广告效果可以采取的宣传形式，可谓琳琅满目、形式多样。网络广告的表现形式也是丰富多彩的，包括文字介绍、声音、影像、图像、表格、动画、颜色、音乐、三维空间、虚拟现实等，它们可以根据广告创意的需要进行任意的组合和创作，调动各种艺术表现手段，传送多感官的信息，使消费者能全方位亲身"体验"产品、服务与品牌，让顾客如身临其境般感受商品或服务，能够极大地激发消费者的购买欲望。另外，网络还可以提供在网上进行预定、交易和结算的便捷。这一切都将大大增强网络广告的实效。相比之下，同样是在媒体上进行销售活动，无论是电视台的电视购物还是报纸杂志的邮购，都无法同网络竞争。如图8-2所示。

图8-2 可口可乐网站主页

2. 有更明确的广告对象，针对性强

网络广告是一种针对目标市场进行广泛劝说的传播活动，和其他大众传播方式相比，网络广告有更明确的广告对象。网络技术可以帮助广告主选择用户，跟踪用户，多方面掌握用户资料，然后有的放矢，对症下药，因此网络广告成为一种最富针对性的促销行为。此外，网络由于其对消费者高科技电脑设备的物质要求，对消费者文化水平的要求，对消费者经济收入的要求，天然性地对广大消费者做了较高层次的市场细分，从消费者中分离出了"网民"这一具有某些共同特质的消费者群。就目前看，我国网民的年龄和教育层次构成不太理想，根据 CNNIC 最新的统计报告表明：从 18～30 岁之间的网民占全体网民数量的3/4，这个年龄层次从商业的角度来说，是一个不成熟的组织结构，他们想做的事挺多，但钱不够，广告看得多，但真正购买的人不一定多。但随着全社会信息化的推进，网民的年龄组成将向低年龄层次与高年龄层次发展，这两个层次都是消费水平较高的，那时网络广告的真正价值就体现出来了。网络广告一对一模式就要求信息传播的个人化，让每个接触广告的人都感到，广告产品是专门为自己准备的，让广告信息走到每个人身边来，贴近每个人的心，想其所想，爱其所爱。因此，广告信息是否有针对性，富有个性，是否具有亲和力应是网络广告心理效果测评系统中的一个重要指标。

3. 消除了时间、空间的限制，是全球性媒体

传统的大众媒介，包括报纸、电视等，往往局限于某一特定区域内的传播，要想把国内刊播的广告在国外发布，涉及经过政府批准，在当地寻找合适的广告代理人，洽谈并购买当地媒体等一系列复杂的工作。同时，广告刊播时间受购买时段或刊期限制，目标群体容易错过，并且广告信息难以保留，广告主不得不频繁地刊播广告以保证本公司的广告不被消费者遗忘。

而网络则是以自由方式扩张的网状媒体，连通全球，只要目标群体的计算机连接到因特网上，公司的广告信息就可以到达，从而避免了当地政府、广告代理商和当地媒体等问题。同时，网上广告信息存储在广告主的服务器中，消费者可在一定时期内的任何时间里随时查询，广告主无须再为广告排期问题大伤脑筋。网络使得广告再也没有了"黄金时间"，有的就是"我的时间"。总之，网络广告传播是可以通过国际互联网把广告信息全天候、24小时不间断地传播到世界各地，这可以说是风雨无阻的传播。网民可以在任何地方的 Internet 上随时随意浏览广告信息，这些效果是传统媒体是无法达到的。实际上这正是网络媒介区别于传统媒介的传播优势之一，体现在网络广告上就是可以面向全世界发布。

4. 信息传播具有高互动性

在传统媒体的传播理念中，传者和受者是严格区分的，前者主动传播信息，后者被动接受信息。也就是说，受众在传统媒体那里没有挑选的余地。然而，与传统广告媒体相比，互动性是网络广告最显著的优势。首先，网络广告可实现多种交流功能。消费者除了可以自由地查询信息外，还可以通过E-mail向该公司进一步咨询、订货，从而在单一媒体上实现了整个购买过程，产品信息几乎在生产的同时，就可同步传递到用户网中，等于在同一时间对无数受众做了广告宣传。这一点是传统媒体难以做到的。其次，网络广告趣味性强。网络广告的内容完全控制在浏览者手中，他们可以根据自己的兴趣和目标按动屏幕上的按钮，连接并获得所需要的信息，浏览者成了广告的"主宰"，这成为吸引众多消费者的一个主要原因。最后，网络广告提高了目标顾客的选择性。与传统广告不同，网络广告的启动，需要目标群体的主动搜寻和连接，属于"软件广告"。而主动搜寻本公司广告的消费者往往带有更多的目的性，提高了广告的促销作用。总之，对于网络广告，只要受众对该广告感兴趣，仅需轻按鼠标就能进一步了解更多、更为详细、生动的信息。最能够体现网络传播交互性的是电子商务网站，这类网站对商品分类详细，层次清楚，可以直接在网上进行交易。如图8-3所示。

图8-3　康师傅冰红茶网站主页

5. 广告宣传和产品销售能够同时进行

网络广告最大的一项优势，就是网络广告在完成广告宣传目的的同时，也在进行产品销售。其实，网络广告在做广告的同时也在进行产品销售不但存在于现有的网络广告中，而且在网络广告中占有比例逐渐增大。广告联盟中的cps(cost per sale，每销售提成)就是典型的"广告+销售"模式，一个网站主申请一段cps代码挂到自己的站上，当用户点击广告进入广告站点，选择并购买相关产品后，广告主会按一定比例，将部分销售收入奖励给网站主。

6. 受众数量可准确统计

利用传统媒体做广告，无法准确地测算有多少人接收到所发布的广告信息，更不可能统计出有多少人受广告的影响而做出购买决策。以报纸和杂志为例，虽然读者的人数是可以确定统计的，但是刊登在报纸上的广告有多少人阅读过却只能估计推测而不能精确统计。至于电视、广播和户外等广告的受众人数就更难以估计了。而网络广告则可以通过受众回应的

E-mail直接了解到受众的反应，还可以通过设置服务器端的Log访问记录软件随时获得本网址的访问人数、访问过程、浏览的主要信息等记录，以及这些用户查阅的时间分布和地域分布，以随时监测和评估广告投放的有效程度，审定广告投放策略，从而及时调整营销策略。

7. 效果的可测评性强

传统媒体广告效果的测评一般是通过邀请部分消费者和专家座谈评价，或调查视听率发行量，或统计销售业绩分析销售效果。在实施过程中，由于时间性不强（往往需要上月的时间），主观性影响（调查者和被调查者主观感受的差异及相互影响），技术失误造成的误差，人力物力所限样本小等原因，广告效果评定结果往往和真实情况相差较远。网络广告效果测评由于技术上的优势，有效克服了传统媒体以上不足，表现在如下方面。

(1) 更及时　网络的交互性使得消费者可以在浏览访问广告点时直接在线提意见反馈信息。广告主可以立即了解到广告信息的传播效果和消费者的看法。

(2) 更客观　网络广告效果测评不需要人员参与访问，避免了调查者个人主观意向对被调查者产生影响。因而得到的反馈结果更符合消费者的本身的感受，信息更可靠更客观。

(3) 更广泛　网络广告效果测评成本低，耗费人力物力少，能够在网上大面积展开，参与调查的样本数量大，测评结果的正确性与准确性大大提高。

8. 实时性、灵活性、经济性

在传统媒体上发布广告后更改的难度比较大，即使可以改动也需要付出很大代价。例如，电视广告发出后，播出时间就已确定。因为电视是线性播放的，牵一发而动全身，播出时间改一下，往往全天的节目安排都要重新制作，代价很高，如果对安排不满意，也很难更改。而对于网络广告而言则容易多了，因为网站使用的是大量的超级链接，在一个地方进行修改对其他地方的影响很小，而且网络广告制作简便、成本低，容易进行修改。当然，随着网络技术的进步和网络带宽的改善，为了追求更好、更震撼的效果，网络广告的制作会越来越复杂、体积会越来越大，修改也会相应的提升成本，同电视媒体广告的差距会越来越接近。但是从目前来说，修改一个典型网络广告的成本和难度都比传统媒体要小得多，这样，经营决策的变化也能及时实施和推广。这是网络广告相对于传统广告的一个很大的优势。

9. 内容种类繁多、信息面广、容量大

网络广告的内容大到汽车、小到袜子均可上网做广告。庞大的互联网广告能够容纳难以计量的内容和信息，它的广告信息面之广、量之大，是报纸、电视无法比拟的。它们在单位时间内和单位版面内信息的传播数量都是有限的，而网络媒体所储存和发布的信息容量是巨大的，被形象地比喻为"海量"。比如报纸广告的信息量受到版面篇幅限制；电视广告的信息量受到频道播出时间和播出费用的限制等。随着我国计算机的普及和发展，越来越多的工商企业和个人在国际互联网上建立站点、主页或借助强势网站，推销自己，推销产品，打造形象，使网络广告信息量激增。除此之外，网络媒体强大的信息存储和检索功能，也令传统媒体望尘莫及。

10. 网络传播信息的非强迫性

这种特性使消费者对于是否接受信息有完全的选择权和控制权。

报纸、杂志、电视、广播、户外等传统传媒在传播信息时，都具有很大的强迫性，强迫观众接受它们所传播的信息；而网络传播的过程则完全是开放的，非强迫性的，这一点同传统传媒有本质的不同。网络作为新的传播媒体，其开放性和自由性是前所未有的，消费者对于是否接受信息有完全的控制权，这也是弹出式广告等不再流行的根本原因。比如趋

势科技公司（Trend Micro Inc.）提供的AdSubtract软件和Mozilla Firefox浏览器自带的Adblock extension广告拦截软件，几乎可以阻止整个网页内的任何一个Flash和图像显示。

11. 发布方式的多样性

大家都知道，传统广告发布主要是通过广告代理制实现的，即由广告主委托广告公司实施广告计划，广告媒介通过广告公司来承揽广告业务，广告公司同时作为广告客户的代理人和广告媒体的代理人提供双向的服务。而在网络上发布广告对广告主来说有更大的自主权，既可以自行发布又可以通过广告代理商发布。目前网络广告发布的方式主要有以下3种。

① 广告主不借助广告代理商，而是自己制作，自己建立网站，自行发布广告信息。

② 广告公司作为中介机构参与到网络广告业务中。传统的广告代理商顺应潮流，招聘专门人才成立网络广告服务部门，或与网络服务商合作，广告专业人才与网络技术人员优势互补，共同代理此类业务。

③ 广告主直接寻求网络服务商作为合作伙伴。网络服务商为广告主办理广告业务，执行广告计划，甚至参与离线市场促销活动。

12. 媒体收费

电视、广播、报纸等传统媒体广告的计费方式是建立在收视收听率或发行量阅读率的基础之上以CPM，（即COST PER ONE THOUSAND IMPRESSIONS，千人印象成本）为单位计算的。广告费用=CPM×媒体接触人数（收视率或发行量）/1000。受传统媒体计费方式的影响，大部分网络媒体服务商沿用了这种模式，以广告图形在用户终端计算机上被显示1000次为基准计费。但是，网络企业便倾向于计费标准的多元化、多层次，有时按发布时长定价，有时采用按点击率定价、有时按简单回应定价，有时则按实际回应定价。

当网络横空出现在人们面前，当网络营销、电子商务的概念深入人心，那么，网民、厂家从哪里购买商品呢？他可以找产品商的官方网站、拍卖网站，也可能是随意打开某个页面时出现的一个广告，那个时候，我们可以说，一个广告，就是一个面向网民的产品销售点！这个广告，它是在做广告，在向网民做产品宣传，但是它也是在做商品销售！你要做的，就是点进去，选择你喜欢的产品，去购买它，就像你徜徉在商业街的时候，无意进入一家商店，看到喜欢的产品并买下来那么容易。中国的网络广告，将逐步摆脱单纯广告的目的，更多的参与网络销售环节，网络广告的价值，将会获得更进一步的体现。

三、网络媒体广告及其文案的类型

最初的网络广告就是网页本身。当越来越多的商业网站出现后，怎么让消费者知道自己的网站就成了一个问题，广告主急需要一种可以吸引浏览者到自己网站上来的方法，而网络媒体也需要依靠它来赢利。面对这种情况，网络广告界发展出了多种更能吸引浏览者的网络广告形式，而网络广告文案也必须借助这些形式得以展现，因此，在下面将介绍当今网络广告界常用的一些网络广告形式，并介绍不同形式下的网络广告文案。

1. 网幅广告

网幅广告（banner）是网上最常见也是最早的广告形式。一般以限定尺度表现商家广告内容的图片形式，放置在广告商的页面上，最醒目的网幅广告是出现在网站主页的顶部（一般为右上方位置）的"旗帜广告"，也称为"页眉广告"或"头号标题"，其形式颇像报纸的报眼广告。一般每个网站主页上只有一个"旗帜广告"，因其注目性强，广告效果佳但收费最贵。它是网络广告中最重要、最有效的广告形式之一。为充分利用网页广告区块，不同厂商的网幅广告可以滚动式出现在同一位置，这样一来也分摊了广告费用，降低了广告成本，而少数几个不同的网幅广告滚动出现不会太多的影响广告效果。

网幅广告是以GIF、JPG等格式建立的图像文件，定位在网页中，大多用来表现广告内容，同时还可使用Java等语言使其产生交互性，用Shockwave等插件工具增强表现力。

目前，绝大多数站点应用的网幅广告尺寸如表8-1所示，它们一般反映了客户和用户的双方需求和技术特征。

表8-1 网幅广告尺寸

尺寸（pixels）	类型	尺寸（pixels）	类型
468×60	全尺寸BANNER	120×90	按钮#1
392×72	全尺寸带导航条BANNER	120×60	按钮#2
234×60	半尺寸BANNER	88×31	小按钮
125×125	方形按钮	120×240	垂直BANNER

网幅广告分为以下三类：静态、动态和交互式。

（1）静态　静态的网幅广告就是在网页上显示一幅固定的图片，它也是早年网络广告常用的一种方式。它的优点就是制作简单，并且被所有的网站所接受。它的缺点也显而易见，在众多采用新技术制作的网幅广告面前，它就显得有些呆板和枯燥。事实也证明，静态网幅广告的点击率比动态的和交互式的网幅广告低。如图8-4所示。

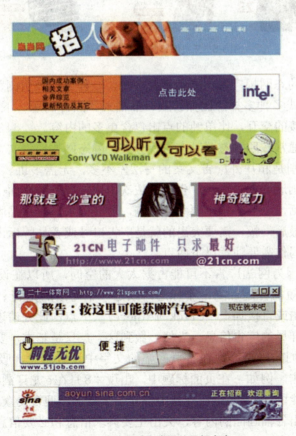

图8-4　各大网站上常见的网幅广告

（2）动态　动态网幅广告通常采用GIF89的格式，其原理就是把一连串图像连贯起来形成动画。大多数动态网幅广告由2～20帧画面组成，通过不同的画面，可以传递给浏览者更多的信息，也可以通过动画的运用加深浏览者的印象，它们的点击率普遍要比静态的高。而且，这种广告在制作上相对来说并不复杂，尺寸也比较小，通常在15k以下。正因为动态网幅广告拥有如此多的优点，所以它是目前最主要的网络广告形式。如图8-5所示。

图8-5　千寻服饰国庆期间网幅动态广告

（3）交互式　当动态网幅广告不能满足要求时，一种更能吸引浏览者的交互式广告产生了。交互式广告的形式多种多样，比如游戏、插播式、回答问题、下拉菜单、填写表格等，这类广告需要更加直接的交互，比单纯的点击包含更多的内容。

对网幅广告文案通常按照静态或动态进行分类，静态网幅广告文案，类似于报纸、杂志等平面广告文案，特别是和户外广告文案的写法差不多，无需多讲。而动态网幅广告文案，比较复杂，有一个动画展开的过程，广告文案依次出现在展开的画面中。如果在第一幅画面中表达了标题信息的话，以后各幅主要承接标题，展开诉求，表达品牌利益点、产品功能或者服务理念等，而在最后一幅，需要突出的就是广告口号或者品牌标识。

网幅广告文案的写作需要注意以下两点。

一是巧置悬念，因为网幅广告不可能占据太大的空间，所以在设计上往往只是提示性的——可能是一个简短的标题加上一个标志，或是一个简洁的招牌；但一般都具有链接功能，暗示你用鼠标点击或直接加上"Click me(here)"、"点击此处请进入"的字样，引你走向更深处，去了解更详尽的广告信息。当然，做到这一点只是基本，要想达到出奇制胜的效果，必须充分利用人们的好奇心，在首页网幅的文字中设置悬念，吸引人们继续关注之后的内容，或者予以点击。例如：在页面标题中，出现"8月在e龙订酒店，将您的房费'赚'回来"、"一个月工资能留学"，都是在标题中设立一个悬念，迎合受众追根究底的心理特征。

二是整体规划播出各幅画面的内容，突出主要诉求信息和必要信息。这在动态或者交互式网幅广告中要特别注意。

2. 链接式广告

链接式广告是一种对浏览者干扰最少，但却最有效果的网络广告形式。整个网络广告界都在寻找新的宽带广告形式，而有时候，需要最小带宽、最简单的广告形式效果却最好。链接式广告往往所占空间较少，在网页上的位置也比较自由，它的主要功能是提供通向厂商指定网页（站点）的链接服务，也称为商业服务链接(premium sites)广告。链接式广告的形式多样，一般幅面很小，可以是一个小图片、小动画，也可以是一个提示性的标题或文本中的关键字。链接广告有以下几种分类。

（1）图标广告　图标(icon) 广告是一种常见的链接式广告形式，它的位置一般设在竖式旗帜和网络门户下面，一般为88×31像素，当然也有相互交错放置的。图标在主页上是不动的，通过点击也可链接到客户的广告内容上去。也有的网站不严格区分网幅和图标，将图标归入网幅广告中最小的形式。图标广告的特点是纯提示性的，没有广告正文。如图8-6所示。

图8-6　图标(icon) 广告

（2）按钮式广告　按钮式广告（buttons）又叫"图标广告"，属于纯标志型广告，也是一种常见的链接式广告形式。它通过人们熟悉的电脑窗口软件中常用的按钮形式，引起用户注意和点击。这些按钮一般由公司的一个标志性图案或文字组成，以按钮的形式定位在网页中。在网上，几乎所有的标志（logo）广告都是链接式广告。标志广告由企业标志或产品商标造型构成，有的时候通过动态效果（如旋转、翻动、闪烁、光影变化等）形成视觉刺激，在传播企业形象、树立品牌效应的同时提供链接服务，让你深入了解。按钮式广告最常用的尺寸有四种，它们分别是：125×125（方形按钮）、120×90、120×60、88×31（pixels），也有的网站将logo归类为较小的banner。如图8-7所示。

图8-7　按钮式广告

（3）关键字广告　关键字广告也是一种流向的链接式网络广告，广告主可以买下搜索引擎的流行关键字，凡是输入这个关键字，会自动链接到某个公司的广告网页上去；或者用户在输入某个关键字查找类目的时候，在分类表的上方会出现与该类目相关的企业及产品广告。比如在中文雅虎搜索引擎站点的搜索关键字中输入"个人电脑"，则在与个人电脑相关类目的上方出现方正电脑的横幅广告。

（4）文本链接式广告　在电脑文本中的某一段具有超级链接属性的文字，通常用另外显眼的颜色与整篇文本区别开来，用鼠标直接点击热字可以进入所链接的网页。

图8-8为某日新浪网首页，其中红框内的内容就是文本链接广告。可以看到，文本链接广告位的安排非常灵活，可以出现在页面的任何位置，可以竖排也可以横排，每一行就是一个广告，点击每一行都可以进入相应的广告页面。

图8-8 新浪首页文本链接广告

　　链接式网络广告文案的诉求内容很有限,还需要利用超链接网页文字进一步说服、告诉广告受众更多的信息。其精髓在于它的层次性,链接的层次一般都在两层以上。如果说,设置在门户网站主页上的第一层次,只是诱导受众的点击标识,如图标、关键字等,就要求在写作时注意简洁、醒目、有趣。以后的各个层次,文本就会越来越复杂,越来越丰富和新鲜,这样才能保持高注意度。再往后可能与品牌或者企业的主页链接。层次性是撰写链接式这类网络广告文案时必须高度注意的问题。

　　撰写链接式网络广告文案需要注意的问题有:一是文案要使用具有震撼力、诱惑力的文字。比如"免费"这个词在网上的使用频率是最高的,这也是目前互联网带给人们最大的便捷,虽然网上免费的东西越来越少,但是它仍然是对广大网民最具诱惑力的文字。二是链接不能过多,虽然网络上的链接可以无限自由进行,但是也不能过多,太多的链接就会给广告受众造成困扰,增加阅读的难度,使其不能明白广告的诉求重点。三是文字信息要使用多媒体进行表现。这是网络广告最大的特色。即便是纯文本信息也要想办法用视听多媒体手段表达,文字中添加越多的情感元素,广告信息被阅读、记忆的机会就越大。

3. 电子邮件广告

　　电子邮件广告(E-mail advertising)是通过互联网将广告发到用户电子邮箱的网络广告形式,它针对性强,传播面广,信息量大,其形式类似于直邮广告。电子邮件广告可以直接发送,但有时也通过搭载发送的形式。比如,通过用户订阅的电子刊物、新闻邮件和免费软件以及软件升级等其他资料一起附带发送。也有的网站使用注册会员制,收集忠实读者(网上浏览者)群,将客户广告连同网站提供的每日更新的信息一起,准确送到该网站注册会员的电子信箱中。这种形式的邮件广告容易被接受,具有直接的宣传效应。譬如当你向新浪网站申请一个免费信箱成功时,在你的信箱里,除了一封确认信外,还有一封就是新浪网站的电子邮件广告。

　　调查表明,电子邮件是网民最经常使用的互联网工具。电子邮件广告现在已成为使用最广的网络广告形式,它具有针对性强(除非你肆意滥发)、费用低廉的特点,且广告内容不受限制。特别是针对性强的特点,它可以针对具体某一个人发送特定的广告,为其他网上广告方式所不及。许多厂商采用这种直接而方便的广告形式。但值得注意的是,那些未经同意发送的垃圾广告邮件很容易引起用户的反感。广告主要在真正了解客户需求的基础上适时适量地发送邮件广告,否则只会浪费广告费。

电子邮件式广告文案分为两类：一是由广告支持的电子邮件，广告形式以网幅广告为主，广告会出现在提供免费电子邮件服务的网站和个人邮箱的主页上。二是邮件列表广告，利用网站电子刊物中的电子邮件列表，将广告加在每天读者所订阅的刊物中发给邮箱的主人。如图8-9，图8-10所示。

图8-9　由广告支持的电子邮件广告

图8-10　邮件列表广告

简单介绍一下后一种直邮邮件电子文案的写法，它实际上是一个电子化的图文并茂的直邮广告文本。需要注意的问题有两个：一是要突出主要的诉求信息，电子邮件广告的文本一般集中于一个方面的信息，进行集中诉求。主要诉求信息可以是产品使用说明，可以是产品销售，还可以是服务项目。一般都是产品及服务信息、品牌形象广告，是不会采用电子邮件广告形式进行传播的。

4. 插播式广告

插播式广告的英文名称叫"interstitial"，不同的机构对此的定义可能有一定的差别。在中国互联网络信息中心（www.CNNIC.cn）关于网站流量术语的解释中，将interstitial定义为"空隙页面"，"空隙页面是一个在访问者和网站间内容正常递送之中插入的页面。空隙页面被递送给访问者，但实际上并没有被访问者明确请求过。"

好耶广告网（www.allyes.com）在"网络广告术语库"中对"interstitial"的解释为"弹出式广告"，访客在请求登录网页时强制插入一个广告页面或弹出广告窗口。

全球网路经济资讯网（http://www.itbase.com.tw）对"interstitial"定义为"插入式广告"，在等待网页下载的空挡期间出现，以另开一个浏览视窗的形式的网络广告。不过，在台湾地区的一些专业文章中，也常用"插播式广告"这一概念。虽然一些网站或机构对"弹出式广告"和"插播式广告"的理解有一定的差别，但基本上也可以将两者理解为同一类型，或者说，"弹出式广告"是"插播式广告"中的一个类别。它们有点类似电视广告，都是打断正常节目的播放，强迫观看。

插播式广告有各种尺寸，有全屏的也有小窗口的，而且互动的程度也不同，从静态的到全部动态的都有。浏览者可以通过关闭窗口不看广告（电视广告是无法做到的），但是它们的出现没有任何征兆。

广告主很喜欢这种广告形式，因为它们肯定会被浏览者看到。只要网络带宽足够，广告主完全可以使用全屏动画的插播式广告。这样屏幕上就没有什么能与广告主的信息竞争了。

插播式广告的缺点就是可能引起浏览者的反感。互联网是一个免费的信息交换媒介，所以在最初的时候网络上是没有广告的。有一小部分人认为互联网的商业化和网络广告都是无法容忍的。大多数的普通网民，他们有自己的浏览习惯，他们选择自己要看的网站，点击他们想点的东西。当网站或广告主强迫他们浏览广告时，往往会使他们反感。为避免这种情况的发生，许多网站都使用了弹出窗口式广告，而且只有1/8屏幕的大小，这样可以不影响正常的浏览。如图8-11所示。

图8-11 新浪首页插播式广告

下面是使用插播式广告的几条规则，它们可以帮助广告主避免引起浏览者的反感。

（1）选择已经使用插播式广告的网站　把插播式广告投放在以前使用过插播式广告的站点，可以得到最好的回报，因为浏览者已对此形成习惯。

（2）使用小于全屏的插播式广告　小尺寸的插播式广告比全屏的插播式广告更容易被浏览者接受。它们通常只有1/4屏幕那么大。

（3）当浏览者的屏幕处于空闲状态　比如在浏览者下载软件的过程中出现广告，这样可以避免引起它们的反感，因为这不会打断浏览者的浏览，反而能让他们在无聊的等待过程中带来一点消遣。

5. 网上分类广告

网上分类广告也是一种常见的广告形式，它的形式原理和报刊上的分类广告专栏没有什么本质区别，其文案写作也差不多。主要的区别是网上分类广告利用超级链接，可以使用详细的分层类目，构建庞大的数据库，提供最详尽的广告信息（也可以链接到广告主的网页上）；可以利用强大的数据库检索功能让用户方便地获得自己需要的广告信息，同样也能让用户方便地发布自己的广告。

在国内，一些综合性商业网站都开辟专栏，提供分类广告服务，但专门分类站点并不多见。这是因为此类站点太过专业，除了专业人士，一般人对其不感兴趣。

6. 在线互动游戏广告

在线互动游戏广告（interactive games advertising）是一种新型的网络广告形式，它被预先设计在网上的互动游戏中。在一段页面游戏开始、中间、结束的时候，广告都可随时出现，并且可以根据广告主的产品要求定做一个属于自己产品的互动游戏广告。随着家庭电脑上网的普及，在线电脑游戏作为一种新型的娱乐休闲方式越来越受到用户的欢迎。免费好玩的电脑游戏对于许多青少年有很大的吸引力，所以开发网上游戏广告有很大的市场前景。

图8-12 可口可乐在线游戏互动广告

7. 富媒体广告

rich media banner又称extensive creative banner，一般指使用浏览器插件或其他脚本语言、Java语言等编写的具有复杂视觉效果和交互功能的banner，这些效果的使用是否有效，一方面取决于站点的服务器端设置，另一方面取决于访问者的浏览器是否能顺利查看。一般来说，rich media banner要占据比一般GIF banner更多的空间和网络传输字节，但由于能表现更多、更精彩的广告内容，往往被一些广告主采用。国际性的大型站点也越来越多地接受这种形式的banner。富媒体广告其实就是更复杂的网幅，其文案写作可以参照进行。如图8-13所示。

图8-13 NIKE《挑战篇》网络广告

8. 网页广告

网页广告（homepage advertising）就是通过整个网页广告的设计传达广告内容。企业的网页广告一般做在自己的主页上，在其他网站媒体上通过购买带链接的广告形式可让客户点击到达。一般大型企业都建有自己的网站，自行独立运作；也有的企业向网络服务公司租用设备，建设托管网站，代理运作；即使是最小的企业，也可以通过直接租用其他网站的资源，开辟自己的主页。当然，知名的大型企业访问率高，会有用户主动检索、点击，比如一些知名跨国公司，特别是IT业的巨头（如IBM、Intel、微软）；而那些规模和市场很小的企业，知名度还很低，即使建设了独立的网站，也无人知晓，所以还不如通过网络服务公司代理运作，在一些知名的网站媒体上登广告。如图8-14所示。

图8-14 可口可乐网页广告

9. 网络电视与视频广告

网络电视与视频广告在一定意义上就是网络在宽带背景下，发挥其整合集成传播功能，对电视广告或者电影广告的整合传播。也就是说，把电视或电影广告放到网络上传播。从这个角度看，传统的电视广告文案所采用的形式和写作方式，网络电视与视频广告都可以使用，故在此不再赘述。如图8-15所示。

图8-15 FM365网络影视广告

声音及字幕

男孩：认识你是在FM365，整整365天了，你的笑容总是藏在网线的另一端。虽然你说距离是你的保护伞，我还是想亲眼看到你的笑容。明天下午，我等你，我会举一把伞。

女孩：看见那把伞，我犹豫了，对不起，是我太不勇敢。也许在FM365，我们才会更轻松。

男孩：可你知道365天的等待有多重吗？

女孩：其实我整夜都在想象伞下的你。

男孩：相遇很困难，错过很容易。

女孩：我不想和你擦肩而过。明天下午，我等你，我也会举一把伞。

男孩：也许我们不能见面是命中注定的，就让我对着电脑想象你的笑容吧。
女孩：我会一直在FM365上和你同举一把伞。
男孩：真情互动，FM365。
字幕：真情互动！FM365.com。

这是一个FM365网络影视广告，在这个长达一分钟的广告片中，我们看到发生在网络时代的故事。男女主人公因网络相识、相知，却始终未曾在现实世界中见上一面，这就是网络时代的生活。无论是故事情景，还是男女主角都迎合了新新人类的心理，同时与网站的定位、目标受众相符。

除了上述常用的几种形式外，赞助式广告、BBS广告等都是广告主采用的网络广告形式，与其相对应的就是不同类型的广告文案。网络广告的发展日新月异，比如，网络广告正向无线领域进军。已经有公司研发出了可以用在PalmPilots和Windows CE下的广告软件，随着无线上网用户的增加，无线广告的前景颇被看好。因此，我们可以预见的是会有更多的网络广告形式出现。

第二节　网络广告文案的写作技巧

一、网络广告文案的策划与创意

网络媒体的特点决定了网络广告文案策划创意的特定要求。如网络的高度互动性使网络广告文案不再只是单纯地创意表现与信息发布，广告主对广告回应度的要求会更高；网络的时效性非常重要，网络广告的制作时间短，上线时间快，受众的回应也是立即的，广告策略的调整也必须是即时的。因此，传统广告文案的策划创意步骤在网络广告文案上运用可以说是应有很大的不同，因此网络广告文案有自己的策划创意过程，具体如下。

1. 确定网络广告的目标

广告目标的作用是通过信息沟通使消费者产生对品牌的认识、情感、态度和行为的变化，从而实现企业的营销目标。在公司的不同发展时期有不同的广告目标，比如说是形象广告还是产品广告，对于产品广告，在产品的不同发展阶段广告的目标可分为提供信息、说服购买和提醒使用等。AIDA法则是网络广告在确定广告目标过程中的规律。

① 第一个字母A是"注意"（attention）　在网络广告中意味着消费者在电脑屏幕上通过对广告的阅读，逐渐对广告主的产品或品牌产生认识和了解。

② 第二个字母I是"兴趣"（interest）　网络广告受众注意到广告主所传达的信息之后，对产品或品牌发生了兴趣，想要进一步了解广告信息，他可以点击广告，进入广告主放置在网上的营销站点或网页中。

③ 第三个字母D是"欲望"（desire）　感兴趣的广告浏览者对广告主通过商品或服务提供的利益产生"占为己有"的企图，他们必定会仔细阅读广告主的网页内容，这时就会在广告主的服务器上留下网页阅读的记录。

④ 第四个字母A是"行动"（action）　最后，广告受众把浏览网页的动作转换为符合广告目标的行动，可能是在线注册、填写问卷参加抽奖或者是在线购买等。

2. 确定网络广告的目标群体

简单来说就是确定网络广告希望让哪些人来看，确定他们是哪个群体、哪个阶层、哪个区域。只有让合适的用户来参与广告信息活动，才能使广告有效地实现其目标，广告文案的撰写才有针对性。

3. 进行网络广告文案创意及策略选择

（1）要有明确有力的标题。广告标题是一句吸引消费者的带有概括性、观念性、悬念性、诱导性和号召性的语言。

（2）简洁的广告信息。

（3）发展互动性　如在网络广告上增加游戏功能，提高访问者对广告的兴趣。

（4）合理安排网络广告发布的时间因素　网络广告的时间策划是其策略决策的重要方面。它包括对网络广告时限、频率、时序及发布时间的考虑。时限是广告从开始到结束的时间长度，即企业的广告打算持续多久，这是广告稳定性和新颖性的综合反映。频率即在一定时间内广告的播放次数，网络广告的频率主要用在E-mail广告形式上。时序是指各种广告形式在投放顺序上的安排。发布时间是指广告发布是在产品投放市场之前还是之后。根据调查，消费者上网活动的时间多在晚上和节假日。

4. 选择网络广告发布渠道及方式

只有确定发布的具体形式才能确定网络广告文案的写作方式。网上发布广告的渠道和形式众多，各有长短，企业应根据自身情况及网络广告的目标，选择网络广告发布渠道及方式。在目前，可供选择的渠道和方式主要有以下几种。

（1）主页形式　建立自己的主页，对于企业来说，是一种必然的趋势。它不但是企业形象的树立，也是宣传产品的良好工具。在互联网上做广告的很多形式都只是提供了一种快速链接公司主页的途径，所以，建立公司的Web主页是最根本的。从今后的发展看，公司的主页地址也会像公司的地址、名称、电话一样，是独有的，是公司的标识，将成为公司的无形资产。

（2）网络内容服务商（ICP）　如新浪、搜狐、网易等，它们提供了大量的互联网用户感兴趣并需要的免费信息服务，包括新闻、评论、生活、财经等内容，因此，这些网站的访问量非常大，是网上最引人注目的站点。目前，这样的网站是网络广告发布的主要阵地。

（3）专业销售网　这是一种专业类产品直接在互联网上进行销售的方式。走入这样的网站，消费者只要在一张表中填上自己所需商品的类型、型号、制造商、价位等信息，然后按一下搜索键，就可以得到你所需要商品的各种细节资料。

（4）企业名录　这是由一些Internet服务商或政府机构将一部分企业信息融入他们的主页中。只要用户感兴趣，就可以通过链接进入选中企业的主页。

（5）免费的E-mail服务　在互联网上有许多服务商提供免费的E-mail服务，很多上网者都喜欢使用。利用这一优势，能够帮助企业将广告主动送至使用免费E-mail服务的用户手中。

（6）黄页形式　在Internet上有一些专门用以查询检索服务的网站，如Yahoo！、Infoseek、Excite等。这些站点就如同电话黄页一样，按类别划分，便于用户进行站点的查询。采用这种方法的好处，一是针对性强，查询过程都以关键字区分；二是醒目，处于页面的明显处，易于被查询者注意，是用户浏览的首选。

（7）网络报纸或网络杂志　随着互联网的发展，国内外一些著名的报纸和杂志纷纷在Internet上建立了自己的主页；更有一些新兴的报纸或杂志，彻底放弃了传统的"纸"的媒体，完完全全地成为一种"网络报纸"或"网络杂志"。其影响非常大，访问的人数不断上升。对于注重广告宣传的企业来说，在这些网络报纸或杂志上做广告，也是一个较好的传播渠道。

（8）新闻组　新闻组是人人都可以订阅的一种互联网服务形式，阅读者可成为新闻组的一员。成员可以在新闻组上阅读大量的公告，也可以发表自己的公告，或者回复他人的公告。新闻组是一种很好的讨论和分享信息的方式。广告主可以选择与本企业产品相关的新闻组发布公告，这将是一种非常有效的网络广告传播渠道。

二、网络广告文案写作的注意事项

1. 语言风格和形式要适应不同的网站

虽然网络无国界，但受众还是会受到语言的限制，因而，要根据企业的传播目标选择站点，决定运用何种语言。网站的定位和功能不同，在不同的站点发布广告还要考虑语言风格和网站的协调性，文案是庄重严肃，是精致优雅，是前卫时尚，还是个性十足，都要根据产品的特点对文案的要求和网站的定位与功能来决定。不同国籍的受众，其文化背景也不尽相同，对广告文案的表现形式也会有不同的认知，所以应根据受众的文化背景、不同嗜好等来及时调整语言形式。

2. 语言简洁、精练

由于网站对广告尺寸有一定限制，而且在线阅读比较不舒服，访问者的眼睛很难一直盯着屏幕看，网络媒体不适合长时间阅读，精练、简洁、生动、醒目的广告文案才会有较高的注意率。句子要做到惜字如金，太长的文案就会让访问者视觉疲劳，没有耐心看下去。至于深入的信息传播，可以通过吸引受众点击，链接到企业主页实现。

3. 强化语言与画面的配合

由于动画的介入，许多网络广告都采用了动画的形式来表现广告创意。动画技术的运用为网络广告增强了不少吸引力，因而在一般的网络广告中，语言更应服务于画面，起到画龙点睛的作用。应充分利用动画技术所产生的视觉效果，利用字体大小、位移的快慢变化，来增加信息传播的趣味性和表现力。如图8-16所示。

图8-16　上海大众新领驭汽车广告文案

4. 吸引受众参与互动

互动性是网络广告最显著的特点,表达诉求信息,吸引消费者的注意和参与是网络广告文案写作应该高度注意的问题。例如,我们可以采用诱导性的语言使网络受众产生兴趣,并进而产生互动行为。麦当劳针对儿童上网者所做的网络广告文案:"输入标题以创造你自己的报纸头条,在这里你就是明星。"针对性很强,能与儿童产生良好的互动。再比如,我们可以使用号召性广告文案使网络受众产生相关行为。"发神奇短信抢迪斯尼限量手机",这则广告标题就具有很强的号召性。迪斯尼有动漫卡通、动画电影、主题乐园,也有很多以卡通形象作为品牌的礼品店,像米老鼠、唐老鸭的服装、背包等,但是消费者没有见过迪斯尼手机,迪斯尼推出手机纪念品,这本身就富有吸引力。下面具体数字更加重了这种号召性:"每天10部手机等你抢,共100部迪斯尼限量手机。"另外,我们经常看到这样召唤性句子:"Click Here"(点击这里)、"Vist Now"(立即访问)等。

5. 巧妙利用幽默

幽默的手法常见于文学作品、艺术创作中。网络广告有时候也借助于幽默达到事半功倍的效果。例如,2005年在网上流行的百度搜索网站系列广告之一《唐伯虎篇》中的著名对白:"我知道,你不知道。我知道你不知道我知道,你不知道。我知道你,不知道我。知道你不知道我,知道你不知道。我知道你不知道我知道。你不知道我知道你不知道。"广告中,风流倜傥的唐伯虎用这段"我知道你不知道"的中文断句,一次次让身边的女"粉丝"们为之疯狂,更令"老外"身边的金发美眉也对其投怀送抱。最终,唐伯虎凭借登峰造极的中文功力将映射Google的"老外"气得吐血倒地。广告的诉求重点是"百度更懂中文"。我们看了这个广告,捧腹大笑,主要诉求信息了然于胸。

6. 适度适应网络语言的特点

越来越多的人正处在网络文化的新时代当中,而人类交流的工具——语言,也随着网络的扩展在一个新的时空里延伸。网络时代,巨大的信息量要求网络人际交流迅速快捷,而传统语言的表达已不足以将信息转变成最简洁的形式输入输出,于是,有别于中国传统语言的网络语言应运而生,并以惊人的速度迅速普及和在社会中传播。网络语言的出现和发展是当代语言生活中一个引起广泛关注的现象。

具有革命意义的创新性是网络语言最大的特点。网络是一个在推崇个性、追求方面走得有点极端的世界,它为网民们提供了充分发挥想象力和创造性的最自由的空间,这种空间因缺少了传统社会生活中无所不在的"监督"而显得更加自由、更加珍贵。网民们能够在网络上最大限度地发挥自己的想象力和创造性。同传统的书面语言相比较,网络语言由于减少了外来的束缚,发挥了作者的自由性,往往在构思上更为巧妙,往往语出惊人、令人瞠目,从而最大限度地反映出每个人在语言上的创造力。网络广告的目标受众正是处于这种网络语言氛围当中,网络广告文案也需要适度适应这种语言环境的变化,并应用这些语言,和网络广告的受众顺利沟通,只有这样才能使网络广告发挥更大的传播效果。

下面列举一些网络上人们常用的并且已经成为网络沟通规则的网络语言。

论坛日常用语,BBS:Bulletin Board System的缩写,指电子公告板系统,国内统称论坛。/ 斑竹:版主,也可写作板猪,班猪,由于拼音输入造成的美妙谐音,副版主叫"板斧"。 /沙发:第一个回贴的人 /马甲:注册会员又注册了其他的名字,这些名字统称为马甲。/菜鸟:原指电脑水平比较低的人,后来广泛运用于现实生活中,指在某领域不太拿手的人。与之相对的就是老鸟。/大虾:"大侠"的通假,指网龄比较长的资深网虫,或者某一方面（如电脑技术，或者文章水平）特别高超的人，一般人缘声誉较好才会得到如此称呼。/灌水：原指在论坛发表的没什么阅读价值的帖子，现在习惯上会把绝大多数发帖、回帖统称为"灌水"，不含贬义。/水手：喜欢灌水的人。级别高的也称水桶、水鬼、水仙。指女性灌水狂人时，还有个特定称呼：水母。/潜水：天天在论坛里呆着，但是不发帖，只看帖子，而且注意论坛日常事务的人。/楼主：发主题帖的人。/盖楼：回同一个主题帖，一般粉丝比较喜欢盖楼。/楼上的：比你先一步回复同一个主题帖的人，与之相对的是"楼下的"。/几楼的：除楼主外，所有回复帖子的人，依次可称为"2楼的"、"3楼的"……

中文缩写，GG：哥哥的缩写，指代男性，有时候女生用来指代自己的男友。与之相对的是MM，妹妹或者美眉的缩写，指代女性，有时候男生用来指代自己的女友。/DD：①弟弟的缩写。②东东的缩写，指代东西。/GF：Girl Friend，女友。与之相对的是BF，Boy Friend，男友。/PLMM：漂亮美眉的缩写。/PPMM：PLMM的升级版，漂漂美眉。

英文缩写，DIY：Do It Yourself的缩写，自己动手做的意思。/SOHO：Small Office Home Officer的简称，意思是"在家办公"。/BUG：原意是"臭虫"，后来把跟电脑有关的故障都称之为"BUG"。/I服了U：我服了你……/伊妹儿：Email的音译，电子邮件的意思。也可简称为"妹儿"。/CU：See You的缩写带音译，再见。/IC：I See的缩写带音译，我知道了。/Q：Cute 的音译，可爱。

音译术语，3166：沙哟娜拉，日语，再见。/886：拜拜喽，再见。/3Q：Thank You，谢谢。/7456：气死我了。/9494：就是就是。/818：八卦一下。/616：遛一遛。通常回帖时贴教猫教花等图片时，通称"遛一遛"。/8：不。/54："无视"的谐音，即漠视一个人，对其表达最大的不屑。/4242：是啊是啊。

另外，我不叫我，叫——偶 /年轻人不叫年轻人叫——小P孩 /蟑螂不叫蟑螂叫——小强 /什么不叫什么，叫——虾米/不要不叫不要，叫——表/喜欢不叫喜欢，叫——稀饭 /这样子不叫这样子，叫——酱紫/好不叫好，叫——强/强不叫强，叫——弓虽/纸牌游戏不叫纸牌游戏，叫——杀人/被无数蚊子咬了不叫被无数蚊子咬了，叫——~~~新蚊连啵 ~~~ /追女孩不叫追女孩，叫——把MM/看MM不叫看MM，叫——鉴定/好看不叫好看，叫——养眼/兴奋不叫兴奋，叫——high/吃喝不叫吃喝，叫——腐败/请人吃饭不叫请客，叫——反腐败。

[思考与讨论]

1. 网络广告的特点是什么？
2. 网络广告有哪些类型？
3. 网络广告文案的写作技巧是什么？
4. 讨论如何在撰写网络广告文案过程中，适度使用网络语言，应该有哪些注意事项？

[实践与实训]

任务一：找出3个曾在报刊或者广播电视中发布过的产品或服务的网络广告，比较它们在不同媒体文案写作上的相同点和不同点。

任务二：为你所在的高校或者企业撰写一组网络广告文案。

任务三：撰写一则求职广告文案。

任务四：尝试上网玩一种网络互动游戏广告，想一想这个游戏广告为什么会吸引你？

第九章 其他媒体的广告文案写作

知识要求：掌握直邮广告的一般知识；直邮广告文案写作技巧和方法；户外广告的种类和特点；户外广告文案的创作技巧和方法。

技能要求：创作符合实际需要的直邮广告文案；创作符合实际需要的户外广告文案。

开篇案例

图 9-1 中耐克鞋带来的冲击波如此之大，幕墙和建筑物都随之而去，两则户外广告的创意设计为我们带来了强烈视觉震撼和冲击，堪称经典。

图 9-2 中这两则阿迪达斯的户外广告一看就知道和北京奥运会有关，热点事件的运用与户外形式的搭配，在闹市街头造成强烈的视觉效果，那句广告语"没有不能夺的金"，堪称绝妙的创意。诠释了阿迪达斯对北京奥运和自己的信心，企业形象得到了很好的宣传和提升。

谈到其他媒体，那可称得上五彩缤纷，琳琅满目。包括海报广告、POP广告、手机广告、包装广告、展览广告、雇员广告、日历广告、电影广告、电话广告、户外广告、DM直邮广告，甚至还有空中广告等，这些众多其他的新媒体的广告类型和相对应的广告文案写作由于篇幅

图9-1 耐克的户外广告

图9-2 阿迪达斯的户外广告

所限,我们就不一一探讨和列举了。

每一种媒体都有其不同的媒体表现特征,也有不同的目标受众和消费者,更需要不同的文案特征去配合,但是万变不离其宗,只要抓住广告文案的语言特征、媒体特征、广告受众或消费者特征,对其三者进行高度的整体融合和协调,就会创作出符合媒体标准和要求的优秀广告文案作品。

本章选取直邮广告(DM)和户外广告两种媒体的广告文案做简单的分析和研究。

第一节 直邮广告文案的写作

一、直邮广告概述

1. 直邮广告的定义

直邮广告(DM)又可称为"直接邮寄广告"或"DM"广告,DM是英语direct-mail的缩写,最早的中文名字叫"直接邮送广告"早期的DM还有许多小名,如"邮送广告"、"小报广告"等,一般认为只有通过邮局的广告才可能称为DM广告。而国家工商行政管理局1995年的出版的全国广告专业技术岗位资格培训教材《广告专业基础知识》,把DM硬性定义为直销广告(direct market AD)。

美国直邮及直销协会(DM/MA)对DM的定义如下:"对广告主所选定的对象,将印就的印刷品,用邮寄的方法传达广告主所要传达的信息的一种手段。"直邮广告是直接营销的一种形式,是直接完成销售的一种比较有效的方法。

DM广告的发展历史可谓非常悠久。相传起源于几千年以前的古埃及。公元前1000年,在古埃及首都散发的用芦苇纤维制作,内容为一个织布匠悬赏捉拿一个逃跑奴隶的"广告传单",可以说是DM的雏形。17世纪开始,在西方国家工业化初期,缺乏成熟的现代广告媒介的情况下，DM就承担了推介产品、服务的主要手段，当时它的主要表现形式为"商业信函广告"。20世纪初，随着产品市场的发展，面向大众，强调产品的普遍性需求的产品大量开发，同时，作为主流媒体的影视、广播、报刊、杂志的兴起，DM广告逐渐被取代。

DM广告在西方国家的第二次发展是20世纪50年代。第二次世界大战后，西方的市场营销领域获得了长足的发展。随着产品市场逐渐向用户市场过渡，以及竞争水平的提高，在细分不同的目标市场的同时，产品生产者开始考虑满足不同客户群体的个性化需求，而开始注重产品差异性的开发。这时，DM广告又一次进入市场营销的主流领域。

20世纪80年代，西方发达国家的信息化发展开始进入成熟的时期。大量的专业性数据库，对公众开放的公共数据库，以提供个性化信息为主的信息、咨询企业的建立和发展，为DM广告的高速增长提供了必要的条件。DM广告开始成为新产品上市销售、选举活动、企业公关、收集客户名单等广告活动的重要形式。由于其费用相对较低，邮寄的时间、对象、数量、次数、版式等可自己掌控，投递效果可以监控等优势，DM营销被喻为现代广告中的轻骑兵。单在美国，DM的总销售额年逾一千亿美元，约占其广告总销售额的19%。

在中国，DM广告虽然尚属新型媒介，但已表现出迅猛的增长势头。我国开始恢复广告业以来，强势媒体（报纸、杂志、电视）占据了广告市场绝大部分份额。而DM发布环节的可信度低，DM媒体多年停滞，没有良好的基础，企业意识没有到位，提供此项服务的专业机构欠缺等因素，使DM多年来一直处于待开发阶段。

目前，全国有近60%的企业认知DM广告，浙江省的大中小企业90%以上运用DM来推销产品，而且都取到了明显的促销作用。DM作为广告投入只及电视传媒的2%、报刊传媒的10%，但是营业收入增幅达30%左右，因而，其投入产出比较令企业满意，中小型企业对此尤具好感和使用欲望。

因此，DM已被大部分企业作为商务活动的首选措施，其低廉的成本及极强的针对性、亲切感和真实性，受到企业经营者的青睐。

2. DM广告的特点

（1）针对性强　由于DM广告直接将广告信息传递给真正的受众，具有强烈的选择性和针对性，其他媒介只能将广告信息笼统地传递给所有受众，而不管受众是否是广告信息的目标对象。

（2）广告持续时间长　一个30秒的电视广告，它的信息在30秒后荡然无存。DM广告则明显不同，在受传者作出最后决定之前，可以反复翻阅直邮广告信息，并以此作为参照物来详尽了解产品的各项性能指标，直到最后做出购买或舍弃决定。

（3）具有较强的灵活性　不同于报纸杂志广告，DM广告的广告主可以根据自身具体情况来任意选择版面大小并自行确定广告信息的长短及选择全色或单色的印刷形式，广告主只考虑邮政部门的有关规定及广告主自身广告预算规模的大小。

图9-3　龙大花生油DM广告

除此之外，广告主可以随心所欲地制作出各种各样的DM广告。

（4）能产生良好的广告效应　DM广告是由广告主直接寄送给个人的，故而广告主在付诸实际行动之前，可以参照人口统计因素和地理区域因素选择受传对象，以保证最大限度地使广告讯息为受传对象所接受。同时，与其他媒体不同，受传者在收到DM广告后，会迫不及待地了解其中内容，不受外界干扰而移心他顾。基于这两点，所以DM广告较之其他媒体广告能产生良好的广告效应。如图9-3所示。

（5）具有可测定性　广告主在发出直邮广告之后，可以借助产品销售数量的增减变化情况及变化幅度来了解广告信息传出之后产生的效果。这一优势超过了其他广告媒体。

（6）具有隐蔽性　DM广告是一种深入潜行的非轰动性广告，不易引起竞争对手的察觉和重视。

3. 选择DM广告的前提条件

选择直邮广告时，需要满足以下一些前提条件。

① 邮寄物是受人欢迎和有实际用途的。
② 广告信息过于复杂、详细以致于使用其他媒介无法有效传达。
③ 其他媒介为达到某一特定的市场必须付出较DM广告更高的代价。
④ 广告信息是极为个人化或需要保密的。
⑤ 广告主的市场策略所要求广告的形式或色彩是其他广告所无法实现的。
⑥ 某一个特定的区域需要被覆盖，而该区域的划分要求尽可能的准确。
⑦ 广告的投放要求按照某种特定的时间或频率。
⑧ 广告中已经准备好奖项或赠品。
⑨ 需要进行可控制的研究（如某个市场有效性的测试，测试新产品的价格、包装及用户等）；需要进行可控制的邮寄（信件只寄给某种收入个人或拥有某种牌子汽车及游艇的主人等）。
⑩ 需要邮寄订货单（产品直接到达目标对象，而无需经过零售、分销或其他媒介）。

4. DM广告的分类

直邮本身不仅是广告，也是媒体，是兼具广告、媒体于一身的独立广告体。它不像报纸及杂志广告、招贴等那样会受到版面、印刷、纸张、媒体、规格的限制，版面大小、印刷、纸材都可以自由设计选用。因此，其种类形式多种多样、灵活多变，以下是一些近年出现的主要种类。

（1）广告明信片　这是针对零售消费群所设计的促销广告，其内容包括简短的广告语、折扣券、礼品单等。另外也包括为推介一些企事业单位形象所设计的明信片，它们大都设计精致、印刷精美、内容简洁。

（2）产品宣传单（册）　又称为散页广告传单。它一般连同信函一起放进信封，内容主要有企业宣传、产品分类说明、广告活动推介等。这种形式既经济又实惠，是商家经常乐于运用的广告方式。设计上以文字编排为主，并配以产品图片及图形说明，主要针对具体产品的宣传，要求印刷质量高、形式精美，可当作资料收集。内容多时可装订成册，其主要尺寸有32开、24开和16开等。如图9-4所示。

（3）折叠式说明书　主要是商品的参考书，可邮寄给企业关系户或由零售商分派，使客户看到这种说明书时，仿佛亲临其境，产生购买欲望。折叠式产品说明书是可以保存的印刷物，其设计风格需要独特、高雅，在版面编排构成上具有连续性、可读性，形式上有对折、三折、四折等。

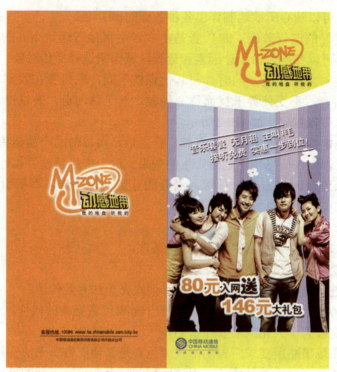

图9-4 动感地带产品宣传单

（4）请柬 请柬的功用在于联系人与人之间的情谊，在特定的日子或时间里问候亲朋好友或邀请社团或个人出席各种社交场合。因此，各大企业和朋友之间都乐于接受这种极富人情味的媒体方式，既能表现企业的理念，又能摆脱过于明显的商业味，从而加深友谊，缩短彼此间的距离。请柬在众多宣传品中能崭露头角，给人以高雅的印象，所以请柬版面的编排构成就更显得举足轻重。

（5）贺卡 贺卡是利用节庆或喜庆日这一特殊的时段，以企业的名义印制卡片作为传媒手段。贺卡广告有其独特的传播性质，它是基于一种人性化的、柔和的亲情式的情感诉求。其内容主要分为节庆型和问候型等。形式上有卡片式、POP式、吊式、半立体式等多种形式，具有浓郁的趣味性与装饰性。贺卡的版面编排构成应配合欢快喜庆的气氛，讲究灵活多变的构图，同时还要注意东西方文化的差异。

（6）年历 年历非常强调实用性、装饰性、知识性、趣味性、广告性和商业性。类别有日历、周历、月历、双月历、年历等，使用最多的是月历和双月历。年历的主要形式有挂式、台式、桌式、携带式。版面编排构成除了图片、图形、材料、尺寸、形状外，最主要的就是文字的设计。文字以数字为主，还有一些星期、月份、节令的标志，另外加上宣传用的文字内容等。数字排列方式通常是以一星期或一个月为一行的形式，数字往往被设计师当成图形精心设计，这种别出心裁的构成手法视觉魅力较为持久。

二、直邮广告文案的写作技巧

直邮广告的核心是一份以直接达成销售为目的的印刷品，报刊广告文案的写作方式和技巧同样适用于直邮广告，同时应该特别注意以下几个方面的内容。

1. 语气亲切，克服读者的反感情绪

由于直邮广告是针对具体的个人或单位的，具有"私人"的性质，可以令人产生亲切感，同时，正因为它侵入了人们的"私人"空间，加上许多垃圾广告信函的侵扰，往往会使人反感。因此，给收件人的直邮广告可以采用感性诉求，对于收件人要持尊重的态度，不能用生硬或者命令的口气催促其购买，否则只能让人敬而远之。比如，在文案的开头使用尊称，如"尊敬的先生"、"亲爱的小姐"等。另外，就是直接提供利益点和问题的解决办法，这样可使受众仔细阅读你提供的信息，同时，要提供有力的证据支持你的利益点，而不是用花言巧语。

2. 提供详尽的信息

邮件如果能被打开，说明收信人多少有些兴趣，收信人一旦开始阅读，就说明他有较大兴趣。所以直邮广告应该尽可能多地提供有用的信息，比如产品的尺寸、规格、售价等。要诚实地介绍产品，说明购买利益。比如，汽车产品的目录，在提供了产品图片和产品简介以及客观的评述文章后，会让收件人在对所销售的产品有一定了解的情况下，激发其购买欲望。

3. 注意趣味性

直邮广告应该尽可能采用风趣幽默、吸引人的方式来传达产品信息。没有人喜欢阅读生硬的推销说辞和枯燥的产品介绍。

4. 文案应该通俗易懂

使用读者熟悉和口语化的语言，不要过多地使用专业术语，不要让读者对阅读广告文案心生畏惧。

5. 不要怕长文案

一般来说，直邮广告可长可短，短的可以只有一句话，几个字，长的可以达到十几页。如果确实有丰富信息要提供给读者，并且找到了具有吸引读者的方式，就不要怕文案太长。提供的信息越具体、越细致，就越有可能达成销售或引发行动。比如一些贵重物品的直邮广告，读者就需要获得较多的信息来进行比较和判断。

6. 反复申明你所提供的服务或者利益

这是最能吸引读者、引发行动的内容，所以应该明确提出来，并且在适当时机不断地重复强调。服务或者利益可以是对购买者的奖励、购买产品可以获得赠品、退换货便利、安全保证、权威机构的认定、其他消费者的赞许等。

7. 提供多种反馈途径

直邮广告能够有效地获得读者的反馈，可以比较直接地获取用户的相关信息，能够比较快速地调整今后的销售计划。反馈途径有许多种，比如电话订购、传真订购、800免费咨询电话，鼓励读者使用含有订单的免邮资回邮信封等。这些反馈途径应该被编排在信函或者产品目录的醒目位置，并且加上一些鼓励行动的言辞。

第三节 户外广告文案的写作

户外广告是一种应用相当广泛的传播方式，尤其是对于那些居住在城市或郊区的人们来说，户外广告可以说随处可见。户外广告是与消费者的生活与行为非常密切的媒体。

一、户外广告概述

1. 户外广告的定义

广义地讲，凡是设置在户外的广告都可以称作户外广告，常见的户外广告包括：路边广告牌、高立柱广告牌（俗称高炮）、灯箱、海报、公交车、候车厅、机场、霓虹灯广告牌、LED显示屏看板、户外电视墙等，现在甚至有升空气球、飞艇等先进的户外广告形式。如图9-5所示。

图9-5　果维康VC含片公交车身广告

户外广告可能是现存最早的广告形式之一。最早期的户外广告形式，通常是在房屋外墙壁上的显眼处，贴上一些抢眼的标志。考古学者在古代罗马和庞贝古城的废墟中发现了不少这样的标记。有一个从古罗马遗址挖掘出的户外广告是一家房产要出租，还有一处在庞贝的墙上的是对到这里来的旅行家招徕。

随后的几千年里，即使随着印刷、广播、电视、有线传播和近年出现的互联网的不断发展，户外广告也还自始至终都是在建立品牌和传递市场信息时最被广泛应用的媒体之一。

户外广告是一种典型的城市广告形式，随着社会经济的发展，户外广告已不仅仅是广告业发展的一种传播媒介手段，而是现代化城市环境建设布局中的一个重要组成部分。而电脑喷画技术在户外广告中的应用，极大地提高了户外广告的制作水平和表现力，与城市的美化、商店的布局、街道的连接相得益彰，互相辉映，成为现代大都市的又一景观。随着科学技术的不断发展，时下正在发展和普及的有电脑写真喷绘广告和柔性灯箱广告、三面转体广告牌、三面翻转广告牌、多画面循环广告牌、电脑控制的彩色活动跳格电子显示屏、发光二极管显示版、电子大屏幕墙、空中激光动画等新户外广告媒体。以上这些新户外广告媒体有个共同的特点，即利用新科技使其在表现形式、视觉效果等方面更能引起观众的注意，进一步提高信息传播的接受率。

户外广告业务近几年在中国市场发展很快。这种"快"不仅体现在行业规模短时间之内的不断扩大上，还体现在新兴户外媒体形式的"快速"推出及被市场认可、接受。而与"快"相伴相生的就是"高"，户外广告业的高利润、投资的高回报、整体行业的高增长。加之中国经济在全球经济中的"一枝独秀"，越来越多的跨国公司大举进入中国、各行业竞争的激烈程度越来越强，种种因素激发着户外广告行业的超速增长。

随着传播环境的日渐复杂，各种大众传播渠道的竞争激烈，户外广告的竞争也逐渐浮出水面。一方面,传统大众媒介成本不断增高却面临着效果有所下降的趋势,而相比于传统的大众媒体广告,户外广告以较低的成本和较好的传播效果日益赢得了广告客户和广告公司的青睐;另一方面,户外广告开发和经营的丰厚的利润潜力使得户外广告成为广告公司的热门的经营项目,专业运营户外广告的广告公司迅即出现并迅猛地进行资本运作,依托其强大的资金支持及社会关系背景不断开发新的户外广告形式。

随着人们旅游和休闲活动的增多以及高新科技的广泛运用,户外媒体已成为广告主的新宠,其增长速度大大高于传统电视、报纸和杂志媒体。特别是分众传媒在纳斯达克成功上市后展开一系列大刀阔斧的并购,市值屡创新高之后,"户外媒体"成为风险投资商们聚焦的新热点。

2. 户外广告的特点

(1)到达率高 通过策略性的媒介安排和分布,户外广告能创造出理想的到达率。有权威机构调查显示,户外媒体的到达率目前仅次于电视媒体,位居第二。正如专业人士所说:"户外广告才是真正的大众传媒,不是所有人都看电视、读报或上网冲浪,但是只要他离开家,就会看到户外广告。"户外广告可以说一周7天,一天24小时都在进行广告宣传,它们对过往行人进行着反复的广告诉求,这无疑可以提升广告的宣传效果。另外,广告主往往把户外广告设置在人口密集、商业繁华的黄金地段,更加有助于广告宣传的有的放矢和实现较高的到达率。

(2)视觉冲击力强 户外广告无论其形式如何都能够成为人们瞩目的视觉中心,原因就在于其很强的视觉冲击力。比如,一块设立在黄金地段的巨型广告牌是任何想建立持久品牌形象的公司的必争之物,它的直接、简捷,足以迷倒全世界的大广告商。很多知名的户外广告牌,就是因为它的持久和突出,而成为了这个地区的远近闻名的标志,人们或许对这街道楼宇都视而不见,而唯独这些林立的巨型广告牌却是令人久久难以忘怀。如图9-6所示。

图9-6 0世纪牛仔裤户外广告

(3)发布时段长、城市覆盖率高 许多户外媒体是持久地、全天候发布的。如果户外广告安置合理,它们每天都会伫立在那里,白天黑夜都可以广泛暴露广告信息,其发布时间比较长。

在某个城市,结合目标人群,正确的选择发布地点,以及使用正确的户外媒体,户外广告就可以在理想的范围接触到多个层面的人群,广告主的广告就可以和受众的生活节奏配合,特别是对地方市场而言,其覆盖率是相当惊人的。

(4)成本低廉 与电视、报刊等其他媒体相比,户外媒体的制作和发布成本较低,媒体的千人成本是非常具有竞争力的,对广告主而言,其性价比是可观的。户外广告有时还能够直接影响到销售业绩,看到户外广告正在良好的发展并有可能成为"第五大媒体"。

(5)广告信息简洁、突出 户外广告是以视觉传达为主,面对的往往是流动的人群,人们都是无意或者偶然遇到户外广告信息的,因此要想在这极短的时间内抓住人们的眼球,户外广告的信息必须精练、简洁。这个特点使得户外媒体在广告宣传上偏重于产品销售和品牌提醒,而不适合传达详细的信息。因此,户外广告往往不单独使用,要想实现整合营销传播的效果,必须和其他媒体配合使用。

(6)广告制作精美,与城市环境融合 现代都市和过去最大的区别也许就在于五彩纷呈、各式各样的户外广告了。户外广告在今天不仅承载广告信息,促进产品销售和品牌形象推广,更重要的是由于它优良的制作,精美的造型,特别是现代科技的大量使用,户外广告已经成为城市的组成部分,装点着我们生存的城市环境。

3. 户外广告的类型

关于户外广告的类型,前面已经谈到了一些常见类型,不再赘述。不过,户外广告家族十分庞大而零散,有动有静,形式多样,分布在人类生活领域的各个方面,有时真的难以界定其范围。常用的分类方法有两种:一种是按造型和面积进行分类;二是按照媒体类型进行分类。

如果按照造型和面积大小划分,则可分为S、B、P造型的广告牌位。S型牌,指广告牌面积超过250m²,分布于楼顶、机场、码头、高速公路交汇处的超大型广告牌;B型牌,指广告牌面积在21～249m²之间,位于楼顶、楼侧、路边、立柱式中型广告牌,如图9-7所示;P型牌,指广告牌面积在1～20m²之间,如人行道灯箱、灯柱灯箱、电话亭、车亭等小型广告牌,如图9-8所示。不同造型的广告牌位。适合不同产品或品牌类型的广告信息传播。

图9-7 欧普照明灯杆广告

图9-8　康佳高清电视公交站牌广告

如果以媒体类型为标准分类，户外广告又可以大概分为两类：电子类和非电子类。

21世纪，户外广告早已突破了形式单一的店招式广告牌类型，出现了更多的新型户外媒体——汽车车身广告、候车亭广告、地铁站广告、电梯广告、高立柱广告、三面翻广告、墙体广告、楼顶广告、霓虹灯、LED显示屏等，户外广告伴随城市改革开放一路走来，正在告别粗放，进入优化与盘整的新发展阶段，以人为本、和谐发展方有未来。

二、户外广告文案的写作技巧

户外广告文案一般只有几句话，看上去似乎很容易写，其实不然。只有把握它的创作规律，并且反复实践，长期磨练，才能写出能令受众一见倾心的优秀广告文案。广告文案写作应该把握以下几点。

图9-9　中信红树湾2期房产户外广告

1. 信息单纯，文案简短有力

户外广告毕竟不同于报刊等平面广告的文案设计，由于户外广告接触的都是匆匆而过的路人，带有很强的偶然性和瞬时性，户外广告文案要传播的广告信息一定要单纯，不能太复杂。文案更是力求简短、直接、易记，通常都是一句话，加上有限的随文说明即可。许多户外广告失败的原因不是没有创意，而是创意过多，内容过多，过多的文案堆砌加上过多的色彩和图形，使得广告的主要信息被淹没。优秀的户外广告一般都是一句话，有人甚至提出不超过7个字。我们必须做到：用最简单的话语表达最传神、最核心的广告创意。如图9-9所示。

2. 图文并茂，相得益彰

图文的合理搭配，是所有平面类媒体广告所共有的特征。户外媒体也概莫能外。在户外广告中，文案是对画面的配合，更重要的是文案要注重与画面的整合与协调。二者之间有效互补并相互辉映，共同完成广告信息的传达。如图9-10所示。

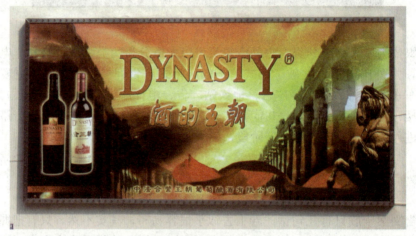

图9-10 王朝葡萄酒户外广告

图9-11 中国电信户外广告

3. 巧用环境，注意时机

为了能有效的吸引受众注意户外广告信息，广告创意必须具备立即抓住人们注意力的特征。因此，户外广告在构思时，要更多地注意与广告摆放周围环境的有效互动，充分利用环境因素将创意清晰表达。

经常被消费者阅读的户外广告，通常都是挑选在恰当的场合和时机，让消费者看到。如图9-11所示。

4. 美化市容，与之整合

前面讲到户外广告已经成为反映现代都市特点、与城市环境息息相关的媒体。所以户外广告文案在设计时，要自觉维护城市环境和社会规范，倡导良好的社会风尚。不仅具有视觉形象美，更应该注重精神价值美和景观文化美。如图9-12所示。

图9-12 半岛·蓝湾户外广告

[思考与讨论]

1. 什么是直邮广告？其特点是什么？
2. 直邮广告的写作技巧有哪些？
3. 什么是户外广告？其特点是什么？
4. 户外广告的写作技巧有哪些？

[实践与实训]

任务一：设计一则关于某家电销售的直邮广告，注意考虑目标人群的选择、广告的实效性和直邮广告文案的设计技巧。

任务二：在你们学校所在的城市中，选择一条最著名的商业街的几种不同类型的户外广告，分析讨论其文案写作的优劣。

任务三：为你学校所在的城市撰写一个城市形象宣传的户外广告文案。

第十章 不同信息内容广告文案写作

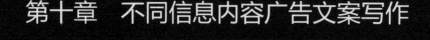

知识要求：掌握企业文案、产品文案等基本内涵与特点；掌握服务文案、公益文案等发展脉络与类型。

技能要求：区别企业文案、产品文案等与其他文案的不同；了解服务文案、公益文案的基本写法与注意事项；学会写作不同信息内容的广告文案。

开篇案例

LEVI'S平面广告文案

标题：ARE YOU TYPE1 够胆试吗；

LEVI'S TYPE1 新派牛仔"酷"

正文：2004年春夏，又有什么更大胆，更创意的牛仔能让我们比明星更酷；经典牛仔品牌Levi's一向具有不断创新的精神，这次隆重推出Type1系列，在欧美、日本风靡一时。

Levi's Type1系列走出传统牛仔裤的框框，搅搅新意思，放大了Levi's特有的撞钉、红旗、皮印章、加粗双弧线，形象有够创新。

如果够胆，够潮流，就来试一试吧。

第一节 以企业为信息内容的广告文案写作

一、企业广告的概念

企业广告不是以直接推销产品为目的，而是以介绍企业情况、树立企业形象、提高企业知名度为目的的广告。企业广告是根据消费者对企业的认知程度，而对企业的名称、标记、经营宗旨、发展历史、社会地位、服务方针、业务成就以及发展前景进行详细介绍的一种重要方式，是商业广告的一种。

企业广告一般都是配合企业公关活动所进行的广告。公共关系广告主要是介绍组织整体的特点。这类广告的效果是战略性和全局性的，它获得的效益包括各个方面，贯穿于企业的社会经济文化环境之中，难以通过销售额和利润指标直接测量。

二、企业广告的种类

（1）实力广告　这类广告是向公众展示企业在技术、装备、工艺流程、人才等方面的实力，使公众对企业的技术力量产生信任，从而使消费者对企业产品产生信任，使企业达成销售目的。

（2）观念广告　这类广告宣传企业（组织）的名称、组织情况、组织目标、经营思想、价值观念、方针、政策等。有时这类广告向社会公众传播企业成立、开业、庆典等大型活动的信息，制造声势，也借此传播企业观念，增强企业的信誉，树立企业的良好形象。

（3）宣传广告　这类广告是企业借一些重大活动，通过广告向广大顾客和社会各界致以问候、表示感谢、以示关心等，从而提高企业的知名度、信誉度。如企业用赞助某种事业的形式，提高其知名度、信誉度。

三、企业广告的作用与写法

企业广告可以提高企业的知名度，树立企业的良好形象，维护企业的信誉。

企业广告能加速商品流通，提高经济效益。由于广告宣传，可能使企业的销售额迅速增长，并加快整个经济系统中机制的运转，实现经济系统内部的良性循环。

企业广告有利于创收外汇。对国外进行企业宣传，可以促进企业产品外销，增加外汇收入，并利于引进先进的生产技术和必需品。

一个产品在市场上的生命和活力如何，不仅仅取决于产品本身的质量、功能等理性的问题，在产品的后面，还有一个重要的背景性事物，那就是企业。一个产品的背后是谁？由哪个企业生产？这个企业的状况如何？在同类企业中的地位如何？它赖以立足的优势是什么？它在政府和公众心目中的形象怎样？这一系列的问题，都会影响到一个甚至所有产品的销售和消费。而一个企业，它并不是在真空中生存的。除了消费者，它要与原材料的供应商、市场销售中的批发商、零售商、政府、公众、媒介等机构和人群之间形成一种有效的关系。这种关系，可以使供应商因为企业的信誉而主动提供原材料或形成一种默契；可以使批发商对该企业的产品抱有极大的兴趣；可以使零售商对该企业产品的销售充满热情；可以在竞争者、政府、公众心目中树立起一个正向的、不倒的形象，为消费者的消费提供认知、情感等各个方面的保证。而这种关系的建立，除了其他相关的工作以外，广告也是一个重要的建设工具。因此，以企业为信息主体的广告在日常的广告运作中，占着十分重要的位置。以企业为信息主体的广告文案写作，也在文案写作中占据着重要的位置。

由于以企业为信息主体的广告及其广告文案的形成目的，在进行这一部分的文案写作时，有些问题需要解决。

（一）以企业为信息主体的广告文案写作应以企业形象的建设为中心任务

以企业为信息主体的广告文案写作，一般都是基于这样的广告目的：提高企业的知名度，提升企业的美誉度，塑造企业的形象，为企业产品的销售、品牌的推广打下良好的基础。在企业刚刚诞生时，广告主需要以企业认知广告形式来将企业介绍给广大公众和消费者；当企业具有了一定的实力，广告主要为企业占领新的领域、新的市场作提升企业知名度和美誉度的铺垫，企业公共关系广告形式就是一种适当的形式；要使企业在行业中稳居某一地位，如何在公众心目中保持不老的地位，成为新闻和公众称道的中心，是一个需要花费很多心血的问题，而这时候，宏大的、感性的企业形象广告是一种必要的手段。

（二）以企业为信息主体广告文案写作的各种类别及其操作

1. 企业形象广告文案的写作

企业形象广告文案直接地以塑造企业形象为自己的最终目的。它的目的是为了建立企业的知名度和美誉度，体现企业在同类中的特性，在企业与目标消费者之间建立起一个可沟通的形象。因此，这种类别的广告文案写作要注意以下几点。

（1）以塑造个性化、人性化的企业形象为文案写作的方向　塑造人性化的企业形象，是指用广告将企业塑造成为一个人的形象。正如歌德所说："人对人总是最感兴趣的。"要使一个企业的形象建设得到人们特别是目标消费者的对应性感情，将企业形象建设成为一个人性化的形象，是很有效果的。企业可以将自己塑造成为一个振兴民族工业的英雄，也可将自己塑造成为关爱人间的阿波罗，可以将自己塑造成为一个时尚达人，也可以将自己塑造成一个高科技的创造者和发现者……一旦这个被塑造的形象给予受众一个人的形象、人的灵性、人的个性，受众就会对他（她、它）感兴趣，或者喜欢他（她、它），并将他（她、它）作为一个好朋友。如金星集团的广告语："金星，你一开口，从推销员到经理我们都洗耳恭听"，就塑造了一个非常感人的人性化形象。

个性化的塑造，是为了使该企业与它的竞争者之间产生形象个性上的明显的距离和对比。企业个性的形成会使它的形象更明晰、更富有魅力。

（2）以感性诉求形式为主要形式　在消费者的消费状况中，我们可以发现这样一个事实：消费者的消费观念正越来越走向主观的认知、感性的决定，而越来越少了理性的判断和客观的考察。因此，在以企业为信息主体的广告文案中，应以感性诉求形式为主要的形式，让受众在心理上、感觉上对该企业产生某种好感甚至某种依赖。感性诉求形式不仅可以运用在制造感性产品的企业中，也可以运用在制造理性产品的企业中，如小天鹅集团在每则广告中，虽然产品是很理性的家电，但是它的广告口号都用"全心全意小天鹅"来体现企业对消费者的关怀。

（3）注意形象塑造和企业类别之间的相关性　在以感性形式为主要诉求形式的同时，也要注意企业的形象塑造和企业类别之间的相关性。不同的信息主体不仅在表现的内容和侧重上应有所区别，在形式上还要注意其相关性。如高科技的企业，因其高科技的产业性质，可以将自己塑造成一个科技、未来、理性的象征性形象，在这样的情况下，就需要运用理性的诉求形式了。如IBM企业，一般都是用理性的诉求形式来进行理性的形象塑造。

2. 企业认知广告文案写作

在企业刚刚诞生时，或在一个企业要进入一个新市场环境时，企业认知广告文案的写作是一个很重要的过程。主要目的，是让受众或社会环境对企业的各方面情况有一个初步了解。认知广告文案的写作难度较大，因为它既要以最快的速度、简洁的方式将企业的最多信息传递出去，又要记住，认知广告文案不仅仅要让受众们了解到企业是怎样的，而且要在新的受众中间建立起一个初步的、全新的企业形象。所以，企业认知形象不仅仅是一种信息的传递，而且是在传递基础上的形象的初步塑造。企业认知广告文案写作应该注意以下几方面。

（1）重点性的理念表现和全面的企业情况介绍相结合　在电视认知广告文案中，用广告口号等形式对企业的理念进行重点表现，使受众在短暂的接收过程中能将陌生变成熟悉，并产生记忆，产生再次传播的兴趣。在报纸等媒介中，进行大版面的详细的介绍，加强受众对企业的全面了解。

（2）陈述性的语言表现和富于吸引力的画面形式之间的构成　以富于冲击力的画面来吸引受众的注意力，同时，采用陈述性的、理性的语言表现来介绍，使受众对企业有一个客观的、全面的了解。

（3）表现形式趋向于理性　一般用简介体、说明体、论说体、分列体等形式来表现广告信息，也可采用调查问卷的形式来交互性地表现，如让受众填写有关答案。可少用具有感性的、幽默性、表演性特征的表现形式。

3. 企业公关广告文案写作

这类写作与企业形象广告形式的区别甚微。公共关系广告文案的写作，其最终目的，也是为了建立企业正面的，令公众或社会机构、消费者产生各种正面的、情感对应的形象。因此，在表现手法等方面，与企业形象广告文案区别不大。但在其主诉信息内容方面，有一些具体的不同。它主要的信息内容如下。

（1）企业对公众关注的某个社会热点问题，提出自己的看法，或表现自己为此问题所作出的努力　这里的热点问题，必须是公众心目中真正的热点问题。企业在提出自己的看法时，必须是科学的、能真实地说出公众的内心想法的。在表现企业为此的努力时，要表现其有效的、对公众解决问题有真正帮助的。这样，企业才能借助热点问题将自己与公众融合起来。

（2）表现企业的理念和对消费者的关切　将企业的理念进行表现，让公众知道企业为消费者所作的努力、企业的努力方向和价值观。如壳牌集团公司的一则以企业为信息主体的平面广告。

标题：煤，源于绿色，也应归于绿色，溶进洁净的天空。

正文：这块煤，集亿万年草木之精华，其中该蕴含多少时空的故事

人类对煤的认识还很粗浅，但已经有了革命性的进步：煤其实也可以是一种绿色能源，不对环境造成污染。

中国石化巴陵分公司经理朱泽华博士介绍说，壳牌的煤气化技术将为公司的氮肥生产带来新的生机：昂贵的石脑油，使公司的化肥生产负担甚重；

今后，以煤为原料，化肥生产不但能扭亏为盈，而且不会给洞庭湖畔的蓝天"抹黑"。

数百年来，煤的简单化利用导致了人们对煤的诸多成见。

洁净的用煤技术，让人重新认识了煤炭资源的价值：发电、生产化肥、合成汽油和柴油、制氢以供燃料电池、利用煤渣烧制建筑材料。

"朱叔叔，煤是怎样变回绿色的？"

透过阳光，小博满怀惊奇地找寻着煤回归森林的曲径。

4. 企业事务广告文案写作

这类广告信息的文案写作要注意如下方面。

（1）准确、清楚地将信息传达　要具有可操作性和现实性。要用准确的语言将信息交代清楚，否则就不能起到事务性文案的广告作用。

（2）不失时机地做形象建设和形象宣传　如壳牌公司的文案。

标题：我们的工厂里有座看不见的"水库"

正文：这座世界级规模的中海壳牌石化联合厂，使用了壳牌独有的苯乙烯/环氧丙烷联产工艺，较传统生产工艺，每年省下至少550万吨水，也就是足足一座小型水库的量！赵云涛是这套装置的工程师，他喜欢用数字说话："每生产1吨环氧丙烷，传统工艺至少要消耗22吨水，而我们的专利工艺呢？只要1吨水就够了！"

中海壳牌石油是中国迄今为止规模最大大中外合资项目之一，也是壳牌化工业务目前在全球范围内的最大单笔投资，凭借先进的流程和设计，中海壳牌已成为安全、高效的世界级石化生产企业。

壳牌，分享先进能源科技，帮助应对能源挑战。

第二节　以产品为信息内容的广告文案写作

以产品为信息主体的广告文案写作，在写作实践中占了最大的部分。因为产品的销售和消费才是企业最终的目的。因此，以产品为信息主体的广告文案写作是我们要重点研究的范畴。

一、以产品为信息内容广告文案写作的特点

（一）产品定义

产品所包括的范围很广，按照现代市场营销学观点，凡是能够提供给市场的，以引起人们的注意、获取、使用或消费，从而满足某种欲望或需要的一切东西，都可称之为产品，包括实物、服务、组织、场所、思想、创意等。产品的形式并不重要，关键是它必须具备满足顾客需要的欲望的能力。市场营销学关于产品的概念表明并不是具有物质实体的才是产品，凡是能满足人们需要的物质和服务都是产品。从这个意义而言，产品分有形产品和无形产品两种类型，这里所说的"以产品为信息主体"的产品，是服务之外的产品，即有形产品。有形产品大致可分为消费品和工业品两种。一般广告量最大的，是作为消费品的日常用品。在我国的广告题材类型中，酒、食品、饮料、化妆品、房屋、洗涤用品、服装等消费品广告题材占主要地位。我们在这里主要探讨的是消费品为信息主题的广告文案写作。

（二）以产品为信息主体的广告文案写作的目标

1. 塑造产品品牌个性形象策略

此策略以塑造和建设产品的品牌形象为其直接目的。在目前以产品为信息主体的广告作品中，此类策略运用非常广泛。这一策略通过文案的诉求，塑造和建立产品品牌的个性形象，形成与同类产品之间的形象性区别，并以这个形象代替产品本身与目标消费者对话。该策略能给予产品以人性的、个性的因素，与消费者之间产生长期的关系。如利群的阳光旅行广告语：人生就像一场旅行，不必在乎目的地，在乎的是沿途的风景，以及看风景的心情！利群，让心灵去旅行！⋯⋯把企业形象与人生进行意义的关联。

2. 认知新产品策略

刚刚进入市场参与竞争的新产品，对于消费者而言，它在品牌名称、产品特点、品质、功能、利益等各个方面，都是一个未知数，需要消费者的认知。而认知新产品策略，就是以一种展示性的手段，将新产品的各个方面作介绍，提供给消费者有关产品的重要的"购买理由"。

3. 提升产品品牌知名度策略

当产品刚刚进入新的市场，或需要扩展市场时，就要运用提高产品品牌知名度的广告策略。此策略的目的不在于追求一时的产品销售量，而是为了使一个新产品通过广告活动使消费者得到认知，在消费者心目中留下一定的印象。一旦得到知名度的积累，产品品牌就能逐渐进入目标消费者的消费视野，为长期的产品销售打下基础。近阶段经常谈的"名牌战略"，高知名度就是使一个产品成为品牌、使一个品牌成为名牌的先决条件。

4. 突出产品特点策略

这就是一贯强调的独特的销售说辞策略。该策略的核心是：在广告文案中表现产品中存在的与众不同的促销活动，将产品使用的范围、场所等进行有机的扩展。

5. 引导消费新观念策略

运用广告文案提出一个消费新观念，对消费者的消费观念进行有意识的引导，在消费者认同和遵从这一消费新观念的同时，引导对某一产品的消费，创造对某个产品的消费。采用此策略的广告文案，其特点是，不在文案中直接地表现产品的特征或产品所能给予消费者的利益点，而是提出一个观念，以这个观念作为产品的先导信息传递给消费者。

6. 营造生活气氛策略

此策略的广告文案，不是理性地、客观地表现产品的信息，而是以与产品消费相关的生活情景的描绘烘托气氛，并将产品放置在这种特定的生活氛围中，从而诱发消费者的购买欲望。这种策略适合于那些低关心度的、偏重于心理利益的产品和品牌。

二、以产品为信息内容广告文案写作的表现策略

（一）采用塑造产品品牌形象策略时，要抓住该策略的形象塑造目的

文案写作在语言的风格、语言的结构构成、修辞的运用等方面都要围绕形象来展开。在整个的文案中，要体现出一贯的风格特征，才能塑造一贯的、独特的形象个性；其塑造的形象要有前瞻性，能跨越时间和空间的约束，延伸产品品牌的生命。

品牌个性形象塑造，可以有几种表现。

1. 借助产品的历史、产地甚至传说等来表现其个性

如香格里拉酒电视广告文案就是采用这种表现来显示产品的个性的。

一滴好酒，来自天籁——香格里拉藏秘青稞干酒 始于1848年，历经三个世纪……世界的香格里拉！

这则广告就是从酒的历史和香格里拉神秘的文化中表现酒的独特形象。

2. 借助产品的某一特征表现其个性

如白加黑感冒药的电视广告。"白加黑"是盖天力制药厂于20世纪90年代中期开发的产品，在国内第一次采用日夜分开的给药方法，产品上市时，广告语"白天吃白片，不瞌睡；晚上吃黑片，睡得香"家喻户晓，被称为"白加黑"震撼，形成了巨大的市场冲击，仅半年

就分割了全国15%的感冒药市场，在几乎是合资品牌垄断的感冒药市场上取得了一席之地。

3. 借助产品与消费者关系的某种连接表现其个性

如生力啤酒的"刘德华篇"电视广告片，整个文案就是表现了刘德华所饰人物在一系列情节发展、人物交际中的语言和心理活动。广告以这个人物与产品之间在个性和精神上的一致来表现产品的性格特征。在这里，剧中的人物在某种程度上就是产品个性的象征，而产品又永远地和具有该人物特征的人们有着内在的连接。产品个性突出，产品的目标群落也得到了明晰的划分。

（二）采用认知新产品策略时，广告文案的表现重点要放在认知的角度上，将产品的新的特点、新的功能传递给潜在的消费者

要受众认知新的东西，在文案形式上，要注意如何运用吸引的形式，如可以采用的问题、悬念形式的标题制作，来吸引他们认知，要强调产品具有竞争力的具有独特性的信息而不是面面俱到。

高尔夫车的广告文案

广告语：世界经典两厢车

一汽大众：汽车价值的典范

标题：和我一样，贝尼觉得朋友越多越好

副标题：没错，高尔夫，很生活

正文：相信你也一定需要这样一部车

去记载生活中许多值得回味的细节

独具特色的第五门揭背设计

后备空间大有余地

真正符合你，宠物与欢乐，越多越有趣

原来，高尔夫可以很生活，生活可以很高尔夫

杰作天成，一见如故

高尔夫，经典名车

（三）采用提升品牌知名度的策略时，广告文案要将品牌的提示、重复、强调作为广告诉求的中心，以使受众对品牌的名称等有一个较强的记忆和较深的印象

如恒源祥广为传颂的"羊羊羊"的广告语，就充分体现了对品牌名称的重复和强调。要注意的是，在提示、重复和强调品牌时，不能作机械处理，要将这种提示、重复和强调放在一个和谐的环境中，用有趣味的形式和语言来表现。这样，才能真正地起到提升品牌知名度的目的。否则，一味机械、无趣的重复会让受众产生逆反，而故意地让自己遗忘该品牌。如恒源祥的十二生肖广告语，相近的内容重复十二遍，让消费者非常反感。要尽量用简洁的语言单一地表现一个主信息，如果在提升知名度的广告文案中，全面地介绍品牌，就会出现信息繁杂，使受众目不暇接，记忆艰难，就不可能扩大知名度。

（四）采用突出产品特点策略时，首先要在产品特点的提出上下足够的工夫，运用USP理论指导进行文案主题的筛选。

只有某产品在同类产品范畴的竞争环境中，真正具有着特殊的信息时，才能采用。要在文案中表现这种承诺，这个承诺来自于产品本身，来自于它能够给予消费者的实际利益。如海尔"防电墙"的平面广告文案，就是基于产品能够防止触电事故发生的特点，而向相关的消费者提供承诺的文案。

三、产品处于生命周期不同阶段的广告文案写作

根据产品在生命周期中的不同阶段,我们又将它分类为产品市场导入期、产品市场成长期、产品市场成熟期广告文案写作。

1. 产品市场导入期广告文案写作

导入期广告文案是为这一阶段的产品打开市场而写作。其目的是使本来一无所知的产品成为目标消费者所熟悉的,并在较短的时间之内产生好感和购买行为的产品。这一阶段广告文案应着力介绍新产品在满足消费者需求上的新表现,此外这一期间的广告文案的数量比较多、发布的频次也相对密集。

2. 产品市场成长期广告文案写作

这一时期的广告文案写作侧重于对产品信息的进一步深化,巩固和发展前期文案在消费者心目中所建立的产品形象和定位。同时,又根据产品的发展,为潜在的消费者提供新的信息,以加深产品印象。进一步扩大产品的知名度和美誉度,促进产品市场占有率。

3. 产品市场成熟期广告文案写作

这一时期的广告文案写作的主要目的是提醒消费者进行重复消费。经历了前面两个阶段的文案传播后,这一阶段产品的市场份额基本稳定,形成了一个稳定的忠诚顾客群体,而新的市场短时间内很难开拓、新的消费者数量短时间内很难扩大。这一阶段的主要任务是维护产品的忠诚消费者,不间断地与消费者进行沟通。因此,要在延续前面两阶段的广告主题的基础上发展广告形式的多样化,以形式的新颖来与受众进行沟通,保持消费者对品牌的忠诚度。

四、以产品为信息内容广告需要遵循的原则

1. 做好市场调查研究工作

产品广告的成功与否,就是首先确定目标市场。在此基础上,调查目标人群对产品的印象、品牌在公众心目中的知名度,以及公众对品牌的印象。如果目标市场选择错误,其广告策略也必然是错误的。因此,做好市场调查研究工作是做好产品广告的前提。

2. 决定产品在市场中的位置

在对市场进行调查研究的基础上,广告主和广告工作者首先要研究和决定产品在市场上的位置,使产品形象突出,吸引力增强。

3. 确定品牌形象

任何产品在人们心目中都有一定的形象。如全聚德、茅台酒、联想等品牌以高端的形象在市场上屹立不倒,成为人们追求的产品。为此,就必须为产品树立一个符合长远规划的品牌形象,以促进销售产品。

4. 明确广告目标

产品广告的设计必须能引起消费者的注意,唤起他们的购买兴趣,从而促成购买行动。

5. 明确产品的诉求对象

不同的产品有不同的诉求对象。正确的诉求就是要回答诉求对象是谁,谁是消费者,与此同时,还必须回答产品能为消费者带来什么好处这个问题。即广告宣传要有针对性,才能

取得较好的效果。

6. 明确产品的诉求方式

产品广告不同于企业广告和公益广告,产品广告目的是推销产品,其内容是介绍产品。因此,应根据产品的不同生命周期采取不同的广告策略,也就是产品广告的诉求方式要根据广告的内容、市场状况以及广告时机来决定。

第三节 以服务为信息内容的广告文案写作

一、服务和服务业广告

1. 服务的概念

一般是从区别于有形的实物产品的角度来进行研究和界定的服务的概念。美国市场营销学将其定义为"主要为不可感知,却使欲望获得满足的活动,而这种活动并不需要与其他的产品或服务的出售联系在一起。生产服务时可能会或不会利用实物,而且即使需要借助某些实物协助生产服务,这些实物的所有权将不涉及转移的问题。"

根据以上的定义,可以了解服务的几个基本特征。

(1) 服务的无形性 指服务在被购买之前是看不见、尝不到、抓不着、听不到也闻不出的。例如乘火车的客人除了一张车票和安全到达目的地的承诺之外什么也没有。

(2) 服务不可分性 指服务不能与服务提供者分离,不管这些提供者是人还是机器。如果服务人员提供了服务,那么这位服务人员便是服务的一部分。尽管顾客在接受服务时可能在场,也可能不在场,但是都会与服务的提供者产生相互的作用,这是服务的一大特色。提供者和顾客都会影响到服务的结果。

(3) 服务可变性 指服务的质量取决于很多因素,如服务的人员素质与形象,以及服务的时间、地点和方式。这些变量发生变化很容易影响到服务的质量。这些因素大多数是不可控的,所以,服务质量的可变性非常强。

(4) 服务无存量 因为服务是行动或表演,而不是顾客可以方便保留的有形物品,所以它是不能被储存的。当然,合适的场地、设备和人员可以事先准备好以创造服务,但这些仅仅代表生产能力,而不是产品本身。

2. 服务的主要类型

我国中长期科学和技术发展规划战略研究专题组起草的《现代服务业发展科技问题研究专题报告》,提出了服务业的分类框架,共将服务业具体划分为4个大类:基础服务、生产和市场服务、个人消费服务、公共服务。

基础服务包括通信服务和信息服务,信息服务又包括信息技术服务和信息内容服务等;生产和市场服务包括金融(银行、证券、保险)、物流、批发、电子商务、农业支撑服务以及包括中介和咨询等专业服务;个人消费服务包括教育、医疗保健、住宿、餐饮、文化娱乐、旅游、房地产、商品零售等;公共服务包括政府的公共管理服务、基础教育、公共卫生、医疗以及公益性信息服务等。

二、服务广告常见的诉求点

服务广告的诉求对象与商品广告的诉求对象有着共同的消费心理。例如消费者都有喜欢单一信息，喜欢有新鲜独特的信息的心态，喜欢能产生利益的信息。因此，在确定诉求重点以及诉求方法时，服务广告与商品广告一样，基本上采用三种基本的诉求方法：理性诉求、感性诉求以及情理结合诉求方法。在寻找诉求重点时，一般选择以下三类信息：对消费者而言最实用最有价值的信息；独特的信息；有趣的信息。

消费者在消费某项服务之前，对服务的质量已经存在自己的标准，对服务能够达到的满意度有自己的期待。在写作广告文案的过程中，应该寻找这种能够满足消费者利益点需求的信息。以此引发消费者购买服务的兴趣。但是由于服务具有无形性、不可分性、可变性以及无存货性。服务广告在进行具体诉求时需要采用与商品广告不同的诉求点。服务广告首先要了解消费者对特定服务的判断标准与对服务的消费期待。

服务行业种类繁多：餐饮、保险、航空、通信、金融、旅游等。每一个行业消费者的要求也不同。比如航空公司，消费者的要求可能是快捷，可能是舒适、服务周到，可能是经济便宜。需要根据消费者的心理期待和企业的经营特色、企业的服务优势、企业所处的社会和经济大环境来决定采用何种诉求点。

三、服务业广告的文案创意

服务业又被称为第三产业，它与工农业最大的差异就在于提供的产品是无形的服务，而非实在的物质。这一特点给广告创意带来了约束，也给广告创意带来了新的思路。

1. 将无形的服务变成可感的形象

这里的形象可以是树立服务企业的品牌形象，也可以是通过类比等方式具体描述出的产品形象，以新加坡旅游广告为例，新加坡为了在竞争激烈的世界航空运输市场上保持自身品牌的独特性，推出了一个名为"新加坡魅力十足"的广告推广活动。在其系列的广告片和平面广告创意中把旅游中的朦胧描绘成让人神往具体的形象。特别是夕阳西下的创意让整个品牌形象赋予消费者更多的想象空间，将无形的服务融合到了具体的可感的品牌形象当中。

新加坡旅游广告文案

夕阳西下，新加坡依然魅力十足

一、夕阳西下，新加坡依然魅力十足

星光下的晚餐如梦如幻，芬芳的美酒香飘河畔，奔放的迪斯科挥舞热情，夜色中的大都市依旧生气盎然。这就是新加坡。

二、不会潜水也悠游

不会潜水也能饱览海底世界风光，目睹食人鲨迎面掠食的刺激景象；不会潜水也能漫游于群鱼之中，悠游海底的奥妙世界。这就是新加坡。

三、脚底按摩师的神奇指上功夫，令我周身舒畅，然而，小提琴手十指流畅出的音乐，则让我心动不已

空气中，茉莉花香弥漫，交织着如诉如泣的音乐。一缕莫名的感动，萦绕心扉。唉，离情依依。这一天终将来临，我也终将离去；再多的不愿意，也只能化作千百个回忆。浓浓的神秘风

味，异国情调的街头舞蹈，穿梭于繁华之间的三轮车，还有那位让我尚未离去，怀念之情就已缠绕心头的小提琴手……怎一趟难忘的奖励旅游！盼望不久的将来就能重温这点点滴滴。

四、滚滚浪花一波一动，承载着一船的欢愉，然而，是那书法家流畅的笔墨线条，深深触动着我的心绪

站在甲板上，清冽的空气里，隐隐透着沁人的柠檬香。远处，一排排的棕榈迎风起舞；血红的夕阳霞光遍洒这片近赤道的天空。行驶中的游艇，在海面上拖曳成一道长长的白色水痕，令我想起那位书法家的专注笔触，如斯行云流水，悠游自在。临别的思绪就在这滚滚浪花中，慢慢荡漾开来……怎一趟难忘的奖励旅游！一切是那么别具风味与色彩！盼望不久的将来就能重温这点点滴滴。

2. 充分利用服务背后的物质资源和人力资源

任何一种服务业，尽管其提供的服务产品是无形的，但无形的产品背后都有可以为消费者感受到的物质资源和人力资源。

餐饮服务业的背后有可口的美味、舒适环境、温馨的服务，旅游服务业的背后有独特的自然风光和悠久深邃的历史人文，经典音乐背后的重新审视的欣赏视角，而所有的服务业背后都有为构建优质服务体系所作出的各种努力。这些具体的措施都可以成为广告创意元素加以利用。如以下这则葡萄酒广告。

三毫米的旅程，一颗好葡萄要走十年
三毫米，
瓶壁外面到里面的距离，
一颗葡萄到一瓶好酒之间的距离。
不是每颗葡萄，
都有资格踏上这三毫米的旅程。
它必是葡萄园中的贵族；
占据区区几平方公里的沙砾土地；
坡地的方位像为它精心计量过，
刚好能迎上远道而来的季风。
它小时候，没遇到一场霜冻和冷雨；
旺盛的青春期，碰上了十几年最好的太阳；
临近成熟，没有雨水冲淡它酝酿已久的糖份；
甚至山雀也从未打它的主意。
摘了三十五年葡萄的老工人，
耐心地等到糖份和酸度完全平衡的一刻才把它摘下；
酒庄里最德高望重的酿酒师，
每个环节都要亲手控制，小心翼翼。
而现在，一切光环都被隔绝在外。
黑暗、潮湿的地窖里，
葡萄要完成最后三毫米的推进。
天堂并非遥不可及，
再走十年而已。

这则葡萄酒广告使人们在饮酒时有了充分的想象空间，把能够提供给消费者的葡萄酒的

品质享受与葡萄酒公司对产品充满敬畏的酿造过程完美地结合到一起。每一个步骤都是葡萄酒公司为酿造优异品质葡萄酒所作出的努力,用它们来树立葡萄酒的形象,既准确又充满想象的魅力。

3. 向消费者传递一种观念

中国时报　知识使你更有魅力

内文:你倾斜45度角看报的姿势有形而上学的的气息,从北爱和平协议,到基因复制,到圣婴现象,你关注世界的程度令人嫉妒,在超文本的网络社会,你是欲望的解放者,在混乱的现实中,你的言语带着拘谨的魅力,看你阅读时的专注让人恨不得变成文字,你觉得思考就是一种性感,而学习才是你永远青春的秘密。我爱你。

聪明人用知性保持致命的吸引力。资讯,聪明,优势 中国时报

这则广告抛弃了该报纸对于搜索信息、加工素材、精致编排的正面描写,而是通过对知识魅力展现的观念传递来吸引消费者的心理注意和认同。

向消费者传递观念,是树立独特、可区分的企业形象必须经过的创意道路。但要注意的是,企业所传递的观念与消费者形成的企业形象之间一定要有合理的关联度。

四、服务业文案创意的常规要点

服务产品是无形的、抽象的,它主要满足消费者的精神需求。比如旅游时人们要求满足自身的审美愉悦,出行时人们要求交通方便、乘坐舒适,去饭店就餐时人们要求口感舒适、环境幽雅、心情放松。没有哪一个行业如服务业这样直接地与消费者打交道,直接地把企业本身的各种情况暴露在消费者面前。因此,服务业广告创意要加倍地关注消费者心理,并注意得到消费者的认同。这里有两点供大家借鉴。

1. 让消费者出场

消费者希望在获得服务的过程中获得尊重和理解,因此在广告创意中,要把消费者的形象进行充分张扬。

在很多服务业的广告文案中,消费者都是以第二人称出现的,比如"您将享受到最细心的服务","您难道不动心吗"等,这些都体现了广告主对消费者充分的尊重和理解。

中国移动通信在2001年之后开始面临联通、网通、电信小灵通的全面竞争,为了争得用户,中国移动推出了一系列的广告。2003年移动的广告推广主题是"网络好,才更方便更省钱",强调中国移动有四通八达的通信网络,通联盲点少,这是移动的核心竞争力所在。无论是在电视广告片,还是在平面广告,或是户外广告中,移动广告的主角都是消费者。每一个广告都是一个微型情景剧,比如商人说好网络才能帮助自己获得更多的机会,年轻人说好网络才能帮助自己更好地与恋人沟通,遭遇海难的人说好网络能拯救生命。

这些消费者的形象都是被张扬的主题形象,在广告中他们是被服务的对象,也是被尊重和理解的对象。

2. 让消费者产生共鸣

为达到这一目标,首要的是对目标消费者进行科学定位,了解消费者特点,把握目标消费者独特的需求。

中国移动"动感地带"是以短信为主要服务项目的优惠活动。其目标消费者是15～25岁之间的年轻人。这些年轻人工资不高,消费依赖父母,他们追求时尚,社会责任感欠缺,

但自我认可度高。对于手机，他们不希望有过高的话费，但却喜欢通过短信相互追求刺激。

标题：亮出特权身份 就在动感地带

正文：只要一张动感地带SIM卡，特权身份就是我的。除了基本的通话功能，还拥有四大特权任我享用：话费节约权——多种动感资费套餐供应，让我放下话费包袱，轻松饱尝沟通乐趣；手机常新权——新我工具常有新款手机打包给我，旧的没去，新的已经来了；业务任选权——业务极大丰富，听的说的、看的玩的，都是我变着花样想要的；联盟优惠权——N多厂商与我联络，吃穿玩用都有特殊待遇，别人的地盘，正在变成我的地盘。我爱这特权，爱这里的东东特别全。"动感地带"（M-ZONE）——我的地盘，听我的！

第四节 以公益为信息内容的广告文案写作

一、公益广告概述

1. 公益广告的含义

公益广告是指为增进一般公众对突出的社会问题的了解，影响他们对这些问题的看法和态度，改变他们的行为和做法，从而促进社会问题的解决或缓解的广告形式。

公益广告是以公益事业为信息主体的广告形式，是为公众利益服务的。公益广告文案写作的主要目的是传播公益观念，促进社会精神文明建设。以公益事业为信息主体的广告文案所传播的主要信息包括：社会公德、环境保护、慈善救助、反对吸毒、禁烟、卫生、健康。公益广告信息是有关社会和公众利益的大众化信息，因此，公益广告的广告主与广告信息之间无商业性关系，而是责任、义务关系。公益广告往往以倡导或警示等方式，就某个具有普遍性的社会现象向公众传达积极的思想观念，引导公众对社会现实形成正确的认识，并采取积极的行动，共建美好理想社会。因此，公益广告文案应具有公益性、观念性和大众性的特点。

公益性是指目的上的公益性。公益广告的显著特点是公益性，它不仅是广告的一种类型，也是社会公益事业的重要组成部分。与商业广告相比，公益广告是为公众服务的广告，关注、表现的对象是人，以及人的思想和行为，在受众心中唤起的不是对商品的购买欲望，而是通过生动的形象引起美感，在审美体验中明辨是非。它所追求的是社会效益，为社会的文明进步作贡献。

公益广告的观念性是指内容上的观念性。公益广告的内容不是宣传产品、企业、服务，而是公益观念。公益广告一般是以"人"为核心，在爱国、爱民、爱己以及营造良好的社会环境和生态环境等方面传播公益信息。公益观念往往涉及社会公德、行为规范。

公益广告的大众性是指对象上的大众性。公益广告的诉求对象是广泛的社会公众。社会公众都有大体相同的社会基础，面对共同的生存环境，具有人类共同的生理需要和心理需要。诸如交通安全、防火防灾、环境保护等问题。

2. 公益广告的沿革

公益广告的历史，可以追溯到18世纪美国独立战争时代。美国独立运动的杰出领袖、《独立宣言》的起草者杰弗逊在独立战争前夕就创作了一则广告，呼吁北美13个英国殖民地联合起来争取独立。这则公益广告以被分割成几段的蛇身来比喻北美各自为政的殖民地区,广告词铿锵有力:"让我们联合起来,否则只有死亡。"

但是,直到第二次世界大战时期,公益广告在美国才真正作为一个独立的广告类别登上社会生活的舞台。1941年底,日本偷袭珍珠港后,罗斯福总统把李奥·贝纳等广告业的领袖们召到华盛顿,要求他们帮助政府说服美国民众做出必要的牺牲以使全国人民为赢得这场战争服务。1942年1月,广告联盟成立。第二次世界大战期间,美国广告界付出了1亿美元的广告捐赠,以帮助政府锻造全美国人民的心理意识,也使广告行业在战争时期证明了它的价值。

我国的公益广告事业起步较晚。改革开放以后,随着中国广告业的恢复,公益广告作为一种新型的宣传形式,越来越受到党、政府和社会各界的重视。政府规定,报刊和广播电视每年必须拿出一定比例的版面和时间免费刊播公益广告。从1996年至今,政府先后在全国范围内开展了"中华好风尚"、"自强创辉煌"、"下岗再就业"等大型主题公益广告活动。在抗击洪水、"非典"等突发性灾害的时候,公益广告都发挥了一定的作用。 公益广告是社会教育的一种重要方式。它的作用,主要是通过宣传教育来实现的。与新闻报道的客观中立不同,公益广告具有明显的倾向性,体现着鲜明的价值取向。例如,针对吸烟、酗酒等不良习惯,进行规劝和说服,使大家在心理上意识到这种行为对自身和他人的严重危害,从而在行动上自觉的约束自己。一般来说,公益广告常常发挥其道德评判功能,一方面提倡移风易俗,另一方面抨击社会的丑恶现象,具有明显的导向性。

保护动物的公益广告

文案:是先有鸟还是先有蛋,你不知道,我不知道,只有鸟知道;

是鸟先消失还是蛋先消失,你知道,我知道,只有鸟不知道。

二、公益广告的类型

公益广告传播的信息是大众化的公益观念,其难点是怎样让在日常生活中司空见惯、众所周知的现象,引起社会公众的重视或反省。因此,公益广告往往调动多种艺术形式,采用多种诉求方式,变换多种表达形式,有效地宣传公益观念,开展公益活动,其中,最主要的写作类型包括以下几种。

1. 直接倡导型

直接倡导型是目前公益广告文案中使用最多的一种写作策略,它是直接向公众传达有关思想观念的一种公益广告,例如保护森林的广告,直接倡导型公益广告一般是讴歌颂扬、政令宣导、启发阐述等。这类公益广告文案的优点是观点鲜明、直截了当、通俗明白。如"献血献爱心,血浓情更浓"。

2. 借助事件型

公益广告还可以通过具体的事件来表现某种观念。这类注重选择典型事件说理的写作策略,一般用于针对社会生活中发生的事物表达某种倾向,强调通过叙述具体事件,唤起人们对广告内容的注意,从而有效宣传广告所要表现的思想理念。例如,利用禽流感和非典这样的焦点事件进行宣传。利用事件的焦点效应,将事件行销和公益广告有机结合,使公益广告的传播达到事半功倍的效果。如果将公益话题和品牌结合起来,还可以使人们在关注热点事件的同时,自然而然地想到与这件事有关系的品牌。如保护树木类公益广告。

文案：1+1=2，一棵树+一棵树=一片树林

3. 形象蕴涵型

形象蕴涵型公益广告一般是以某种形象的事物作为广告内容的象征，公众通过广告中的形象来理解形象的象征意义，体会广告所表达的思想理念，从而实现广告的宣传目的。一般说来形象具体可感，有内涵，直观，吸引人。公益广告借助恰当的形象，能够让公众从形象中反复体会广告寓意，再三回味广告内涵。这一过程既是审美过程，也是广告宣传深入人心的一种独特有效的方式。如，渴望和平、反对战争类公益广告，文案：（借助润滑油形象）"多一些润滑，少一些摩擦"。

4. 以情动人型

广告文案中，无论说理、叙事还是塑造形象，都需要倾注感情。而以情动人型公益广告更注重以"人"为核心的价值取向，突出爱国之情、爱民之情。尤其注重向某一社会群体，诸如下岗工人、老人、儿童、残疾人等奉献爱心，体现社会对特殊群体的关怀之情，展示人间的真、善、美，例如艾滋病公益广告。

文案：风中之烛，AIDS

远离人群与社会的艾滋病人会更快地死去

趁您还来得及

请助他们一臂之力

您的时间使生命具有存在的价值

艾滋病并不会致死

贪婪和冷漠才会

5. 提出警示型

提出警示型是在公益广告中以忠告的方式郑重推出一个严肃的公益观念，提醒人们如果不停止某种行为或不产生某种行为可能造成的后果。这类广告比较适合以公众个体利益为主的公益题材，诸如保护环境、保护珍惜动物、节约资源、行为规范、文明秩序、公共卫生等。例如，节约用水、保护水资源的公益广告，文案：如果人类不从现在节约水源，保护环境，人类看到的最后一滴水将是自己的眼泪。

6. 讽刺批评型

讽刺批评型是以纪实或夸张手法，揭露不良现象，指出不良行为的危害性的公益广告。广告往往采用单刀直入、切中要害的方式提出批评，使受众受到强烈的震撼。用幽默、讽刺、小品等表现形式和手段，对社会中的不正之风提出批评意见，看起来似乎观点不鲜明，批评不尖锐，但所采用的形式恰好是公众所喜闻乐见的。如果公益广告能在公众乐于接受的形式中，蕴涵鲜明的倾向，传递批评的有关信息，那么传播的范围会更广，效果会更好。这种类型的公益广告也适合环境保护、个人行为规范等题材，如禁止吸毒广告。

文案：烟枪一支，未闻炮声震天，打得妻离子散；

锡纸一张，不见火光冲天，烧得家徒四壁。

三、公益广告文案的写作

由于公益广告自身的特点，使得公益广告的选题、创意和文案写作都有与商业广告的不同的主题。一般来说，公益广告的主题不外乎以下三个方面：①人与人之间的关系，例如，

尊老爱幼、诚实守信、希望工程、帮助残疾人等。②人与社会的关系，例如，无偿献血、打击毒品、遵守交通规则、踊跃当兵等。③人与自然的关系，如保护动物、植树造林、节约用水等。概括来说，公益广告的主题就是倡导科学发展观，致力于和谐社会的建设。

具体来说，公益广告的创作应该注意以下几点。

1. 较强的针对性

与商业广告相比，公益广告的受众范围要大得多。但是，这并不是说任何时候公益广告都是针对社会上每一个人的。广告都是针对某一目标群体所进行的，公益广告也都有其特定的目标消费者。如安全驾驶类公益广告，文案：司机一杯酒，亲人两行泪。主要针对的是驾驶车辆的司机群体。

2. 平等的视角

公益广告往往只能诉求看不见、摸不着的情感，劝说别人去付出，比商业广告难度更大。因此，不能做成政府文件、法令的传声筒，不能居高临下地板起面孔来说教。创作者应该让受众觉得你是他们之中的一员，理解他们的所思所想；是在用朋友之间谈心的方式，进行善意的规劝。如禁烟类公益广告，文案：为了你和家人的健康，请不要吸烟。

3. 站在对方的角度

让人动心，就要设身处地去了解他们的情感和想法。为此，公益广告创作之前，经常要进行大量的调查和访谈。台湾地区资深创意人吴世廷先生曾经策划过向患有心脏病的孩子捐款的公益广告。最初他想出的文案是"置她于死地"，觉得还蛮有冲击力的。后来访问患病女童的母亲，得知由于孩子有病，不能剧烈活动，加上手指头肿大，小朋友都把她当作怪物，不和她玩耍。家人也不敢跟她讲"死"字。听着母亲的诉说，吴先生感到心灵极大的震动。这种体验，使他从头开始，写出了全新的文案"帮帮我，我想活下去"。这则广告获得了巨大成功，共募集到750万新台币捐款，小女孩也因及时手术而恢复了健康。

4. 相关性

公益广告要达到说服的效果，必须让受众切身感到，这种情况正在或将会在自己的身边发生，与自己息息相关；要使受众站在别人的立场上考虑问题。如果不照公益广告所提倡的方式去做的话，不仅在心理上会有愧疚，有时不幸还可能会降临到自己头上。例如，英国卫生教育协会的一则公益广告，表现一个挺着大肚子的男人，左手撑着貌似酸痛的腰，右手抚摸着隆起的肚子，一脸疲惫、沮丧而又无奈的表情，不禁令人同情。简单而又出奇的标题更使人为之打动——"如果怀孕的是您，您应该更小心吧。"

5. 震撼力

公益广告所倡导的，一般都是众人皆知的道理。只有刺激人们麻木的心灵，才能引起他们的共鸣。没有这种震撼力，就无法激发受众的参与意识。优秀的公益广告常常使人看了以后觉得很难受，这就说明它打动人心了。例如，一则为联合国儿童基金会筹集"国际战火中的儿童"救援基金的广告：广告的标题是："不愿捐献者，请删去任何一格"。读者看了以后，自然就会注意每一幅照片，然后才发现这些在战火中煎熬的儿童是那么的可怜，一个也不忍心删除，进而觉得应该为他们慷慨解囊。

6. 用事实说话

公益广告如果一味地诉诸情感或发出口号，未必能说服公众，展示事实，让数据说话，会使公益广告更具说服力和震撼力。日本公益广告机构负责人室朋卫认为，"公益广告不触及个人感觉，而是要触动人性良知。要达到这个目的，公益广告首先必须有很强的信息性，既要想表达出什么，又要用简洁明确的广告词表现出来。"如表现保护树木的公益广告。

文案：一年栽下一棵树，一生留下一片林。

一棵树50年的生态价值高于20万美元，

一个人一生种下50棵树，他能创造出多少的生态价值？

树砍了，鸟飞了，岸毁了，沙来了，人走了……

恶性循环一次又一次，人类将走向？

7. 指出行动的方法

公益广告说的一般都是众所周知的道理，如果不能告诉目标受众应该怎样去做，再有震撼力的广告，人们看完以后仍然无所适从。就像有的公益广告呼吁人们把有机垃圾和无机垃圾分开放到垃圾桶里，可是并没有告诉受众应该如何区分两种垃圾一样。因此，公益广告不仅仅是宣传而已，要有具体行动的呼吁，有时还要有时间上的限定，才能成为产生实际效果的公益活动。如环保类公益广告。

文案：你栽一棵树，我栽一棵树，我们共同为地球添绿。

节约一滴水，地球更美丽。

爱护环境，就是关爱生命。

排放废水少一刻，小鱼欢乐多一刻。

带走生活垃圾，保护自然环境。

[思考与讨论]

1. 什么是产品文案写作？广告文案写作人员在写作产品文案时应该注意什么？
2. 什么是企业文案写作？广告文案写作人员在写作企业形象文案时应该注意什么？
3. 公益广告文案的指向普遍性与针对性怎么样去理解？

[实践与实训]

任务一：根据某一品牌不同时期的广告文案，探讨品牌成长在文案中的体现。

任务二：根据目前的"绿色GDP"创作公益文案，题目不限。

第十一章 不同行业内容的文案写作

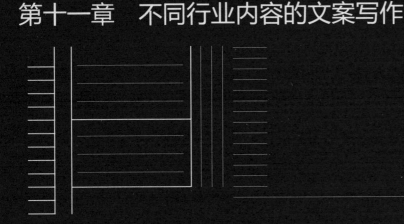

知识要求：掌握药品文案、金融文案等基本内涵与特点；掌握房地产文案、零售业文案等发展方向。

技能要求：区别药品文案、零售业文案等与其他文案的不同点；了解金融文案、化妆品文案的基本写法与注意事项；学会写作不同行业内容的广告文案。

开篇案例

阳光城市

建筑，以自然为导师

阳光城市/四季恋歌　读懂四季的人才能读懂生活的艺术

人文　阳光会所，全天候开开放的无时限开心地带

园林　窗含/春绿秋黄，用一扇窗典藏四季无限风光

第一节　药品和保健品行业的广告文案

药品作为一种特殊商品，它涉及人们的身体健康和生命安全，消费者往往表现出理智而非冲动性的购买行为。但由于药品在消费过程中表现出较强的专业性，多数消费者并不具备相应的药理知识和鉴别能力，因此，消费者在药品的消费过程中常处于一种弱势，在药品信息的接受上处于被动。因此，除了专家建议和自身体验之外，广告实际上担当了让人们了解药品并影响人们购买行为的重要角色。

一、药品业广告文案的特点

药品行业的性质和有关药品广告的法律法规决定了药品业广告文案的特点,它具体表现在以下几个方面。

1. 强烈的严肃性、真实性、可靠性和科学性

作为一种特殊商品,药品与人们的生命、健康有着非常密切的关系,因此,药品广告具有向消费者提供真实、可靠、科学性强的信息的责任。正因为如此,药品广告才具有不同于其他商品广告的严肃性、真实性、可靠性和科学性,对广告文案语言运用方面的严谨性、准确性的要求超越了其他商品广告。

药品的严肃性、特殊性的特点,使大多数药品广告文案以药品的有效性、安全性和使用方法等为诉求点。一般药品的广告文案应采用以理性诉求为主的方式表达,同时,药品广告文案应注重创作的客观、严谨、富有人情味,能让受众感受关怀和体贴。

艾斯能(重酒石酸卡巴拉汀)双重抑制胆碱酯酶,全面改善痴呆症状ABC

① 改善日常生活能力A。
② 减轻精神行为症状B。
③ 改善记忆和认知功能C。
④ 对各期病人均有疗效。
⑤ 双重抑制胆碱酯酶。
⑥ 不经P450酶代谢,药物合用安全。

广告语:改善的不仅是记忆。

药品广告具有严格的法律法规的制约性,因此在写作广告文案时需考虑到相关法律法规的要求,不能越雷池半步。我国目前出台的对药品管理的法律法规较多,《中华人民共和国广告法》对此有严格的规定。其中第十四条至第十七条有如下规定。

第十四条 药品、医疗器械广告不得有下列内容:
① 含有不科学的表示功效的断言或者保证的;
② 说明治愈率或者有效率的;
③ 与其他药品、医疗器械的功效和安全性比较的;
④ 利用医药科研单位、学术机构、医疗机构或者专家、医生、患者的名义和形象作证明的;
⑤ 法律、行政法规规定禁止的其他内容。

第十五条 药品广告的内容必须以国务院卫生行政部门或者省、自治区、直辖市卫生行政部门批准的说明书为准。

国家规定的应当在医生指导下使用的治疗性药品广告中,必须注明"按医生处方购买和使用"。

第十六条 麻醉药品、精神药品、毒性药品、放射性药品等特殊药品,不得做广告。

第十七条 农药广告不得有下列内容:
① 使用无毒、无害等表示安全性的绝对化断言的;
② 含有不科学的表示功效的断言或者保证的;
③ 含有违反农药安全使用规程的文字、语言或者画面的;

④ 法律、行政法规规定禁止的其他内容。

在《药品广告管理办法》中也对广告文案的内容有一些规定。

第十六条　药品广告不得含有下列内容和表现形式：

① 有淫秽、迷信、荒诞语言、文字、画面的；

② 贬低同类产品或与其他药品进行功效和安全性对比评价的；

③ 违反科学规律，表明或暗示包治百病的；

④ 有"疗效最佳"、"药到病除"、"根治"、"安全预防"、"完全无副作用"等断言或隐含保证的；

⑤ 有"最高技术"、"最高科学"、"最进步制法"、"药之王"等断言的；

⑥ 说明治愈率或有效率的；

⑦ 利用医药科技单位、学术机构、医院或儿童、医生、患者的名义和形象作为广告内容的；

⑧ 专用于治疗性功能障碍的；

⑨ 标明获奖内容的。

　　除此之外，还有许多对药品广告的管理要求，在此不一一列举。针对药品广告的严格要求，以及药品消费的特殊性，即人们消费药品时是为了治疗疾病获取健康，因此药品广告文案的写作策略与重点应考虑：强调药品的功能与效果，把功能与效果信息作为基本诉求点。

　　消费者对药品的需求往往基于实用的目的，因此他们会非常关注药品的功能与效果等实在的信息，广告文案中传达这样的信息，也有助于消费者正确地使用该产品，避免某些意外的发生。针对消费者的特殊心理，强调药品的安全性，可以通过传达客观真实的信息达到此目的。例如有关产品的成分等信息的传达。药品不是一般的产品，与人的生命、健康联系非常紧密。因此强调产品实用的安全性就对消费者有较大的说服力。

　　为了帮助消费者建立对品牌的信任度，可以在文案写作中传达有关品牌形象的信息，与消费者进行有效沟通。企业形象对消费者的影响力也较大，因此文案传达与企业形象有密切关系的信赖感与诚实感也是行之有效的。对于某些特殊的药品，例如治疗痔疮的药，可以采用较委婉的手法进行表达。在药品广告文案写作中，传达产品信息时要注意语言的严谨与科学。

2. 更加注重疗效和安全性的理性诉求

由于药品的行业特殊性，多数药品广告都以其疗效、安全性、功用等为主要诉求点。由于药品管理法明确规定："不得利用国家机关、医药科研单位、学术机构或者专家、学者、医师、患者的名义和形象作证明。"因此，药品广告多以消费者证言的形式表现，起到现身说法的宣传效果。例如，益生堂三蛇胆胶囊的"电梯篇"电视广告文案。

　　旁白：上火了，体内火毒滋生，暗疮、粉刺说长就长；

　　牙痛、喉痛，忍无可忍；口疮、口臭，防不胜防。

　　益生堂三绝胆，高故祛除体内火毒。

　　女：清火解毒，我有益生堂三蛇胆。

　　旁白、字幕：珍贵三蛇胆，源自益生堂。

3. 定位更准确，诉求更单一

世界上从来就没有所谓的"包治百病的灵丹妙药"，每一种药都有其特有的功效和相应的适应症，因此，药品广告在进行广告创意时定位要比较准确。一种药可能会同时具备若干种功能，但在实际进行广告宣传时往往只是重点突出一种，从中提炼出一个最核心的诉求点，也就是单一诉求。很多成功的药品广告文案虽只有寥寥数语，却能给消费者留下深刻印象。比如，开瑞坦 适应症：过敏性鼻炎 推广语：过敏一粒就舒坦；百优解 主治抑郁症，激活内在动力，恒速释放，全天有效；"治颈椎病，选颈复康"等。

二、药品业广告文案的写作要求

作为一种特殊用途的商品，药品与人们的健康、生命密切相关，无论是药品生产者，还是创作药品广告的广告公司都应该对此有清楚的了解。药品企业在创作广告文案时一定要明确：广告并不单纯是为了推销产品，更重要的是为消费者提供健康咨询和健康指导。通过对药品使用价值、延伸价值以及附加价值的宣传，让消费者认知和接受该产品，并通过满足消费者的健康心理需要，实现产品的销售。为了达到这个目的，药品广告文案一般应符合以下要求。

1. 要以承诺赢得消费者信任

前面讲过，要尽可能多地向消费者宣传产品的好处，但是好处再多，也不如一句承诺管用。当消费者在购买过程中犹豫不决时，就应该抓住这个时机对消费者做出相关承诺，以赢得他们的信任。在先前的药品广告中，脑白金对中老年人的承诺是：婴儿般的睡眠，肠道好；百消丹的承诺是：漂漂亮亮做女人，健健康康百消丹；排毒养颜胶囊的承诺是：排出毒素，一身轻松。这些药品广告的承诺都各有特色。因此，要求药品广告大力提倡承诺，有承诺才会让消费者放心，才能赢得消费者的好感，尽管这种承诺暂时还没有兑现。

2. 要重视"试用"的魔力

做广告就是针对消费者的利益需求千方百计地、尽可能多地向消费者传达广告信息，努力影响消费者的购买决策。但很多时候，你费尽口舌，也比不上"试用"两个字的魔力大。在创作药品广告文案时，也可以加一些"试用"的字眼在里面。只要消费者试用，就有可能因为有效而继续购买。这种"试用"的方法在很多广告中都屡试不爽。如某产品新上市，免费赠送1000人；某药品寻找1000名病患者等，诸如此类叫人"试用"的广告，实际证明了效果都非常好。所以，在药品广告中，不妨让消费者"试用"一下！"试用"的魅力在于可以消除消费者的疑虑，激起其购买欲望，促使其产生购买行为。

总之，药品自身的特殊性决定了其广告的特殊性，无论是药品生产者，还是创作药品广告的广告公司都应该清楚地认识到：一般消费者对于药品较少兴趣，也不了解，缺乏判断其安全性的能力，不敢随意购买和使用。因此，药品广告要尽可能地向消费者提供真实、准确、科学的信息。

第二节　金融行业的广告文案

一、金融广告文案的含义

金融广告是金融企业为实现其经营和管理职能向社会、企业及个人，通过各种媒体传播金融信息的手段。它可以扩大金融业务，提高金融企业的知名度。因此，培育金融企业文化，树立良好的企业形象，必须学会掌握和运用金融广告艺术。

金融广告是金融宣传的重要手段之一，与其他宣传手段相比，主要特点是以支付费用为条件，换取宣传媒体的部分时间（如电视播放时间）或空间（如报刊的版面、路牌的面积、地段等），以便能主动地按照自己的意图作出适时适量的宣传。相比之下，其他宣传手段，如新闻报道等，只可能按照宣传媒体的主管单位的意图行事，金融企业只是接受采访或投送稿件以供选用，不可能像广告那样有权决定宣传的意图、方式、时间等。金融广告绝大部分是宣传金融业务内容的，有的是宣传金融企业的知名度、美誉度，也有的广告是宣传金融商品。金融广告的创作、制作总是以改进服务，促进金融业务发展为导向的。

二、金融广告文案的发展阶段

从国外金融企业运用广告工具的情况来看，由于金融企业自身的形象和业务发展特点，所采取的广告策略在不同时期也有所不同，大体可分为三个阶段。

1. 以宣传企业声誉，强调实力为主的阶段

在早期的欧美国家，银行、证券和保险公司的形象并不十分好，银行经营不善而倒闭的现象时有发生。因此，这一阶段，金融企业的广告宣传以银行的名字为基础，强调金融企业的实力，以在客户心目中输入"能得到安全的保证"的印象。

2. 以宣传金融产品和服务项目为主要内容的阶段

由于金融企业在提供的金融产品和服务范围上差别不大，金融产品往往难以形成品牌，客户难以区分各家金融企业服务质量，从而无法区分各家企业的特色。随着20世纪70年代西方金融界的金融创新，金融企业为争夺竞争优势，纷纷开发新的金融产品，推出新服务项目，因此，第二阶段金融广告内容和活动倾向于宣传金融企业提供的新的、重要的或优势的服务项目。它的基本诀窍是以提供某种专有的服务项目作为区分某一金融企业与其他金融企业的标志。

3. 以宣传金融企业整体形象为主要内容的阶段

经过上述两个阶段以后，金融企业向公众作广告宣传目的应该是为了向社会推出一个强有力的、全能的和能够提供各种服务项目的企业形象，而上面两类广告内容和方式并不能为金融企业创造出全新的形象。因此，许多金融企业改变了广告策略，通过广告，主要是为了树立企业形象，使企业更富有人情味，使客户更加信任企业。

三、金融广告的作用

金融广告的任务是指通过在金融广告活动中树立竞争观念和服务观念达到广告的目的，其含义包括两方面。一是通过金融组织形象信息的宣传，让人们来认识金融、理解金融、支持金融，创造良好的金融环境；二是通过金融业务信息的宣传，为社会提供金融服务，使消费者参与金融，创造效益，推动经济运行和发展。它的作用体现在以下几个方面。

1. 金融广告有利于塑造金融形象，提高金融声誉

在当前多家金融机构并存、竞争日趋激烈时期，金融形象、信誉的好坏无疑是决定企业竞争力的关键。金融广告传播的导向首先表现在塑造金融形象，建立金融信誉上。金融机构的决策层、公关及广告专业人员通过统一规划，制定策略，有计划、有步骤运用各种传播手段对金融形象、金融信誉进行全方位、有效地宣传。

2. 金融广告有利于传播金融信息，增进经济效益

传播金融信息，增进经济效益是金融广告传播的基本导向。金融机构在金融活动中，要把大量的金融组织信息、金融业务信息及金融商品信息及时告知社会，从而使大众认识、参与、支持金融，而广告无疑有助于这一点。人们通过报纸、杂志、宣传系列活动等传播方式，能够了解金融业务和金融商品，接受金融服务。从国家来看，金融广告宣传的内容代表国家的金融政策、原则和法规，指导人们的金融行为，为国家宏观经济服务；从金融机构本身来看，金融广告宣传不管是开办的金融业务还是本身的资金实力、服务情况，其出发点都为自身经济效益。如此看来，金融广告显然会给金融机构带来经济效益，如居民手中的钱，到底是选择储蓄、债券还是股票，很大程度取决于金融广告的介绍。

3. 金融广告有利于改变人们的观念，推进社会进步

金融广告不仅能促进金融业务的发展，促使各方获得经济效益，而且还能影响和改变人们的思想观念，增强金融意识，推进社会进步。如最初人们喜欢把现金存放在家里，藏在角角落落，后来选择存银行，到现在有计划、有选择地挑选合适的理财方式，这都是金融广告长期宣传的效果。

四、金融广告的种类

金融广告有多种类型，且不同的标准可将金融广告分为不同的类型。一般来讲，金融广告有以下分类。

1. 以客户来区分金融广告

以此标准可将金融广告分为两种：一种是针对现有客户的广告；另一种是针对潜在的或未来的客户的广告。

2. 以企业目标来区分金融广告

以此为标准可将广告分为长期目标和短期目标两种。为长期目标服务的广告是以企业形象为主；为短期目标服务的广告是以产品为主。企业形象广告又可分为两个方面：一方面是把企业形象作为一个整体来宣传，使客户在心目中对企业产生深刻印象，并相信企业能为其提供最佳服务。另一方面是在宣传企业提供的产品或服务时，将重点放在提高企业的声誉上。金融产品广告的目标主要是让公众熟悉企业的名称，同时向公众宣传企业所提供的产品和服务。

满足金融服务业需要的主要广告类型是机构广告和标志广告。不论采取何种形式，都需要考虑以下问题。

（1）费用　在金融服务营销中（如同任何其他行业一样），广告不是一个简单的信息传播或通过刺激性的行为来传播信息的问题，它必须将广告传播的费用和给金融机构带来的利益联系起来。

（2）目标受众　为了劝导某一特定群体，去购买一种产品或服务，就需要确定这个群体的类型，确定他们的动机、性格、偏好和他们在家庭财务问题上的权威等内容。通常认为，将广告与目标受众联系起来的能力非常重要。

（3）信息　确定目标受众后的下一步要求就是要求广告内容必须能够产生期望的反应。金融机构最常见的公式化信息内容是理性建议，直接向那些理性的目标受众建议，以此展示产品和服务所能产生的预期功能性。随着金融广告在各种媒体的频繁出现和金融机构利用媒体的频率的提高，金融产品的广告效应越来越显现出来，从而对广大的金融消费者的诱导作用也日趋明显。

五、金融广告创作中应注意的问题

由于金融企业所提供的产品大多属于服务性的产品，具有无形性等特点。服务是行为，而非物体，是抽象的。金融企业所提供的产品类似程度很高，客户从金融企业那里希望得到的不仅是忠告，还包括安全和理解，因此金融企业广告促销的重点要放在激发顾客的欲望，使之信任企业；要注重宣传本企业的新产品和新服务，以此来突出本企业的特点和优势；强调企业的形象，以赢得更高的信誉。为此金融企业的广告要把握以下几个要点。

1. 确定金融广告的战略定位，塑造金融企业的整体形象

充分掌握市场环境的资料，并能迅速作出判断和评价；具有切实可行的金融企业的总体广告目标，成为制订金融广告计划的依据。测算出实施广告战略的时间长短、投资多少，对自身和社会的经济效益，协调与用户之间的利益关系。这种金融广告的战略定位，目的是为了在社会公众心目中树立金融企业的良好形象，如中国工商银行的广告语：八十年叶茂根深，造福于国计民生。其目的就是为了树立企业的整体形象。

2. 金融广告要根据金融工作性质和金融宣传的特点讲求广告宣传的技巧性

金融广告宣传要讲究效益问题，要效益就要讲究广告的宣传技巧性，一般可以从以下几方面来选择宣传技巧：①抓住人们关心的热点、疑点和难点，从满足人们的需求出发；②每个时期都有这个时期的重点宣传内容，即一个宣传中心，其他的宣传都为强化这一中心服务，因此金融广告宣传时要注意强化中心，集中宣传；③金融广告宣传既可以从正面也可以从侧面进行宣传；④在金融广告宣传中，要针对客体的不同，因人而异，有的放矢。

3. 金融广告要注意方式的多样化，善于运用多种广告媒体

金融广告的主题不外乎金融组织的观念、实力、业务、声誉和形象，但方式是多种多样的。一个成功的金融广告在很大程度上取决于对媒体的选择。随着科学技术的进步和经济的发展，传播广告信息的媒体和形式越来越多。如报纸、杂志、POP等印刷媒体，广播、电影、电视、网络等电子媒体，路牌、灯箱、交通工具等户外媒体，以及商品陈列、橱窗展示、门面装演等展示媒体，这些媒体各有其特点和功能，金融企业要根据广告目的结合实际进行选用。

4. 金融广告要综合运用艺术手段，讲究广告的艺术性

金融广告艺术可从多方面探讨，如广告的语言艺术、文字应用艺术、构图艺术、色彩艺术等，但总的来说就是要有特色，反映自己的东西，同时要给人以美感，留下深刻的印象。

(1) 使用明确而不含混的信息　金融广告的最大难题在于要用简单的文字和图形，传达所提供的产品的领域、深度、质量和水准，有些金融产品广告，可以使用图像或符号来协助传递广告信息，但有些产品如银行的投资理财产品则必须给予详尽的解释。但这样做，则很可能会造成信息冗长啰嗦而干扰广告的效果。因此，必须注意运用简明精练的言辞、图像，贴切地把握金融产品内涵的丰富性和多样性。

(2) 强调利益　能引起注意的有影响力的广告，应当强调顾客购买使用产品所得到的利益而不是强调一些技术性细节。强调利益才与满足顾客需要有关。当然，所强调的利益应与顾客寻求的利益一致。为此，广告中所使用的利益诉求，必须建立在充分明确了解顾客需要的基础上，以确保广告的最有利的效果。

（3）注意诚信　金融企业所提出的允诺应当务实。金融企业必须实现广告中的诺言，才能取信于顾客。但由于金融业服务性成分很高，其服务表现往往会因服务递送者的不同而有差异，因此金融业有必要使用一种可以确保服务一致的标准方法。

（4）解决购买后的疑虑　作为消费者，经常都会对购买行为的合理性产生事后的疑虑。对于实体产品，消费可通过对实物客观的评估解除疑虑，但对于服务性产品则不能如此。因此，在金融营销中，必须在对消费者保证其购买选择的合理性方面下更多的工夫，并且应该鼓励消费者将服务购买和使用后的利益，转告给其他人，广告是为达到此目的的一种重要手段。

第三节　食品行业的广告文案

一、食品与食品行业

依据《广告审查标准》，食品包括：各种供人们食用或饮用的成品和原料，但并不包括以治疗为目的的药品。由此可见，食品业包括我们通常所说的食品行业和饮料行业。随着人们生活水平的提高，现代人一成不变的饮食习惯发生改变，开始向多样化和复杂化的方向发展，它主要表现有如下特点。①节约时间，各种各样的速食食品的兴起，这符合活动繁忙的现代人的生活方式；②多样化，欧美风味、东南亚风味、日本风味，消费者可以按照时间、地点、场合加以选择；③天然食品需求，在化学肥料已被称为公害的今天，消费者对天然食品的需求倾向日益明显。

在新型食品兴起的同时，食品广告在写作和表现上也各不相同，其中的关键是如何有效传播有关产品特征的信息。食品广告文案在这样的基础上进行写作，符合更愉快、更具时尚性的饮食生活方式，同时也体现出产品的亲切感和依赖感。

标题：月光下的收成

正文：无论日间或夜晚，绿巨人豌豆都在转瞬间选妥，风味绝佳……

从产地至装罐不超过3小时。

这是由美国广告大师李奥·贝纳为"绿巨人公司"所撰的广告。广告画面展现的是一轮明月之下收获、罐装豌豆的情景。李奥·贝纳说："如果用'新鲜罐装'作标题是非常容易说的，但是用'月光下的收成'则兼具新闻的价值与浪漫的气氛，并且包含着某种温馨的关切，这在广告作品中是难得一见的妙句。"

针对目前人们在饮食方式和生活方式上出现的以上趋势，食品业广告应该在挖掘产品的方便性、及时性、多样化、绿色概念、保健价值等方面下工夫，其广告文案主要表现出以下特色。

1. 以食品的品质保证为基本诉求点

消费者对食品最根本也是最重要的要求就是品质，因此，食品广告文案应充分体现产品的品质特征，将产品的新鲜、卫生、方便等作为广告的基本诉求点。如光明牛奶"百分百好牛奶篇"的电视广告文案："到底光明的牛是怎样选出来的呢？测体能、看外形、称体重、查视力、考智力。百分百好牛，出百分百好牛奶。好牛好奶100%。不努力成不了光明的牛。"该广告的诉求点就放在了"好牛出好奶"这一品质保证上，围绕这一点进行广告表现，从而对光明牛奶的品质进行了形象生动的阐释。

2. 诉诸食欲，突出口味多样性

在食品广告中，突出食品的色、香、味俱全，可以满足消费者的感官需求，刺激消费者的饮食欲望。如康师傅香辣牛肉面"川剧变脸篇"电视广告文案："平时演出总是很忙，吃方便面那是经常的事。我总选择康师傅香辣牛肉面。哎呀，那份痛快的辣呀，就跟四川老家的一样。筋斗的面条，香浓的味道，令人回味无穷。还有不同的辣味选择，喂，都是同样精彩。香喷喷，火辣辣，康师傅香辣牛肉面。"

3. 强调食品的天然、健康因素

在食品广告中，要重点强调食品低糖、低热、低脂等天然、健康因素，从而满足消费者对天然、绿色概念食品的需求。例如，伊利牛奶广告，根据其牛奶产地的草原特征，提出"天然牧场"的概念，整个文案都围绕这一概念进行创作。

4. 赋予食品以独特性

在食品广告中，要充分体现食品中所包含的情感因素及附着的文化、时尚概念，赋予食品以独特性。例如，黑松汽水"灵药篇"系列平面广告文案。

爱情灵药

温柔心一颗，倾听二钱，敬重三分，

谅解四味，不生气五两，以汽水服送之，不分次数，多多益善。

广告语：用心让明天更新。

工作灵药

热心一片，谦虚二钱，努力三分，学习四味，

沟通五两，以汽水服送，遇困境加倍用之。

广告语：用心让明天更新。不拘时候，老少皆宜。

5. 体现出企业强烈的责任感和关爱

健康卫生、责任感强、关爱消费者的企业，能使消费者产生依赖感和信任感。例如，台湾统一企业的广告《母亲节篇》广告文案。

只要真心付出，就是最大的快乐！

用妈妈的爱和关心，连接屋檐下的每一颗心，爱自己的家，也爱天空下的每一个家，让妈妈的笑容更加灿烂。统一企业提醒您，真心付出，把爱分享。

二、食品业广告文案的表现方法

奥格威曾对食品广告提出了如下建议：要以"食欲"为诉求中心来创作食品广告；如果可能，就在广告中提供一些菜谱或者食用方法，家庭主妇总是在寻找新的烹调方法来调剂家人的饮食；不要把烹调方法写进广告的正文里，要把它独立出来，要突出、引人注目；要严肃，不要用幽默和幻想，不要耍小聪明，对绝大部分家庭主妇来说，操持家人膳食是一件很严肃的事情；示范如何使用你的新产品；只要不牵强就用自问自答的方法；只要可能，就拿出新闻来。这些建议在今天依然有效。

1. 唤起饮食欲望

食品，最基本的功能就是充饥，这也是人们创造食品的最原始目的。因此，表现"食欲"向来都是食品广告的诉求重点。如何能把"食欲"表现得富有创意和趣味，一直是食品广告创作人员努力的方向。下面是一个以唤起"食欲"为诉求中心的广告文案。

草帽比萨电视广告文案

画外音：

让我们开始这则广告。首先请闭上眼睛。现在想像一下一张美味无比的比萨馅饼带给你的快感。那是草帽比萨饼，这么浓郁的芳香，这么甜软的……，上面是益着一层鲜鲜的……这么鲜美……现在……请睁大眼睛。嘿！你梦见的草帽比萨。

你能想象的最美味的比萨——草帽比萨。这则广告充分利用了电视画面生动的表现力，加上富有挑逗性的文案语充分刺激了观众的其他感官，唤起了他们对美味比萨的"食欲"。

2. 强调健康安全

如今，随着人们生活水平的提高，人们的饮食方式和生活方式都发生了很大变化，现代人越来越注重食品的营养、保健、安全和美味，因此健康安全便成了现代食品广告的诉求主题。近几年来，"绿色食品"成了消费者追求的食品消费新时尚，反映在食品广告中，便是对"天然"、"绿色"、"环保"、"安全"等的强调，这实际上是健康主题的外延。如家乐氏全麦维系列广告文案。

1. 米饭篇

（画面：一碗家乐氏全麦维与十碗米饭）

文案：家乐氏全麦维早餐带给你意想不到的发现

2. 面条篇

（画面：一碗家乐氏全麦维与一碗面条，绕来绕去的面条占据了平面广告的绝大部分空间）

文案：不可思议，一碗家乐氏全麦维，比八公斤面条的纤维摄取量还多

3. 芹菜篇

（画面：一碗家乐氏全麦维与七根芹菜）

文案：不可思议，一碗家乐氏全麦维，比七根芹菜的纤维摄取量还多

4. 吐司篇

（画面：一碗家乐氏全麦维与九片吐司）

文案：不可思议，一碗家乐氏全麦维，相当于九片吐司的纤维摄取量

上述广告用对比的方法突出了家乐氏全麦维的纤维摄取量。

3. 体现人文关怀

如今，消费者在对众多同质化食品进行选择购买的过程中，融入了自己的情感因素，因此食品广告要充分体现浓厚的人文关怀，赋予产品个性化的魅力。例如，某月饼广告文案。

"中秋之月"：曾几何时人们已不再把吃月饼当作解馋的享受。

然而，它像临近十五的月亮那样，召唤背井离乡的儿女，

催促久别思念的亲人。

金秋月下尝一口，团圆桌上献一盒，

甜了人心，亲了人意。

这篇广告文案中并没有体现出绿色、健康、安全、美味、营养等主题，而是着力表现了亲人久别的思念以及渴望团聚的心理，真情流露，情真意切，符合中国人传统节日盼团圆的文化心理。

4. 体现流行时尚

对于食品业的饮料行业来说，其产品的基本功能和原始目的就是"解渴"。但随着人们饮食习惯的改变，人们关心更多的则是饮料的营养和健康功能，更注重在饮料中所体现的文

化内涵、流行时尚以及环保意识。因此，一般来讲，运动性饮料广告除了强调解渴外，还应体现补充能量、增强活力和流行时尚等。例如，七喜广告文案。

正文：比可乐更胜一筹。新鲜、纯净、爽口。

不含过多的糖分，饮后没有异味。

具有可乐的一切优点，并比它们更多。

七喜，非可乐，唯一的非可乐。

广告语：新的生活时尚的倡导者。

七喜汽水在刚上市时定位于"非可乐"，希望消费者能像注意可乐一样注意七喜这一非可乐饮料。该广告文案除了突出"非可乐"这一定位外，还表现出现代饮料应该具有的时尚、独特、自信的风格。此类的范例还有黑松天霖水电视广告文案。

字幕：挑逗的水（画面为香水）；

游戏的水（画面为游泳池中的水）；

补充的水（画面为输液的液体）；

冒险的水（画面为托着小船的海水）；

成长的水（画面为奶瓶中的奶）；

这是无可替代的水，满足人类基本需要。

广告语：发现一瓶好水，黑松天霖水。

黑松饮料的广告一直以来都很受消费者的欢迎。作为饮用纯净水的黑松天霖水，其目标消费群体为年轻人。因此，其广告采用了非常时尚且具有个性化的诉求方式，以突显自己的品牌特性。

总的来说，食品广告文案应尽量采用感性的诉求方式（当然有些产品以理性诉求为宜），表现一种健康、安全、营养、快乐又富有生活气息的气氛，文案应配合广告画面，充分调动消费者的各种感官和想象力。但应注意的是，在健康、安全、营养、快乐、富有生活气息的基调上，不同类型的食品应有不同的诉求方向。如快餐食品，除了强调其方便性、快捷性，还应该通过对美味的诉求刺激消费者的食欲；零食的目标消费群体主要是年轻人，除了突出美味外，还应该表现其产品的个性和时尚；而对于主要由家庭主妇选择的食品，经济实惠是原有魅力的诉求点；对于新产品应尽量向消费者介绍产品的配方、制作过程以及食用方法等，以建立消费者对产品的信心。

第四节　化妆品行业的广告文案

一、化妆品和化妆品广告

化妆品广告，是指通过各种媒介或形式发布的以涂、擦、喷、洒或者其他类似的方法，散布于人体表面任何部位（皮肤、毛发、指甲、口唇等），以达到清洁、消除不良气味、护肤、美容和修饰目的的日用化学工业产品的广告。以及用于养发、染发、烫发、脱毛、美乳、健美、除臭、祛斑、防晒等有特殊用途的化妆品的广告。

香水和化妆品广告的创意范畴虽然很广泛，但也不是什么都可以出现在广告中。作为设计人，应清楚什么内容可以出现在广告中，什么样的内容不允许出现在广告中。

根据我国的《广告法》规定，以下情况不得出现在广告中。

① 化妆品名称、制法、成分、效用或者性能有虚假夸大的。
② 使用他人名义保证或者以暗示方法使人误解其效用的。
③ 宣传医疗作用或者使用医疗术语的。
④ 有贬低同类产品内容的。
⑤ 使用最新创造、最新发明、纯天然制品、无副作用等绝对化语言的。
⑥ 有涉及化妆品性能或者功能、销量等方面的数据的。
⑦ 违反其他法律、法规规定的。

在《广告法》中，我国对发布香水化妆品广告也有一定的要求。具体如下。

① 广告客户对可能引起不良反应的化妆品，应当在广告中注明使用方法、注意事项。
② 广告经营者承办或代理化物品广告，应当查验证明，审查广告内容。对不符合规定的，不得承办或者代理。
③ 出现下列情况之一时，工商行政管理机关可以责令广告客户或者广告经营者停止发布广告：

  a. 化妆品引起严重的皮肤过敏反应或者给消费者造成严重人身伤害等事故的。
  b. 化妆品质量下降而未达到规定标准的。营业执照、《化妆品生产企业卫生许可证》或者《化妆品生产许可证》被吊销的。

二、化妆品广告竞争艺术

据有关资料表明，目前我国化妆品市场只有40个亿的消费量，却生产了60个亿的产品，加上几十个系列、数百个品种的外国名牌化妆品正进入中国市场，使得化妆品市场硝烟弥漫、杀机四伏。然而优胜劣汰是市场规律，准备在化妆品大战中取胜的企业，必须善用广告这个商战的"利器"，千方百计地塑造产品个性，找出一个说服消费者购买的理由。

化妆品广告竞争手法多彩多姿，重要的是在观念诉求上寻求突破口。化妆品广告诉求不能停留在产品功能成分的单纯诉求上，唯有站在消费者的立场上，研究消费者的心理欲求，敏锐地把握消费者的心态和欲求，开创、强化某种独特的品牌形象，与现代人们的价值观、心态、欲望、生活方式相吻合，才能赢得消费者的芳心，成为化妆品行业的赢家。

1. 创造充满个性的名称

为化妆品取一个新奇、贴切的名字，营造一种适合于产品的明晰的意境，可以说是广告登龙术的第一步，一把通往世界流行宫殿的钥匙。

世界上许多名牌化妆品都有美丽动人的名字，如"雅芳"、"妮维雅"、"兰蔻"、等。国内化妆品的名称也千姿百态，令人赏心悦目，如"大宝"、"美加净"、"六神"等。这些名称抓住女性温柔细腻浪漫多情的外形与心理特质，全力营造一种梦幻诗意的意境，诱发女性浪漫美丽的想象，使其看到品牌名称就已接受了产品。

2. 确定明确的诉求对象

应明确产品的诉求对象是男还是女，是青春少女还是中年妇女。在此基础上。要树立产品独特的单一的概念，不能既嫩肤，又去皱，还去斑，可能还增白，使消费者无法区分品牌之间的差异。

化妆品广告要根据消费者的不同需求和心理特点，进行有针对性的诉求，采取不同的方式及语言，达到有的放矢的目的。

3. 追求明星般魅力的认同心理

化妆品广告多以明星代言现身说法，来为自己的产品增光。影星名模的气质与形象成为美的代表与化身，令消费者产生认同心理。

爱美是女人的天性，无论时代怎样变化，没有变化的是女人永远追求美丽。"白晰娇嫩的肌肤"、"樱唇"、"苗条的身段"、"如瀑布般披泻的头发"……永远是女人追求的目标。爱与被爱是人类的基本需要，女性打扮的一个重要原因是为了获得爱。基于这个原理，化妆品广告竞争诉求要从消费者的心理需求决定，而不以产品本身为依据。如"美肌精"平面广告文案。

广告语：名门闺秀 充满魅力的女人

标题：美肌的哲学

正文：如果，你是一位追求美丽的女人 那么，肌肤之美，将成就你的梦想。

名门闺秀美肌精，蕴涵神奇的大自然能量，

银杏、珍珠、灵芝、红景天……精华凝聚，

为肌肤注入鲜活能量源，每一滴，都蕴藏着肌肤的至爱。

肌肤细胞从此变得鲜活、充盈，富有青春生命力！

让肌肤远离衰老、晦暗、细纹、松弛等问题的困扰，

在一天天的改变中，肌肤日臻完美。

你，越来越美！

4. 显示女性独立自主的个性

随着时代的变迁，现代女性需要面对生活、工作及社会上的诸多压力，不断寻求平衡的支点，以自信和勇敢去克服困难。化妆品在某种程度上可以帮助女性减轻压力、恢复信心。

现代女性为了彰显自己的独特品味，显示自己高雅的气质、卓然不俗的风采，在家庭和事业中都自信而游刃有余。为了获得这种满足的心理，她们往往会尽其所能，用各种各样的化妆品、美容手段、服装、健身方法等，以期取得很多广告上所诉求的魅力。

5. 迎合不断变换的时代潮流

进入20世纪90年代，消费潮流已转向自然清新，为配合环保意识，越来越多的人已认识到自然美才是最真实的美。因此，90年代世界化妆品流行趋向是淡雅、柔美、含蓄，透出清新自然的美感。广告文案人员在充分研究产品的基础上，更要研究时尚、人性、风俗习惯与自然，并重视产品的文化内涵。在新的消费潮流冲击下，要敏锐地把握女性心理需求，及时地发现和发掘出引导女性魅力潮流的新观念，把握化妆品广告文案的核心点。

三、化妆品广告的创作方法

化妆品广告是我国广告业中增长最快的几种广告之一。化妆品广告的创作方法也是众多广告人共同探讨的，结合成功广告的经验，具体而言，在创作成功的化妆品广告时要注意以下方法和原则。

（1）可以以产品为中心 突出化妆品质地的细腻、幼滑、纯净以及由此而来的健康、年轻，也可以以明星本人为中心，现身说法，但切忌千篇一律，可以长期聘用演艺名星以建立产品的形象。如世界最大的化妆品集团公司欧莱雅集团的化妆品从2000年聘请知名的影星

李嘉欣代言,至今已近9年,岁月并没有在她的脸廓上留下痕迹,反而越来越艳丽,风采动人,这就是欧莱雅化妆品有效的证明。

(2) 找出一个说服消费者购买你产品的理由 如羽西化妆品广告诉求为专为东方女性设计的化妆品,使得羽西化妆品一下与其他欧美化妆品划开了界限,给了消费者一个足够的消费理由。虽然羽西在规模和历史上与很多大型集团不可同日而语,但是由于消费理由恰当而明确,羽西在我国的化妆品市场上销量一直很不错。在寻找诉求点的时候要注意广告中诉求信息必须单一,不能既嫩肤,又去皱,还去斑,可能还增白,这样的产品信息在传播过程中会因为无法把握和记忆而被消费者舍弃掉。

(3) 要有明确的诉求对象。化妆品广告的主要诉求对象是女性,而且主要是年轻女性,在如此单一的人群中有种类繁多的化妆品品牌,消费者面临信息取舍的困境,不知道该用哪个品牌的哪种化妆品。所以化妆品广告要在消费者细分上下工夫,只针对某一个群体的女性进行广告诉求,如爱旅游的女性,产品只对这一群体的消费者起作用。

(4) 代言人的形象很重要,除了容貌上要美丽动人、气质高雅,在媒体形象上要没有负面信息,要注意代言人爆发负面新闻所带来的风险。要利用消费者对代言人的感情打动消费者,注意画面的质量、气氛的营造,突出细节或表现气氛,创造出良好的产品形象。

(5) 强调化妆品给消费者带来的心理满足,即消费者使用化妆品后在精神和心理上的感觉,让其有自信心、气质高贵、优越感。化妆品要有个性,化妆品广告更要有个性,在今天如此众多琳琅满目的化妆品广告中,消费者选择是很困难的,往往是因为某一化妆品与众不同而在竞争中取得优势。

四、化妆品广告写作应注意的问题

化妆品广告是为美丽诉求的广告,美丽主要来源于消费者对产品品牌形象的认同和消费产品时的自信心。化妆品文案通过一些特定的、有关美丽的词语来培养消费者的品牌认同,提升消费者品牌消费的信心。举例如下。

当SHOSHE产品用在最后一处肌肤上时
最清新典雅而撩人风采的自然形象于是塑造成功
蕾丝花边、黑色高脚袜、低胸再加低腰衣裤、黑皮长靴
全然变为性感尤物
梳妆台前映着的永远是华丽的装束和精致的外包装
演练模式化的一笑一颦
以及追赶潮流的亦步亦趋
终究被大众化的流行冲刷
然而仅仅一个面具的改变
换作体现自然的气质和另类的本来面目
立将扭转被淹没的乾坤
此刻植物本原的SHOSHE
带上你的从容、清新、自然轻装起程
将比性感装束更迷人
成为真正最具杀伤力的武器

夺取的不仅仅是她们的眼光
更是她们嫉妒的眼神

1. 多用描绘性和情感性词语

化妆品广告强调用美来感染消费者,因此经常选用具体形象、色彩鲜明的词语,产生一种寓静于动的表达效果,使读者有所感受,见文生情,如临其境。比如,化妆品的品牌名称,选用理想中效果的词汇,可以给人形象上的美感。如"美加净"、"京润珍珠"、"飘柔"、"自然堂"、"鸦片香水"、"雪肌精"、"依柔"……

2. 大量使用双音节的述宾结构

化妆品广告经常选用双音节述宾结构表示产品的效能和特点。如防皱、护肤、减皱、抗皱、祛斑、增白……。还有一些现代汉语中不带宾语的单音节形容词或语素,在化妆品广告中带上一个宾语,组成双音节述宾结构,表示产品效能。如美容、美发、亮肤、润肤、柔肤、嫩肤、润颜……。这种结构具有一定的动词意味,意思是"使之怎样","美容"就是使容貌美丽。这种结构简洁而形象,形容词前置,给人一种形象的美感。

3. 经常使用简缩语

化妆品广告常用品牌名称代替产品全称,既给人以亲切甜美的感觉,又便于记忆。如美来自内心,美来自美宝莲;飘柔就是这样自信;还有大家都很熟知的:要想皮肤好,早晚用大宝。这种简缩不仅简洁语句,突出产品牌名,而且有意识使其品牌形象更突出。

4. 整句、散句的灵活运用

整句是形式整齐的句式,它具有一种形式美和音乐美;散句则句式参差不齐,表意灵活丰富,可以增浓抒情气氛。例如某香水广告的文案。

当我醒来——追溯梦境,我将在世上孤独存在——谁也无法知晓她到底是谁。

我的世界将不再重复。

当她走进我的生活,这里焕然一新。一切看起来都十分安详。

你是谁?

无关紧要。我知道她对我来说意味着什么。

跟我走。

我爱你,不在乎明天。

这是正确的出路。

没有人能留住梦境,再见!

之后,她走了。会忘记吗?我想,我不会!

她的吻,她的笑,她的味道。

这种整中见散,散中见整的句子,形式上有一种交错美,内容上也表达得丰富灵活。

第五节 零售行业的广告文案

一、零售与零售业

零售完整的定义是将产品和服务出售给消费者,供其个人和家庭使用,从而增加产品和服务价值的一种商业活动。相应地，零售业是以向最终消费者提供所需商品和服务为主的行业。零售业中的重要角色——零售商是以零售活动为基本职能，将产品和服务出售给消费者供其个人使用的一种企业，是介于制造商、批发商和消费者之间，以赢利为目的的从事零售活动的经济组织。

现代零售业主要有店铺经营和无店铺经营两种类型。店铺经营包括：超市、百货商店、便利店、专卖店这四种形式；而无店铺经营主要有：电话订购、邮购、网上销售、人员上门推销等形式。目前，由于送货渠道不畅、付费方式复杂以及消费者受传统购物习惯的影响等因素的制约，我国无店铺经营尚处于初始阶段，零售业仍以店铺经营为其主要经营方式。而无店铺经营虽刚刚起步，但却顺应了时代潮流，在时间和费用的节省上给消费者带来极大便利，它正日益成为一种新的消费趋势。

二、零售业的发展历程和现状

零售行业是一个古老的行业，它完成了商品的最终流通，满足了人们生产和生活的需要。在零售业的发展历程中，有三次大的变革改变了它的初始形态，充实了它的内容。

零售商业的第一次革命是百货商店这种组织的出现。19世纪中叶以前，零售业的主要商业组织形式是杂货商店。随着欧洲产业革命的爆发，人们的生活方式发生了改变，商业活动极大地繁荣了起来，零售由店铺进入了商场。就商场来说，无论是交易面积还是交易条件都明显优于店铺，而且它的经营方式也是对传统的一次突破，实现了专业化经营。19世纪后期，这种零售形式由欧洲传入美国，得到了进一步发展和完善。

零售商业的第二次革命的标志是连锁商店的出现。连锁商店是为了适应资本主义经济走向集中和垄断的需要而产生的集团型商业企业。连锁经营成本低廉，较之百货店更具有竞争性，且其营业周转迅速，便于扩大推销，因此直至今日发展势头依然不错。

超级市场的出现是零售形式的第三次重大变革。这种20世纪30年代后的产物产生于美国，适应了这个时期大量生产、大量销售的社会形式。它兼顾了百货店的规模大、品种多的优势和连锁商店价格低、周转快的特点，同时又具有自己的创新，采取开架自选的方式，因此深受消费者的欢迎。

当前，随着科学技术的迅猛发展和全球经济的融合，零售行业又一次面临着深刻的变革，它表现在零售业的全球化和信息化发展趋势上。零售行业的全球化主要体现在越来越多的零售公司正在通过收购兼并的方式进行全球扩张，中国零售行业目前出现的"洋面孔"如"家乐福"、"沃尔玛"、"麦德龙"等正是这种情况的真实写照。

零售行业的信息化则在近些年来显得更为突出，"电子购物"、"网络商店"和"无形一体化"等，都是这种变革的产物。这次变革较前三次变革范围更为广阔，影响也将更加深远。

三、零售业广告文案的特点

1. 体现的引导意识特别强烈

广告的作用就在于引导消费者的生活态度和价值取向，影响消费者的购买选择。而零售业作为一个方便化、大众化的行业，其广告文案更应该体现引导意识。

2. 尤其注重与消费者的价值沟通

零售业广告文案所体现的引导意识、生活态度和价值取向须贴近消费者的意识形态才容易被消费者接受。在如今复杂纷繁的媒介环境下，在硬性销售广告泛滥，以致消费者对其产生抵制心理的情况下，平民化、生活化和亲情化的广告文案可以产生更好的宣传效果。

3. 零售业广告文案的场景化可以创造品牌

零售业广告文案中所体现的当前的文化背景，常常可以起到创造品牌、提升品牌形象的作用。创意表现可以做到完全仪式化和场景化，而这里的仪式化和场景化正好与零售业的品牌特征相符合。零售市场是一个多元、开放、流行、时尚并充满诱惑的"欲望市场"，而消费过程则是一个物化的仪式，是消费者在这个"欲望市场"范围内拥有自由支配权的文化行为，它是文化、政治、流行、时尚、开放等意识形态仪式化的表现。

四、零售业广告文案的表现方法

零售业特别注重与消费者的沟通，而广告是零售商与消费者之间进行沟通的首选渠道。零售广告通过向消费者提供有关店铺、产品、服务、经营理念等方面的信息，影响消费者对店铺或产品以及服务的态度和倾向，直接或间接地改变消费者的选择，实现销售量的增加。创作该行业的广告文案应该注意运用以下表现方法。

（一）及时性

在产品上市初期就选择媒介组合、安排媒介计划进行广告发布、广告宣传，以及早地吸引消费者的注意。

（二）营造一种浓厚的日常生活气氛

零售业与人们的日常生活密切相关，所以这类广告文案应注意平民化、日常化、贴近生活、注重营造日常生活的气氛。

（三）要注重利益诉求

特别要阐明该店铺或无店铺服务能给消费者的日常生活带来何种便利。如今，随着人们生活水平的不断提高和消费观念的更新，现代人既要懂得如何工作，又要学会如何享受。消费者光顾零售店铺，不只是为了满足日常生活消费的需要，也同时注重感受店铺的环境与服务。因此，零售业广告文案不仅要做到独树一帜，而且要特别强调其便利性，以此唤起消费者对这种便利服务的倾慕和向往。例如"美之购"便利店的广告就突出为顾客提供方便的典范。作为一家著名的连锁便利店，"美之购"24小时经营、随时随地为顾客提供方便且具有浓厚的人情味的特点，塑造了一种亲切、体贴、温暖、关爱顾客日常生活的企业形象，它的广告也坚持平民的、生活的、淳朴的、亲切的创意思路。

（四）要注意向消费者传递店铺的整体信息

塑造店铺整体形象，以增强对消费者的吸引力。企业应该根据不同的消费者群体对不同类型的营业场所的追求，设定自己独特的形象定位。例如，大型超市应强调产品的种类齐全，物美价廉；百货商场应强调产品的品牌高档，质量可靠，价格公正合理；专卖店应强调品牌的个性、独特、时尚与流行；而便利店则应强调购物的环境、气氛、服务、便利等。

1. 零售业非常需要营销技巧，广告是零售商与消费者交流的重要渠道

零售广告通过向消费者提供关于商店、商品、服务、观念等信息，以影响消费者对商店

的态度和偏好，直接或间接地引起销售增长。一般情况下，零售广告注意及时性，即商品上市的短期内就发布广告，进行宣传展示活动，以吸引购买。零售广告也注意传递商店整体的信息，树立商店形象，以增强对讲究生活品质的消费者的吸引力。企业根据消费者对于不同类型营业场所的要求，设定自己的形象定位。百货商店强调经营商品的品质可靠、价格公正、文化性以及流行性；超级市场强调商品种类多样、物美价廉。便利店强调消费者购物的方便性；专卖店则强调格调、品牌、时尚等。

零售业广告是顾客们无意之中发现的。多数人打开电视或者翻阅杂志的最初目的并不是想看看某一品牌的牙膏是否又推出一种新口味，某一品牌的洗衣粉是否又有了新包装。然而，当他们发现杂货店又有商品在进行特价销售，他们最喜爱的百货商场开始降价出售纯棉的床单等商品，以及当气温开始升高时哪家商店有最物美价廉的空调，他们会很有兴趣的仔细看下去、与周围的人探讨并可能付诸行动。在某种意义上，零售业广告就像一则新闻报道，告诉顾客们谁要在什么时间什么地方卖什么东西。也许托马斯·杰弗逊说得最形象："我读一份报纸……与其说要看的是新闻到不如说要看的是广告。"

2. 零售业广告商会同时取悦几种客户

零售商从全国制造商那里取得合作资金来宣传他们的产品。但有时制造商的奇思异想会与商店的宣传方式发生冲突。例如，制造商会要求你使用某张照片，但商店的广告排印格式只能使用文字。正如我们能想象出来的那样，同时取悦两个"客户"并不容易。更有甚者，你可能在同一页广告上要宣传几个品牌。

零售业广告也会同时宣传彼此竞争的品牌。几种互相竞争的品牌会出现在同一个零售业广告中。零售业广告商所面临的挑战是对每个品牌都进行有力的宣传，给予顾客足够的信息以便作出明智的决策，并且不冒犯任何一位客户。

3. 零售业广告促销的产品范围很广

零售商出售的商品从高科技产品到高级时装样样俱全，或者零售商只专门经销一个产品大类，但提供各种各样的品牌以满足不同消费层次的需求。因此，广告必须迎合各种顾客的不同需求，同时还要为商店树立一个统一的形象。

零售业广告包含更多细节。全国性品牌的商品广告通常不包括像尺寸、价格和颜色这样的细节，在零售业广告中，这些细节却极为重要，也正是这些细节能让一家商店在竞争中脱颖而出。

零售业广告能反映出当地人的消费习惯。当制作零售业广告时，你是需要了解你的顾客们的，就像他们就是你的邻居，你的朋友，你的家人。要了解他们的品味，他们的幽默感，以及他们心中想的事。但当你为一种全国性商品制作广告时，你只能接触到人口统计和个人心理发展历程各方面的概括性特征，因而这种广告就很难贴近个人，因为你所制作的广告必须迎合某个纽约人，同时还必须迎合某个新奥尔良人。

4. 零售业广告的效果更易于跟踪

我们只要查看一下打印出来的本日销售报表，或是到销售现场看看，你就能知道你的广告效果如何了。单一的全国性广告的效果比较难以衡量，因为这个广告只是多种媒体参与的长期促销活动的一部分，很多外部因素（包括零售商的支持）都会影响到销售额。

因为零售商们知道某些广告的效果，所以他们经常在某种促销活动无法吸引来顾客时改变做法。零售业用得最多的媒体，如报纸和广播都能够接受最后关头的变动，因此很多变化只能到最后阶段才会做出。

第六节　房地产行业的广告文案

一、房地产行业的产生与发展

　　房地产业的产生和发展是与城市的兴起以及城市经济发展紧密结合在一起，是商品经济发展到一定阶段的产物。在奴隶社会和封建社会，虽然商品经济和城市有所发展，但奴隶社会的城市是以农业为基础的，城市工商业主要服务于农业，城市居民多从事农业，兼营手工业或商业。封建社会初期和中期，城市工商业主要是手工业和小店铺。由于经济封闭、交换范围小，房产主要是满足自己的生产和消费。因此，在奴隶社会，封建社会初、中期产生不了以盈利为目的土地和房屋经营活动，只有零星土地（城市宅基地）和房屋的租赁活动。

　　封建社会末期和资本主义初期，随着商品经济的进一步发展，城市规模逐步扩大，特别是机器大工业产生以后，城市经济迅速发展，吸引了大量工商企业和人口。城市既需要大量的工商用房，也需要大量的居民住宅，这使得生产和经营房屋商品有了必要。随着城市的进一步扩大，对房屋的需求越来越大，住房地产业有了广阔的市场和丰厚的利润，于是投资土地开发、房屋营造、出售、出租等经济活动应运而生。这时，以盈利为主要目的、从事土地和房屋经营活动的房地产业便产生和发展起来。

　　当前的新经济时代，房地产广告应如何发展方能更好地适应消费者的需求是一个值得思考的问题。现代顾客比以往更注重精神追求，更注重个性发展，房地产企业唯有把握住消费需求的发展动向，及时调整自己的创意方向，在风格、文字、诉求等各个方面进行创新，才能在激烈的市场竞争中取得优势。

二、房地产文案写作与创意的要点

　　文案是广告的信息载体。一般说来，广告作品因媒体不同，其构成要素也不相同。比如报纸广告可能包括广告标题、正文、图片、配文、联系方式等；霓虹灯广告一般只有标题，没有正文；路牌广告、交通广告以画面为主，文字写得非常精练；广播广告一般没有标题……然而，不管广告形式如何不同，文案在广告传播要素中始终处于核心地位。不管是什么形式的广告，文案的制作一般都具有以下一些要点。

（一）鲜活的主题

　　房地产广告主题的重点是房地产企业要向广大消费者介绍、说明房地产商品的意愿，主题要鲜明、活泼。一则广告只能突出一个主题，不要面面俱到。在考虑主题时，必须抓住以下两点。

1. 抓住消费者的心理

　　作为一个精明的房地产企业，为了使消费者尽快建立起对房地产商品的信任，激起购买的热情，必须紧紧抓住消费者的心理，促使消费者产生购买的行动。针对消费者的心理进行文案的设计构思可以从这几个方面切入。

　　（1）可视性　房地产的产品主要是房屋建筑，房地产商组织人们到现场看房或在报纸上刊登实景广告，就是为了突出商品的可视性，给人以实感，给人留下深刻的印象，激起人购买的欲望。

（2）可靠性　房屋建筑是一种特殊的商品，很少采用直接试用的方式做宣传，而作为家庭的大宗消费品，消费者对其质量总是很重视，一些商家便利用赠予名人来创造广告效应，消除消费者的疑虑。对消费者所关心的建筑质量、小区服务等问题，则在广告中用心说明。

例如，某集团在"六宅臻品"的房地产广告中，以"六宅臻品：跃层空中别墅，领航五里河高端人居新风尚"的广告用语，说明楼盘地域为中央高尚生活区，而在这区域内的跃层空中别墅的珍贵性是显而易见的，较低的建筑密度使得该房地产升值潜力更为巨大。可以说是抓住了自住用房和投资住房的消费者所关注的主要问题。再如万科房产在很多城市的楼盘本身的地段并不是很理想，但是万科通过多年的品牌营造使得其消费者心中的美誉度非常高，做为理性消费品和长期消费品，消费者愿意多付出一些资金去购买更可靠和安心的住宅。

（3）可证性　通过政府给予的奖赏证明、专家权威的肯定或科研部门的鉴定，均会产生证实的感觉，导致信任。例如，保利房地产2007年06月　获得"全国住户满意度、品牌忠诚度优秀企业"第一名殊荣；2007年11月24日晚，中国房地产主流媒体宣传联盟在广州揭晓了"2007年中国地产荣誉榜"，保利房地产（集团）股份有限公司荣获"2007中国值得尊敬的房地产品牌企业"荣誉称号，公司旗下新项目保利香雪山获得"2007影响中国的中国典范社区"称号。这都是在用政府部门或各类认证标准来证实自己的产品质量，让广大消费者放心。

2. 突出房地产商品的主要特点

突出介绍与众不同的特点，或消费者最为关心、最感兴趣的特点。从消费者的角度来说，商品房的质量、小区的物业管理是开发商首先要保证的基本问题，因而这方面不容易出新，也就不容易显示出特点。而地段、环境、价格、设计、新技术的采用却各不相同，容易显示出特点。例如，位于北京苏州桥附近的锋尚国际公寓，开盘售价比邻近楼盘价格几乎高出一倍，一开盘近400套住房就被抢购一空。并不是这个楼盘的地段和价格有多大优势，而是这座由瑞士苏黎世联邦高等工科大学的博士后田原与她的导师布鲁诺·凯乐的设计的公寓，完全按照欧洲环保设计标准设计的八大子系统保证：一年四季的室温恒温21度。相反目前我国许多住宅设计先天不足，导致建筑能耗高，完全依赖采暖制冷设备维持室内舒适温度，不仅严重污染环境，导致城市"热岛效应"，而且危害人体健康。在讲究生活质量，重视居住环境的今天，这则广告中所表达的信息无疑抓住了消费者的心理。明确了主题之后，广告的作者就可以根据主题的需要，从研究消费者的心理特征入手，选择最恰当的角度和最适宜的表现手法，大胆而富有独创性地去构思，使广告的主题得到完美的表现。这也就是人们平时所说的广告的创意。

（二）精巧的结构

明确的主题，独到的构思，最终都要落实到结构上。广告的结构多种多样，没有固定的格式，但它比其他文体更讲究结构的精巧，虽然它的结构也和其他文体一样，是由标题、正文和结尾等几部分构成的。

1. 标题

广告标题是为吸引观者注意，围绕广告营销目的，表达广告主题或产品特征的文字，也是广告文案中的亮点。标题字体较大，位置最醒目，文字最凝练，是画龙点睛之处。标题的写作水平在很大程度上决定了广告受众能否接收和接受广告信息。广告文案人员最费心思的也莫过于标题的写作。

房地产广告的标题从内容及诉求方式的角度来划分，大致可分直接性标题、间接性标题和复合性标题三大类。

（1）直接性标题　这是最常见的广告标题，即直述房地产商品名称或以房地产商品名称加房地产商家名来命题。如果是有影响的房地产商品，更适宜直接以它的名称作标题，因为名气大，本身就富有吸引力。如"碧桂园"、"保利花园"、"恒大绿洲"等。这种直接性的标题简洁明快、通俗易懂，使消费者有比较高的信任度，但如果房地产商开发的楼盘数量比较多的时候，就要注意避免消费者认知的模糊和混淆。

（2）间接性标题　即不直接介绍房地产商品的名称，而是用介绍房地产本身的风格和特点，以引起消费者的兴趣，以吸引消费者注意并阅读下文，大多数的房地产商都采用这个方法。

如"广州雅乐居"的广告标题为"家在广州，住在欧洲"，标榜欧洲生活的闲适优雅正对了追求生活品质的买房者的胃口；"北京潞河名苑"的广告标题为"好房子满足三代人"，从现代都市每一个年龄层的独立生活空间出发，把老年人的宁静、中年人的情趣、小孩子的乐趣和平地安置在同一屋檐下，想不吸引人都难！

这种标题应该注意的是应避免词句过于生僻或者语义含混，使消费者无法解读信息。

（3）复合性标题　这类标题具有上两类标题的优点，是上述两类标题的综合运用，适用于内容较多，较复杂的房地产广告。房地产的广告中，这种形式的标题出现得很多。

复合性标题一般由引题、正题、副题三部分构成。引题的作用是交代背景，烘托气氛；正题的作用是揭示广告的主题或核心内容；副题的作用是对正题进行补充说明。

一则复合性房地产广告的标题，可以同时具有引题、正题、副题三部分，也可以只有引题和正题或副题。例如：引题中街金版坐标，正题：左岸名座，副题：河景精装小户。恒大万套新货、十亿优惠，提前引爆十一黄金周（引题），恒大翡翠湾26日隆重开盘（正题），成本价发售仅限一日（副题）。

总之，房地产广告的种类有很多，但在文字的运用上要注意做到简短、轻松、醒目、通俗易懂、耐人寻味，使人过目难忘。

2. 广告语

广告语是配合广告标题、说明文字加强商品形象的简洁完整的短句，是广告在一段较长时间内反复使用的特定企业用语，一旦确定，往往长期不变。广告语是企业产品的精神商标，是识别产品的标记，也是企业形象的标记，是创造稳定的品牌形象的重要手段。其放置于版面的位置较为灵活，放在主题位置可替代标题使用，还可放在商品名、公司名与说明文字上面，或商标的上下。例如：

广州碧桂园"给你一个五星级的家"。

奥林匹克花园系列"运动就在家门口"。

深圳尚书苑"荣耀小户与市长毗邻而居"。

3. 正文

广告正文一般包括主体、结尾两部分。

主体部分是广告信息的核心部分，其主要功能是说明产品的卖点、服务的项目、促销的方式或企业理念等内容。基本上是标题和副题的引申。其版面位置安排要集中、适当，不可干扰或破坏图形和标题的注目效果，同时又要明显，方便阅读。

在房地产广告中，这一部分常常以小标题的形式列出位置、环境、户型设计、品质、物业服务、价格、优惠条件等相关内容，然后在每个小标题下用极小的字展开较详尽的说明。

结尾主要说明广告主或销售商的名称、地址、电话、联系人等。印刷媒体、广播媒体上需要直接写出或报出，电视媒体一般只在屏幕上映出，不再朗读。

三、房地产文案写作的语言技巧

写一则成功的广告主要依赖于广告主题的明确、构思的独到和结构的精巧，但也不能完全不要技巧。所谓广告的写作技巧从总体上看，就是要求以新颖的、奇异的、实在的、适应读者心理特征的、适合特定读者阅读口味的手法，用文字将全部广告策略巧妙地传达出去。写作技巧具体体现在广告标题的制作、正文的拟定以及结尾的处理上。除了采用恰当的表达方式外，这里最根本的是语言文字的运用问题。广告如能插入朗朗上口而又动人的妙语，就会产生极好的效果。在这里要注意以下几点。

1. 对房地产信息进行细致、全面、具体的介绍

促使消费者产生兴趣和购买欲望，最终促使购买行为的产生。因为房地产属于高卷入度商品，无论广告信息如何丰富，消费者也不可能在未充分了解商品的情况下仅凭广告做出冲动购买的行为。因此，房地产广告文案首先必须引起消费者的注意，由注意产生兴趣、由兴趣产生欲望，最后做出购买决策。

2. 房地产广告的目标针对性强

例如，针对工薪阶层的房地产广告，主要强调优惠的价格、方便的交通、合理的结构等，采用简单、直接的表现风格；针对富裕阶层的房地产广告注重突出其舒适、高雅的环境，所代表的高贵的社会地位等；针对购房出于投资获利目的的消费者，其广告强调房产能给消费者带来的巨大经济利益。

3. 诉求品牌个性，体现品牌背后蕴合的文化气息

通过对目标消费者对家、对生活概念的独有理解的把握，找到最能代表或体现目标消费者对家庭、生活概念理解的产品关联性，以此突出产品特性，树立品牌个性化。对于购房自住的消费者来说，家的概念是最主要的广告诉求点。

四、房地产业广告文案的表现方法

1. 讲求事实，用事实说话

房地产广告的最终目的是促进房产销售，广告的创作目标是卖出房子而不是广告本身，因此房地产广告一定要让消费者观文而知房产，要用"摆事实，讲道理"的方式向消费者传达所要推销的房产的特点，不能误导消费者。

2. 语言简洁、明了

的确，有些房地产广告的文案文字优美、令人回味无穷，但须知，广告文案毕竟不是散文、诗歌，广告文案创作也并非是文学艺术的创作，因此，作为现代产业，就应该用现代的语言向消费者传达有关信息，避免单纯为了"求异"而使用生僻字、词汇拼造、语言晦涩，这样很容易走进"仿古"误区。

3. 要赋予广告情感

情感是世间永恒的话题之一，也是人与人沟通的基础。用富有感情的笔调去创作广告文案，必能打动消费者。根据房产产品的不同特性，适时地把亲情、友情、爱情等情感融入到房产广告文案中，不仅赋予了产品生命力，更重要的是能让消费者从中感受到企业浓厚的人情味，从而激发产品与消费者间的共鸣，由此建立起产品或品牌最重要的价值——顾客忠诚度。广告文案的效力要借助诉求方式才能得以发挥，相对于其他产品广告而言，房地产广告更需要采用理性诉求，但又不能仅停留在理性诉求上，它同时需要借助某些感性的生活概念。因此，在进行房地产广告文案的创作时，要针对不同的房产、不同的诉求对象采用不同的广告诉求方式。

4. 力求结构清晰、诉求简洁单一

写作房地产广告文案时，要注意先后有序、主次分明，对于重点要不惜笔墨、贯穿始终；对于次要卖点或不是很有吸引力的内容要惜墨如金、点到为止。在文字表达上要做到文笔流畅、简洁朴实；在表达方式上应该能引人入胜，吸引消费者的注意力，避免平铺直叙，并且标题要尽量具有冲击力。如今随着生活节奏的加快，来自各方面的压力越来越大，人们渴望家的轻松与舒心。针对消费者的这一心理，广告文案以环境的宁静、天然为诉求重点，以远离喧嚣吵闹的自然、安详的住宅环境为卖点，以唤起都市消费者的内心共鸣。

五、房地产广告文案写作与创意的注意事项

1. 真实是房地产广告的生命

广告必须货真价实，一是一，二是二，不能浮夸、失实。"取信于民"是最好的、最有说服力的广告。广告的生命在于真实。广告失实，既关系到能否赢得消费者的信任，也是有关道德和企业信誉的问题。那些美言四溢，弄虚作假，坑害消费者的广告，不但自毁声誉，也是法律所不能容忍的，最终害的是自己。《中华人民共和国广告法》第三条规定："广告应当真实、合法，符合社会主义精神文明建设的要求。"第四条规定："广告不得含有虚假的内容，不得欺骗和误导消费者"，并规定如违反广告法，不仅处以"广告费用一倍以上五倍以下的罚款"，而且"构成犯罪的，依法追究刑事责任"，从而把广告的管理纳入了法制的轨道。

2. 思想是房地产广告的灵魂

广告是一种经济现象，也是意识形态范畴的一部分。广告宣传既要讲经济效益，也要注意社会效果。因为广告一经刊播，其主题、寓意、语言、图像、色彩等，就会在群众中产生潜移默化的作用，对社会风气产生巨大的影响。广告应该有鲜明的、正确的思想性。对此，《中华人民共和国广告法》第七条明文规定："广告内容应当有利于人民的身心健康，促进商品和服务质量的提高，保护消费者的合法权益，遵守社会公德和职业道德，维护国家的尊严和利益"。

3. 艺术是房地产广告的魅力

广告是一门科学，也是一门艺术。作为科学，它要反映商品流通领域中的客观规律，正确地认识和反映商品活动中的这种规律，可以使我们更好地为我国社会主义经济建设服务。作为艺术，就是在进行广告设计时可以采用文学、戏剧、音乐、美术、电视等各种艺术形式，形象而生动地表现产品内容，使人们得到和谐、美妙的艺术感受。一则好的广告，本身

就是一件艺术品。我们应当以积极的态度去创作出更多的内容真实、思想健康、艺术性强的好广告来。

[思考与讨论]

1. 房地产行业广告文案特点有哪些？房地产文案的发展方向是什么？
2. 怎样理解金融行业广告文案的几个发展阶段？
3. 药品行业和化妆品行业文案写作应该注意的点有哪些？

[实践与实训]

任务一：搜集食品行业的广告文案，从中总结出我国食品消费的层次和发展。

任务二：从具体房地产全案代理的角度，进行房地产系列文案的创作。

知识要求：软文广告出现的背景以及软文广告与软广告；软文广告文案的种类与特点；软文广告文案的写作技巧。

技能要求：根据具体要求确定软文广告思路和流程；学会写作系列性的软文广告；熟练写作几种特定类型的软文广告。

开篇案例

安全游西藏，健康小贴士

随着青藏铁路正式开通，西藏旅游在全国迅速升温。近日，不断有消息报道，游客因高原反应而魂断西藏的事件，在此，专家对准备进藏的游客建议。

1. 在西藏感冒极端危险，甚至会要命，因此初到高原地区不可耗费太多体力，应适量饮水，注意保暖，要少洗澡避免受凉感冒。另外，一定必备些防治感冒的药。(如×××等是最常用的药品)

2. 带上棉袄和毛衣、氧气袋等。

3. 带上太阳伞(帽子)与防晒霜。

4. 45岁以上的人和有心脏病史的人最好不要去，因为那里空气稀薄。

进藏除了要保持良好的心态外，对于健康的身体并无特殊要求，有严重呼吸气管、心脏、心血管、精神方面疾病的人不宜进藏，因此，对于有严重的高血压、心脏病、(支)气管炎、糖尿病、感冒的患者限制进藏。在进藏前不要刻意的锻炼身体，如果您在平时一直坚持锻炼，在赴藏前半个月也应停下来，因为通过锻炼后的身体，耗氧量增大，增加了在西藏时心脏的负担，反而容易引起高原反应。

专家提醒，对高原有恐惧心理、缺乏思想准备和战胜高原决心的人，出现高原反应的机会就多。

上青藏高原不要一开始就吸氧，尽量要自身适应它，否则，会产生依赖性。另外还可服用一些缓解高原反应的药品。(如×××等药物。该药原材料为GAP丹参药材，采用了国际先进的高通量筛选技术，使得有效成分丹参酮ⅡA等有效成分高出国家药典标准的1倍，缓释技术使药效均衡长效释放作用于人体。广州现代中药研究院近来研究发现，×××片可有效提高心脏冠脉流量，促进大脑血流量，提高机体的缺氧耐受能力，有效改善高原反应缺氧引起的头晕头痛、乏力、嘴唇发紫等症状。)

第一节 软文广告出现的背景与定义

一、软文广告出现的社会背景

（一）软文的出现

在西方传播界，软文的称谓是"advertorial"（即付费文章）。从字面看，advedorial（付费文章）= advertisement（广告）+editorial（社论/专文），比较贴近"软文广告"的概念实质。国外媒体通常会在刊登advertorial的版面上注明"advertisement"，国内很多媒体也开始在一些篇幅较长的软文下面做一些标注。

业界认可的软文开端是1959年大卫·奥格威撰写的劳斯莱斯广告，即：当这辆新型的"劳斯莱斯"以时速60英里行驶时，最大噪声发自车内的电子钟。这则广告的长篇文案至今看来仍可算软文广告的经典范例，独具匠心的标题，内容从各个角度突出了劳斯莱斯轿车的优势，内容充实、论据确凿、言之有物。

在我国，软文广告较早运用于保健品行业，"三株"、"红桃K"等都在当时取得较好的效果。之后的"脑白金"更是将其发挥到了极致，至今无人能出其右者。

1999～2000年间，中国保健品行业诞生了一个传奇，史玉柱先生用11篇软文成功启动了全国市场，堪称中国营销史上的一个奇迹。

目前，软文广告已在保健品、IT、房地产、家电、汽车等行业全面开花，成为广告中品牌运作和建立消费者信任度的最重要的方式之一。

（二）软文广告在各个行业流行的原因

20世纪50年代末至70年代初，是西方人所说的"消费者请注意"的年代。这段时期，整个市场以生产为导向，广告只要说出产品特性和特色，表明"我有多好"就能达到预期目标。然而，到了70年代中后期，广告只是说"我有多好"已经不能引起消费者的兴趣了。由于生产满足消费的能力大大增强，以消费者为导向的市场环境出现了。和以往相比，与消费者进行沟通（引起消费者注意）的难度大大提高，要将销售信息传达给受众就不得不在传播技巧上多下工夫。软文广告由于承载的内容比较多、成本比较低，而受到了很多企业的重视。很多企业都用这种方式与消费者进行长期的沟通，系统地向其讲解产品的知识和使用方式等与之密切相关的问题，对使消费者很好地了解产品的功效起了很大的作用。

软文广告改变了广告的技巧，它凭借集信息和娱乐为一体的文章改变了以往消费者被动接受广告信息的局面，极力吸引消费者主动了解产品、认识品牌。在"消费者请注意"的营销时代，软文广告在一定程度上推进了品牌与消费者的互动，这就是它受广告主青睐而日渐红火的重要原因。

在我国，人们普遍对广告有一种抵触情绪。这种情绪从根本上源自我国的农业文化。在我国古代，农业经济主导社会的发展，造就了大众自给自足的心态和稳重含蓄的集体审美取向。同时，面对商业的兴盛，既是出于鄙视，也是出于恐惧，人们将从商视为旁门左道，对商家的自卖自夸更是不屑一顾。现在，虽然时代的发展带来了观念的解放，但是历史文化所沉淀的审美意识却没有磨灭，人们依旧不喜欢外向直露的商家广告。于是，广告人开始尝试改变传统广告过于直白的个性，希望有一种广告能"润物细无声"。这时，软文广告便应运而生。

　　传媒和技术的发展给软文广告的出现提供了技术支持。随着近年来各种杂志的纷纷面世（据不完全统计，我国现有期刊8000多种。这其中包括很多专业杂志和行业杂志），杂志以其品种的多样及版面的丰富同样给软文广告的发展提供了温床。

　　一般而言，一些信息量大的软文广告可以借助报纸的版面优势详细说明。众多的报纸品种（综合大报、机关报、群体报、行业报、企业报、晚报、文摘报、生活报等）、众多的版面（体育、财经、娱乐、要闻等）可以给广告主提供多样选择。广告主可以根据其本身的广告目的与范围结合本产品的特点有针对性地选择报纸和版面。如房地产广告可以选择本地区报纸的房地产版或其他相关版面。实际上，许多软文广告在相应的专刊上刊登，并在实际应用中取得了较好的效果。报纸代表国家权威、官方、主流的声音，大众通过报纸这种渠道了解国家政策的发展，保持同国家的一致性。

　　因此，企业品牌形象力的塑造，公信力的打造，必须借用新闻的力量。

1. 软文的第一种力量是借助新闻的影响力

　　在中国做品牌，一定要重视公信力，要善于借用和调动媒体的力量。有人算了一笔账：王石，登上珠穆朗玛峰所起到的宣传作用，万科要花费至少8000万元广告费才能做到。这是新闻的量化计算。

2. 软文的第二种力量是信息补给的说服力

　　仔细审视一下现在广告的表现可知：一个广告，除了1/3、1/2的图片之外，能够用来发布信息的"地方"已是非常有限了。但是，消费者很难凭有限的信息就能形成购买决策。特别是房地产、电器、汽车这样的理性消费品和涉及身心健康的保健品、化妆品等，消费者需要更多的信息来支撑自己的决策行为。软文是一种有力的信息补给，可以加强客户购买的说服力。

3. 软文的第三种力量是潜移默化的感染力

　　文字本身就有独特的魅力。文字的朦胧性形成的消费者的想象力、感染力可能比图片更深入、更持久，恒久流传的文字比图片更有影响力。

　　软文能够充分发挥文字的特点，深入研究人性、情感、心理等，进行充分的表达，"动之以情，晓之以理"，不知不觉中更新消费者的消费观念。

二、软文广告的内涵

　　在分析了软文广告出现的社会经济背景后，再来给软文广告下定义。为了明确软文广告的定义，有必要对几个比较容易混淆的市场术语进行对比分析。首先来看看软文广告与软广告、新闻以及新闻性广告的区别。

1. 软文广告与软广告的区别

目前学术界对软文广告还没有统一的界定。软文广告是什么？一个比较流行的看法是软文广告就是软广告。而事实上，只要仔细将软文广告和软广告作一番比较，就会认识到二者截然不同。

"软广告"是对"有偿新闻"和"广告新闻"等不规范新闻的形象称呼，因为这些新闻表面上是新闻，实质上却是广告，所以被称为"软广告"。有人曾对"有偿新闻"和"广告新闻"作出解释："有偿新闻"指的是渴望从新闻报道中获益的新闻当事者或关联对象，向新闻媒体机构交付一定费用，以换取其指定的新闻报道在媒体上发布，从而获取其所期望的收益。这种新闻报道，以新闻的形式出现，而实际上是一种广告宣传。"广告新闻"指的是广告客户将广告诉求的内容予以转换，纳入新闻消息或通讯、特写一类的新闻形式之中，在有意让受众误认其为新闻或无法准确判定其为新闻或广告的情况下，在媒体上发布，以求获得以广告形式发布所不能获得的诉求效果。

明确"软广告"的含义后，不难从四个方面得出"软文广告"与"软广告"的区别。

首先，从经营行为看，"软广告"是新闻操作的不规范行为，如"有偿新闻"就是媒体非正常的一种新闻形式；而"软文广告"是属于广告经营的范畴的，同其他类型的广告一样，都是广告主付出一定代价，在报纸等平面媒体上发布的广告，具有公开性、公正性。

其次，从形式上看。由于"软广告"的外壳是新闻报道，因而都有"某记者报道"的新闻标识；而"软文广告"则有明确的广告标识（当然，仍有一些软文广告的广告标识不规范），如"广告"、"形象展示"等。

再次，从动机上看，"软广告"将广告变形为新闻，以此获取消费者的信任，是一种误导；而"软文广告"强调的是广告的可读性，以此吸引消费者的注意，是一种引导。

最后，从作用上看，"软广告"将引起以下劣性连环反应：①新闻产品质量的劣化造成新闻产品本身价值的减损；②新闻产品价值的减损进而造成了其自身价格的减损；③新闻产品价格的减损又造成媒介影响力和接受率的降低；④媒介影响力的下降和接受率的降低又造成广告版面、时段价值与价值的减损。而"软文广告"作为一种独特的尝试，既体现广告的灵活性，也能为广告的创作积累经验。

2. 软文广告与新闻的区别

1994年10月27日第八届全国人民代表大会常务委员会第十次会议通过的《中华人民共和国广告法》明确定义了"广告"。本法所称广告，是指商品经营者或者服务提供者承担费用，通过一定媒介和形式直接或者间接地介绍自己所推销的商品或者所提供的服务的商业行为。新闻在《现代汉语词典》中的定义为"报社、通讯社、广播电台、电视台等报道的消息。"目前，权威理论普遍认为：新闻强调"新"、"真实客观"、"迅速传播"、"具有新闻价值"，是"时间的易碎品"；广告包含"明确的广告主"、"付费"、"非个体性传播"、"劝说的方式"、"以推销商品或服务为目的"等要素。

由此可见，新闻和广告的区别是明显的。新闻的立足点是社会公共利益的需求，广告的立足点是广告主自身利益的需求；新闻必须客观公正、平等告知，广告则是自我宣传、劝说诱导；新闻的取舍处理取决于新闻事实本身固有的新闻价值，广告只要广告主付费即可发布；新闻以满足人们的多层次、多方面的信息需要为目的，广告以实现广告主推销自己产品或服务的需要为目的，新闻是公益行为，广告是市场行为；新闻用语严谨、立论公允，要交代新闻来源，有五要素等，广告形式活泼多样，难免有夸大之语，通常篇幅较短、字体多变、图片较多等。

总之，新闻与广告只是在传播渠道上交汇，它们完全属于两种不同性质的信息，按照两种不同的规则传播。可见，一则信息是新闻就不是广告，是广告就不是新闻，不可二者皆是。作为广告的一种形式，软文广告是广告，不是新闻。

3. 软文广告与新闻性广告的区别

传播实践中，新闻性广告大量存在。至今，"新闻性广告"也没有明确的定义。在《中国新闻实用大词典》中，只有这样的论述："国内外的一些报刊以新闻形式，将商业广告内容发表在广告版上，按广告收费；或注明为广告，按广告收费的文章，也应视为广告。"这里的"广告"其实是指"新闻性广告"。"新闻性广告"是广告商按照新闻形式撰写文案，在广告版面、时段或类似广告版面、时段上刊播的商业广告，是新闻介入广告创作后出现的异常形态。如《南方周末》有一篇用大标题刊出的题为《践履企业公民责任，实现公司可持续发展》的文章，以"东风日产发布企业公民战略报告"为副标题。乍一看，是新闻通讯的样式，仔细看看它的内容，却是该公司的软性广告。

基于以上分析，可以给软文广告总结出这样一些特质。

① 软文广告通常是由企业的市场策划人员或广告公司的文案人员来负责撰写。

② 软文广告一般是以新闻报道式的口吻或文字的形式在媒体发布的宣传其产品、活动或企业形象等的文字类广告。

③ 软文广告一般以新闻稿的形式刊登，主要以文字为主。

④ 软文广告是广告形式隐性化的具体表现。

软文广告是指由广告主按照版面或字数付费，以新闻报道式的口吻和主要以文字的形式在媒体（主要是平面媒体，比如报纸、杂志等）发布的传播其产品、品牌、活动或企业形象等的广告特征不明显的广告。

这里需要说明的是，以新闻报道式的口吻或文字的形式在媒体上发布不是纯粹的"新闻"，而是以新闻报道式的口吻来软化广告信息，达到吸引受众的目的。

第二节　软文广告的种类与特点

一、软文广告的分类

软文广告有偿化，推动了软文广告创作质量的提高。软文广告不再只局限于单一的新闻风格，而是走向多样化。按照软文广告的撰写风格进行分类，可分为新闻告知型、消费者体验型和人文型。

1. 新闻告知型

新闻告知型的软文广告不同于告知型的直接广告。前者往往以消费者共同关注的问题或现象为切入点，导出所要宣传的产品并向消费者告知利益点。后者则从正面宣传产品和服务，直奔主题。

如完达山奶业就有一个这种类型的软文广告。这个软文广告从消费者关心的牛奶安全问题入手，告知消费者完达山牛奶符合国家标准。完达山广告文案如下。

沧海横流显本色真心英雄"完达山"

2008年秋天,"三聚氰胺"事件引发中国乳业强震,乳品消费市场面临前所未有的"寒冬"。面对消费者的质疑与拷问,众多乳品名牌黯然失色。真金从来不怕火,一直以百分之百诚信做企业、做产品的"完达山",非但没有伤及分毫,反而因过硬的产品质量,巍然屹立,声誉日隆,赢得了更多消费者的信赖。

完达山人至今难忘,在那个全国乳业"风声鹤唳,草木皆兵"的时刻,在国家质检总局组织的一次次"大考"中,完达山乳业股份有限公司接受检查的奶粉、液态奶质量全部合格,经受住了严峻的考验。众多关切的目光投向东北,投向北大荒:完达山乳业是如何掌控产品质量的?他们笑傲市场的底气又来自何方?

记者了解到,多年来,完达山乳业始终致力于高标准奶源基地建设,在全国率先推出了"放心奶工程",并建立了一整套奶源和产品质量控制体系,为产品顺利通过国家权威部门的检测奠定了基础。在国家质检总局组织的历年历次抽检及各种专项检查中,完达山乳业的产品合格率均为100%。信息披露后,采购完达山乳品的订单大增,完达山乳业所有工厂都开足了马力,加班加点生产,仍难保证市场供应,但是,为了保证产品质量,这家公司没有选择委托加工,董事长李顺说,"我们决不以牺牲产品质量为代价换取一时的效益"。副省长吕维峰在完达山哈尔滨乳品有限公司听取了有关确保奶制品安全、确保市场供应等情况汇报后,动情地说:"我为完达山感到骄傲和自豪。"吕维峰指出,完达山乳业是一家具有光荣历史与优良传统的企业,知名度很高;完达山奶粉哺育了几代中国人,在全国很有影响,所以在看到国家质检总局公布的87家产品通过检测的企业中,有3家属于完达山乳业后,我从心底感到骄傲和自豪。全国乳制品行业发生了这么大的震荡,以完达山乳业为代表的黑龙江乳品企业却经受住了严峻考验,赢得了质量管理权威部门的认可,赢得了市场的认可,赢得了全国广大消费者的认可,这相当不容易。你们为黑龙江争得了荣誉,省委省政府对你们是满意的,不仅黑龙江人民要感谢你们,全国人民也要感谢你们!

完达山乳业股份有限公司董事长李顺自豪地说:"我们以46年的品质积淀,做到了从基地、牧场、奶站、加工、质量、包装、配送、服务都让消费者100%放心。是这条'从土地到餐桌的'安全链'保证了我们企业能够始终稳步前行!"李顺所说的"从土地到餐桌的安全链",保证了奶源的完全不受污染。李顺深有感触地对记者说:"完达山的特色在于先建奶源基地后建厂,奶源集中处建奶站。在奶源管理上,实行'奶牛规模饲养,集中机械榨乳,快速冷链运输'的模式,对养牛户严格执行绿色操作规程,从饲养种植、科学饲养到挤奶、储运实行全方位、全过程监控。"完达山乳业有着一系列严格的奶源标准:牧场,绿色无污染;饲料,来自绿色食品基地,无抗菌素;牛,建立免疫检疫健康档案,实行健康识别制度。尤其是该公司投巨资在全省的各专供奶站安装的机械挤奶设备从源头上把住了原奶质量关。完达山哈尔滨乳品有限公司总经理助理刘娟肯定地告诉记者:"从原奶收集到生产再到出厂,奶源全封闭的操作没有任何环节存在掺假的可能。原奶一进厂就要经过二十余种检测,而类似的检测在生产、出厂等各个环节都要进行。我们要最大限度地保证产品的质量。"听说机械挤奶的时间是早四晚四,下午四点,记者准时来到位于哈尔滨市香坊区的完达山奶站。经过两次乳房消毒和挤掉头三把奶后,榨乳杯开始自动榨奶,鲜奶顺着管道直接流入了奶罐。奶罐内的温度被严格控制为细菌最不易繁殖的4.0℃,这些设备随后将在封闭的环境下自动清洗。挤奶的工人告诉记者,每头奶牛都有两条专用毛巾,一条用来擦牛体,一条用来擦牛乳房。原奶运到工厂后检测脂肪、回厂后这批原奶还将进行其他掺杂使假的检测。同时检测人员还要进行原料奶的检测密度和力度，多年来，该公司始终坚持每日取样、每日检测、定期送检，保证鲜奶质量。

据了解，为减少抗生素污染，这个公司要求收奶人员要经常与畜牧兽医沟通，帮助奶户正确使用兽药、饲料、添加剂，每天及时了解奶户奶牛发病和用药情况并做好记录。对易造成污染的奶户、牛场、奶站实行重点监控。

这类软文广告肩负着公关的使命，借助新近发生的事件为品牌形象服务。它好比记者招待会上的发言人，既能得体地借助喜庆事件宣传和巩固品牌形象，又能及时应对突发的不利事件避免或减少损失。

2. 消费者体验型

有些软文广告让人感觉更具有亲和力，原因在于这些广告或讲述消费者在使用产品时的体验，或通过推荐一些与产品有关的小贴士使消费者感受到来自品牌的关怀，这类软文广告就称为体验型软文广告。体验型的软文广告往往能给冷冰冰的品牌增加暖暖的人情味，减弱消费者对广告的抵触情绪。尤其对科技含量高的产品而言，消费者消费的不只是产品功能，还有产品所象征的品位和身份。体验型软文广告正好能为产品打造高贵的气质。如有关SPA馆"香黛儿"就属于这种类型。

香黛儿 —— 美丽由内而外

中国人常讲"女人是水做的"，莎士比亚则说"弱者啊，你的名字叫女人"。处于长期渐进的辛劳状态中，这种无形高压严重影响到太太们的身心健康，而作为一家人日常生活不能稍离的"核心"，太太们面对痛苦的做法又往往内敛，不像男人那样可以退避，可以宣泄。据专家统计，从20世纪80年代至今，北美地区中年女性死于妇科癌症、乳腺癌的人数上升了17%；骨质疏松、老年痴呆症等恶性疾病发病年龄下降的趋势也日益成为国际关注的问题。医学界把这些高发于"太太一族"的病理症候称为"已婚女性身心早衰"。而与之形成鲜明对照的，却是太太们保健意识的淡漠依然：一项统计数据表明，20%的太太从不做任何形式的体育锻炼；60%的已婚女性重病患者承认，有半数的太太不愿意将时间花费在锻炼上，理由是没有时间或者工作太累，或者说没有好的可以去的地方。但是现在春城的很多女性现在已经改变了原有的看法，在她们的日程里多了一个叫做香黛儿的SPA生活会馆，究竟香黛儿有什么魔力？让我们去看一下。

走进香黛儿，发现这里是西双版纳般的世界，如同湄公河畔迤逦的风光一样，充满着迷人魅力。一切选自地道的天然竹石，经严格筛选，质地纯正，成色饱满，晶莹剔透，流光溢彩。把玩手中，看不到一丝粗糙含糊。看！一颗颗青竹亭亭玉立，圆润细腻，仿如珠光点点，娇艳欲滴，由包容自然的灵感，隽永清秀，超凡脱俗。它们清晰透彻，表里如一，不卑不亢；从不显山露水，却雍容典雅，彰显华贵；拥有独特气质，展示个性，散发别具一格的真我风情。它是自然吗？它是作品吗？这一见倾心的吸引，清幽得透心醉人，徐徐吹来风往尘香的记忆……

走入大厅看到熙来攘往的人群，如果不是亲眼所见，你绝不会相信这是一群早已步入中年的普通女性。她们的年龄与她们的容颜绝对不成正比。看过她们娇嫩、滋润的容颜和优雅而充满活力的气质，再验证一下她们各自的真实年龄，不由得让人产生一种非常强烈的惊诧感觉：岁月的流逝似乎没给她们留下任何可被人觉察的痕迹，反倒为其增添了几份源自人生经验的成熟魅力。成熟的确是性感的前提，可成熟更是滑向衰老的前奏，那为什么命运偏偏垂青这样一群不同身份、不同经历、不同血缘的平凡女子——格外恩赐给她们如此悠长的美丽花季？难道她们之间果真存在着某种共同的、神秘的法力，能把自己的身体与魅力象摆进冰箱的水果一样长久"保鲜"？这就是香黛儿的魅力！女人要由内而外的美丽！

3. 人文型

顾名思义，人文型的软文广告是从世俗风情和文化层面上来展示产品或服务的形象。一方面，某些特定产品（如酒）、某些消费（如旅游），本身就蕴含着特定的风情和文化，适宜采用人文型的软文广告。另一方面，人文型的软文广告也迎合了大众的消费文化。现代公众是以"感性—理性"为轴心来设计自己的消费模式的。文化恰恰是理智思考与情感依赖并存的载体，因而着眼于产品的文化层面的软文广告能和消费者进行更深入的沟通。下面这则软文就属于此类。

床垫软文：是谁砸了美容院的生意？

我有一个朋友是开美容院的，平时来的都是一些爱美丽胜过爱金钱的女人，生意还算过得去，勉强混吧。

有一天她告诉我，其实，美容院的弊端太多了：一是花费太大，一般需要定期或长期进行护理，这样算下来每个月将有巨额的护理费。还有就是任何美容品对皮肤都是有负面影响的，有道是药有三分毒嘛，更何况美容品。有的美容产品对皮肤刺激性大，长期使用会使皮肤变脆弱，用化妆品时会有过敏和不适现象。至于进了美容院，花了大钱，而弄得惨不忍睹的惨案，也是频频见诸报端。

养生美容专家们也指出，对于爱美的女士来说，要保证自己的美丽，只要保证有一个充足的睡眠就可以了。皮肤差的主要原因是睡眠不足。睡眠作为生命所必需过程的重要环节（机体复原、整合和巩固记忆），是健康美丽不可缺少的组成部分。睡眠不足会造成皮肤失去鲜明的光泽，也会使皮肤的细胞迅速老化，加速皱纹的出现。睡眠不足还会使眼睛周围血液循环减缓，造成该部位皮肤色素的异常改变，导致眼圈变黑，眼白浑浊不清。长期睡眠不足，皮肤微血管得不到充足的血液，由于缺乏营养，皮肤各细胞组织的新陈代谢会受到很大障碍，导致皮肤细胞变性衰老产生皱纹。

我的朋友也承认，其实女人要有个好皮肤，只要有个好的睡眠就可以了，这些人人都知道的常识。但是她还是非常担心广大消费者都这样想，大家都只买个好床垫，比如说什么倡导无菌绿色健康睡眠的兄弟床垫之类的。大家都不再去美容院，那我就只有关门大吉了，她无奈地笑笑说。

这几种类型的软文广告之间并无本质上的差别，只是在形式上有所不同。有的软文广告可能包含两种以上的风格。

按照软文广告本身的内容来区分，可以把软文广告分为产品类软文广告和企业形象类软文广告。这个区分主要是按照广告的广告对象（广告内容）来区分。需要说明的是，有时候产品类软文广告和形象类软文广告的界限并不是十分明显。有时候在一篇软文广告中，既有产品的介绍，也包含企业形象的宣传。

产品类软文广告主要针对产品本身的信息进行传播。这类软文广告一般在食品、保健品、家电等行业运用得较多。因为，大量的信息必须通过详细的文字说明才能完整地表达清楚。如家电行业的"无氟"、"波浪洗"、"数字高清"等概念性的说法就被相关生产厂家和企业在媒体上加以详细说明和介绍。中国移动为了让消费者接受"动感地带"业务，在各大媒体进行大规模的广告宣传，其中有硬性广告，但我们见到的更多的是软文广告，通过软文广告我们更多地了解并接收彩信、手机上网、手机电视等业务；媒体整天宣传健康空调、平板电视、HDV、环保住宅等概念，正是这些新闻味很浓的软文广告直接或间接地影响了消费者的消费观念和消费意识，从而完成从非消费者到潜在消费者，再到事实消费者的转化。我们特以脑白金的软文广告《宇航员服用的"脑白金"》为例，来说明此类软文广告。

宇航员服用的"脑白金"

　　航天飞机每90分钟绕地球一周，每天要经历16次白天和16次黑夜。失重导致宇航员身体系统紊乱，不能正常睡眠。但睡眠对人体极其重要：不吃饭，人可以活20天；不喝水，人可以活7天；不睡觉，人只能活5天。这绝对不是危言耸听。看看周围，您就可以发现睡眠有障碍的人往往面色灰黄，智力及记忆力下降，精神萎靡，抵抗力差等。有关文献显示：睡眠障碍者每天衰老速度比正常人的快2.5～3倍。睡的不沉、易惊醒等浅睡眠对人的危害与失眠造成的危害几乎相当。

　　宇航员如何睡觉呢？有关的一篇报道破解此谜。去年4月25日《参考消息》第七版的《为科学而睡觉》一文中介绍说：哥伦比亚号航天飞机上的宇航员，采用大剂量脑白金帮助入睡，而且不会产生其他安眠药产生的副作用。宇航员们喝的脑白金，其实是大脑总司令——脑白金体分泌的物质。脑白金体位于大脑正中心，是人体的主宰者，掌管衰老，为人体的生命时钟。脑白金体通过分泌的脑白金物质控制者人体各系统，随着年龄的增长，其分泌量日渐下降。如果每天饮用脑白金，脑白金体的指挥能力大大增强，如同拨慢了人生时钟。从而解决人体系统出现的故障，包括睡眠障碍。喝了脑白金2～3天后，睡不好觉的人即可享受婴儿般的睡眠，的确神奇！脑白金产品无上瘾性。但许多人有疑问，美国有5000万多失眠者补充脑白金已达三年，为什么仍坚持补充？根据调查报告，这些失眠者的睡眠早已改善，但补充过程中，多数人出现了精力旺盛、食欲上升、疾病改善、大便畅通、更年期推迟、衰老减缓等意外惊喜，促使他们坚持不懈。世界著名科学家化特博士在科学专著中认为，就助眠而言，脑白金是人类迄今发现的效果最好、最安全的健康食品。当然，效果和安全建立在服用正宗脑白金的基础上，选择脑白金不要贪图便宜，错误服用假冒脑白金会伤害身体。

二、软文广告的特点

　　软文广告自诞生之后，一直在持续不断地发展着，其自身也呈现出下列特点。

1. 诉求对象群体接受度高

　　在今天这样一个传播媒介高度发达的社会，现代企业、产品品牌、服务营销信息铺天盖地，电视、广播、杂志、报纸、网络，以及日常生活环境中，广告越来越多。特别是在所谓"厚报的时代"，报纸、杂志等印刷媒介都在整版整版地出售广告版面，以至于出现一些杂志中广告比正文多的情景。在这种环境下，受众已经对那些一味标榜自己产品品质和企业业绩的硬广告熟视无睹，难以形成注意。作为一种新的广告形式，软文广告以其深度报道而又能够查证的优势，逐步受到大众的关注。例如，脑白金营销活动中，软文广告运作功不可没。脑白金的第一轮软性文章，如新闻炒作篇有《两颗生物原子弹》、《"98"全球最关注的人》等五篇；睡眠篇有《你会睡觉吗？》、《不睡觉，人只能活五天》、《美国睡得香，中国咋办？》、《宇航员服用的"脑白金"》；妇女篇有《女子四十，是花还是豆腐渣？》、《女性大苦恼》；肠胃篇有《一天不大便＝吸三包烟》；资料篇有《年龄与脑白金体》等。在不同的报纸上刊发的软文广告文案反复强调了什么是脑白金体及脑白金对人体的重要作用。当人们在电视广告的狂轰滥炸之下，被这"脑白金"三个字弄得不明所以而又新鲜奇特的时候，出现在报纸上的大量的软文广告文案，引起了消费者的注意，巧妙地弥补了电视广告的不足。

2. 对目标人群的渗透力较强

软文广告没有硬广告的那种"杀伤力",但它对目标公众有着较强的渗透力。一方面软文广告所具有的科普性、知识性、新闻性使读者愿意接受这些信息,并从中知晓一定的知识,让读者不知不觉地记住了该产品和品牌,读者就不会产生一种抵抗心理;另一方面软文广告是渐进式、润物细无声的,也就更容易被消费者接受。事实也证明,好的软文广告可以发挥事半功倍、四两拨千斤的作用。

3. 信息量大,适合详尽式的介绍与诱导

"软文"的真正价值在于,它可以使用各类文体大篇幅地表达,即"说得多,才能说清,才能卖得多"。目前许多保健品因要对消费者讲明功效原理以及一些使用方法等信息,而电视广告费用高、即时性强、时间短,无法表达得尽善尽美,只适合做形象宣传,起品牌提示作用。但软文广告以报纸、杂志、小册子等作为载体,就可以言无不尽,正好弥补了电视广告的不足,费用少,又可长久保存,让消费者反复阅读,清楚了解产品的功效、原理,因而受到了企业的大力推崇。

4. 成本较低

软文广告有相当一部分是按照字数收费的。这与电视以秒为单位计费以及平面媒体的以面积为单位计费相比就便宜很多。虽然有些报纸已经开始以版面大小来核算软文广告的费用,但从总体而言,软文广告的费用还是比较低廉的。

归纳来看,与硬广告相比,软文广告文案具有一定的优势,硬广告(以电视广告为例)传播速度快,时效性强,涉及对象最为广泛;经常反复可以加深公众印象;有声有色,具有动态性。但是渗透力弱,商业味道浓,可信程度低,时效性差;广告投入成本高,强迫性的说教;传递内容简单,时间短,如冰山一角。软文广告(以报纸、杂志为例)相对渗透力强;商业味道淡,可信程度高,时效性强;广告投入成本低,渐进式的叙述;消费者可以增长知识,扩大视野。但是传播速度慢;涉及对象范围相对狭窄、有限,加深公众印象方面相对较弱,具有静态性。

第三节 软文广告文案写作

一、软文广告的创作要求

软文创作要注意以下要点。

(一)淡化商业气息

在软文中尽量避免直接出现具体产品和品牌的名称,在产品分析和品牌列举中要从几个产品和品牌中列举,避免只出现单一品牌和产品的现象,在涉及对产品和品牌有倾向性的判断时,从具体理性分析和数据中自然得出,避免从情感中得出结论。

读者在看到报纸时,最先想知道的就是自从他上一次看报以后,发生了什么重大事件,其次就是他感兴趣的范围之内有什么重要的事。软文创作并非一定有上佳的文字根底,因为软文创作不同于散文和小说,它不需要运用美丽的形容词,但要在没有商业气息的前提

下让软文发挥更大作用。在写作上应注意以下几点。

1. 主题和标题要统一

主题是全文主要事实和思想内容的概括与说明展开。全文必须以同一主题

标题是最先进入读者视野、最易吸引读者眼球的文字，是一条软文创作给人的第一印象，能够让读者把握文章的内容重点。标题的重点所在是：标题要传达文章中最重要的信息，标题必须简明、引人入胜，并能准确地概括消息内容，帮助读者理解报道的事实。

2. 软文开头要吸引人

软文创作的开头是新闻的精华部分。要能够引起读者的共鸣和兴趣。文字要有趣味性，语言生动。尽量口语化。运用倒叙的方法和首先提出问题的方法都是不错的选择。

3. 软文内容有可信度

软文创作的内容包括6个W，也就是何人(Who)、何时(When)、何地(Where)和为何(Why)，最好再加上如何(How)和进展怎样(What)。在软文创作中，软文的内容要有可信度，并把广告信息巧妙地融入。

（二）对外统一口径

软文创作的关键就是把企业给外界说的话统一起来，这样不仅避免了重复性的工作，也避免了企业对外口径不一致的现象。企业对外统一口径的说辞必须非常谨慎、细心地编撰，因为它代表着企业对外的正式发言。一旦出台，就要马上在公司宣传、散发，最好让员工统一学习，这样就可以在不同场合保持统一口径。 需要强调的是，企业对外统一口径的说辞自始至终要按照"寻找新闻点"的思路编写，要"换位思考"，充分考虑媒体和读者的视角，切忌自我吹捧，切忌纠缠于产品功能细节而忽视消费者的感受。

在整理完以上内容后，在组合发布上要注意以下两点。

（1）要把握时机　要在时间方面找到一个由头。例如，新产品上市、获得奖项、大项目的中标、与其他企业建立合作关系、本行业突发事件以及企业诉讼等。

（2）要有针对性　不同报刊有自己的背景和特色，而不同版面内容侧重点也不同，这样，最终软文的风格也一定不同。不过，由于需要的资料都来源于软文标准件，它们的基本内容是一致的。

二、软文广告撰写的方法

首先，分析本企业特点、定位及欲投放媒体的特点，例如，杂志擅长深度报道、实战案例等文体，且形式比较灵活；报纸则以报道事实为主。

其次，要分析各媒体的受众群体、覆盖范围及影响力等因素，以确定软文的投放及风格。分析投放媒体的受众群体是否与自己欲宣传的目标群体相吻合；确定该媒体的覆盖范围是否与本次宣传相吻合（如有的媒体是全国发行，有的媒体只在地方发行）；核实该媒体的影响力和权威性，以确定是否投放文章或投放文章的风格。

最后，与媒体进行沟通交流，确定文章选题，然后组织撰写，成稿后与媒体确定发表时间。在撰写软文时务必要确保所写内容的真实性，严禁虚假内容。

（一）软文宣传法的实施步骤

1. 设立新闻宣传机构

企业可以参考其他企业的实际运作流程，成立新闻宣传机构，其主要作用就是和媒体

打好交道，传递企业信息。

2. 与媒体建立并保持良好的关系

选出与公司产品对口的、代价较小的主流媒体。主流媒体根据影响力大小可分为全国性媒体、行业性媒体和地方性媒体三类，信息发布只要基本上抓住了这些主流媒体，其他报刊网站都会转载。

（二）撰写软文的具体步骤

1. 确定软文的版位和风格

（1）创作软文的刊登位置一定不要放在广告版，占用新闻或专版版面比广告的可信度高。文章周围最好全是正规的新闻，而且最好是与企业所处行业有关的专刊、专版、专栏，在版面上尽量不要刊登整版，那样会有广告的嫌疑。

（2）文章风格要与企业或产品相契合，且撰写时尽量回避商业气息，严禁自卖自夸式的口吻。软文不是广告，它要改变的是消费者的观念、认识，所以应尽量回避有广告之嫌的一切名词、图片和形式。

2. 挖掘新闻点

可以从以下几个方面着手寻找新闻亮点。

（1）产品 如企业开发的新产品，对社会进步有着非凡的价值，这就是一个新闻亮点。

（2）企业独特的经营管理方法和企业文化 企业文化、有成效的经营管理方法等也可以作为新闻亮点来进行创作。随着社会的发展，一些成功企业的经营管理方法逐渐被人们所关注，因此很多媒体开始专门报道这类话题。

（3）核心人物或核心人物集团 一个成功企业的核心人物或核心人物集团会成为每家媒体津津乐道的报道重点，因为每个企业的核心人物或核心人物集团都有其自己的特点，不论是他的性格、业绩还是经历，都有可能引人注目，这些就是亮点、新闻点。在核心人物或核心人物集团身上做文章，就会产生好的宣传效果。

（4）所处行业地位 有的企业处在比较受人瞩目的行业里，由于媒体对该行业的关注，这些企业就免不了会被报道。软文营销人员应该抓住媒体的这一特点，及时将一些行业内的动向、资料编成软文，提供给媒体，借以宣传自己的企业。

（5）有社会意义的活动 有特点、有影响力的活动都会引起媒体的关注和报道。企业在赞助或策划某活动时，要站在媒体的角度，充分挖掘活动的社会意义，为媒体报道和评论做资料上的准备。

（6）特殊事件 有些企业本身并不引人注目，但是其发生的事件却很有新闻价值。当这类事件发生时，企业应及时与媒体联系，借媒体之力，来宣传企业。

3. 撰写软文标准件

软文的标准件就是把企业的信息进行综合整理统一向外界发布，标准件强调的是统一发布，这样可以避免企业对外口径不一现象的出现。由于标准件代表着企业对外的正式发言，在编撰时一定要谨慎和细心。标准件一旦出台，就要马上在企业内宣传、散发，让员工统一学习，这样就可以在不同场合保持统一口径。

标准件可以包括以下几个模块。

（1）企业发展历史 列出企业自成立以来发生的具有较大影响力、富于新闻价值的事件或具有里程碑意义的阶段。

（2）企业规模 列出企业经营规模、人员数量、成员企业以及营销网络等代表企业发展状况的信息。

（3）企业优势、所获荣誉和市场地位　包括市场影响力、各种认证和排名等。

（4）企业产品（业务）系列的介绍　突出介绍企业的产品特性或业务范畴，如果产品（业务）类别较多，就应分开介绍，并且统一口径。

（5）企业规划　介绍企业的发展目标、发展方向和发展计划等。

（6）企业经营策略　介绍企业文化、经营模式、管理理论，或者独特的经营管理策略等。

（7）核心人物　介绍企业的董事长、总经理及其他在企业发展中举足轻重的人员。可以讲述他们的故事、趣闻，介绍他们的观点以及一些短言花絮。这些内容要在平时积累并不断充实，还可以把媒体对他们报道过的事件加以整合。

（8）图片、影片库　利用平面设计对企业进行宣传更具有形象性，例如企业标志性建筑、办公场景、重要事件场面、产品包装、广告图片以及重要人物照片等都是很好的宣传手段。

软文宣传法的操作自始至终都要按照"寻找新闻点"的思路编写，要"换位思考"，充分考虑媒体和读者的视角，切忌王婆卖瓜，切忌纠缠于产品功能细节而忽视真正具有新闻价值的东西。另外，在向媒体投放软文的过程中一定要注意把握时机，还要针对不同背景、特色的媒体制作不同风格的文章。

4. 注意软文的分期

软文创作一般分为三个阶段（以保健品为例）。首先是品牌热炒阶段，这一阶段主要的目标是要在消费者心目中塑造出具有可信度与美誉度的品牌形象，并使消费者对本品牌发生浓厚的兴趣。通常的做法为炒作品牌非比寻常的出身，如有些产品声称为宫廷御用秘方，有些产品声称自己为科技革命性突破产品。比如，脑白金早期的软文广告的标题为《两颗生物原子弹》，把脑白金这种产品和英国的克隆羊技术相提并论，称它们都是科技的"伟大革命"。

第二个阶段为产品功能诉求阶段，这一阶段的主要目的是让已经引起兴趣并翘首以待的消费者了解"伟大"的产品，并产生购买的欲望。

软文创作第三个阶段的主要诉求点是热销报道和感恩回馈。这一阶段主要通过报道产品热销的火爆场面和企业为了回馈消费者的厚爱而进行的各种形式的促销活动。如脑白金在早期的软文中就以《脑白金在美利坚引爆》为标题宣扬脑白金的热销局面。

"脑白金体"在美利坚引爆

脑白金体是人脑中央的一个器官，中国古代称之为"天目"，印度2000年前就称之为"第三只眼"。近年美国科学家们发现，它是人体衰老的根源，是人生的生命时钟。这项发现如同强大的冲击波，震撼着西方国家。《华尔街日报》发表《一场革命》；《新闻周刊》居然以《脑白金热潮》为标题，于8月7日、11月6日封面报道，阐述补充脑白金的奇迹：阻止老化、改善睡眠……

美国政府FDA认定脑白金无任何副作用后，脑白金在美国加州迅速被炒到白金的1026倍。不过在规模生产的今天，每天的消费仅1美元，在中国不过7元人民币。美国西北大学教授格利塔在电视新闻中感叹："美国人为它疯狂了！"脑白金体冲击波迅速波及全球。日本《朝日新闻》、NHK电视大肆报道，我国台湾地区的人从美国疯狂采购脑白金产品。香港地区有关部门不得不出面公告，奉劝市民服用脑白金要有节制。中国大陆也不例外，1998年4月5日中央电视台"新闻联播"播放《人类有望活到150岁》，详细介绍脑白金体的科技成就，《参考消息》等各大媒体也都相继报道。中国部分城市已经出现脑白金热潮的苗头。

[思考与讨论]

1. 软文广告与新闻的区别和联系?
2. 怎样理解软文广告文案的几个发展阶段?
3. 软文写作应该注意的点有哪些?

[实践与实训]

任务一：搜集软文创作整体案例，分析软文创作的分期与方法。

任务二：以某一药品品牌为例，进行分期软文的创作。

参考文献

[1] 丁邦清，程宇宁．广告创意．长沙：中南大学出版社，2008．

[2] 沈吕百．创意策略的发展．国际广告，1995，（4）．

[3] 阿尔·里斯，劳拉·里斯．公关第一，广告第二．罗汉，虞琦译．上海：上海人民出版社，2004．

[4] 唐·E·舒尔茨等．广告运动策略新论（下）．刘毅志译．北京：中国友谊出版公司，1991．

[5] 罗瑟·瑞夫斯．实效的广告．张冰梅译．呼和浩特：内蒙古人民出版社，1999．

[6] 瓦尔特·玄特纳．广告奏效的奥秘．肖健译．北京：民主与建设出版社，2001．

[7] 饶德江．广告策划与创意．武汉：武汉大学出版社，2003．

[8] 国际广告杂志社．中国广告作品年鉴．北京：中国传媒大学出版社，2006．

[9] 晓玲．约翰·鲍尔斯——美国第一位专业广告撰稿人．国际广告，1992，（2）．

[10] 朱丽安·西沃卡．肥皂剧、性、香烟——美国广告2年经典范例．周向民，田力男译．北京：光明日报出版社，1999．

[11] 高志宏，徐智明．广告文案写作．北京：中国物价出版社，2002．

[12] 赵路，李东进，韩德昌．广告理论与策划．天津：天津大学出版社，2004．

[13] 波立兹．创作广告窘境．怎样创作广告．刘志毅译．北京：中国友谊出版公司，1991．

[14] 中国广告杂志社．中国广告案例年鉴2005．北京：中国出版集团出版．

[15] 阿尔伯特·拉斯克尔．拉斯克尔的广告历程．焦向军，韩骏译．北京：新华出版社，1998．

[16] 叶茂中．圣象品牌整合策划纪实——叶茂中首次公开的完整案例．广告大观，2000．

[17] 陈龙安．创意思考教学的理论与实践．台北：台北心理出版社有限公司，1998．

[18] G.A.戴维斯和S.B.里姆．英才教育．北京：新华出版社，1992．

[19] 初广志．广告文案写作．北京：高等教育出版社，2007．

[20] 祁聿民，苏扬，李青．广告美学、原理与案例．北京：中国人民大学出版社，2003．

［21］赵洁．广告创意与表现．武汉：武汉大学出版社，2009．
［22］姚力，王丽．广告创意与案例分析．北京：高等教育出版社，2004．
［23］刘友林，汪青云．广告策划与创意．北京：中国广播电视出版社，2003．
［24］陈培爱．广告文案创作．厦门：厦门大学出版社，2008．
［25］徐智明，高志宏．广告策划．北京：中国物价出版社，1997．
［26］倪宁．广告学教程．北京：中国人民大学出版社，2004．
［27］杨梨鹤．广告文案写真．汕头：汕头大学出版社，2003．
［28］冯露．广告文案谋划与写作．长沙：中南大学出版社，2006．
［29］何碧．广告文案．北京：高等教育出版社，2008．
［30］王亚卓．广告策划实务与文案撰写．北京：企业管理出版社，2007．
［31］朱瑞波．广告文案与创意．北京：中国纺织出版社，2008．
［32］中国广告杂志社．中国广告案例年鉴2007-2008．北京：中国出版集团东方出版中心，2009．
［33］吕尚彬．广告文案教程．北京：北京大学出版社，2007．
［34］胡晓芸．广告文案写作．北京：高等教育出版社，2003．
［35］吴柏林．广告策划与策略．广州：广东经济出版社，2006．
［36］初广志．广告文案写作．北京：高等教育出版社，2005．
［37］余明阳，陈先红．广告策划创意学．上海：复旦大学出版社，2003．
［38］霍太林．市场营销理论与实务．沈阳：东北大学出版社，2008．
［39］张金海．广告经营学．武汉：武汉大学出版社，2002．
［40］曹小春．零售企业营销实务．北京：中国审计出版社，2000．
［41］张启瑞．中国法人百科全书．北京：中国物价出版社，1999．
［42］张永岳．房地产市场营销．北京：高等教育出版社，1998．
［43］顶尖文案www.topys.cn
［44］软文中国www.ruanwen.cc